U0065513

書名：大六壬尋源二種（上）
系列：心一堂術數古籍珍本叢刊　三式類　六壬系列
作者：〔清〕張純照　纂注

主編、責任編輯：陳劍聰
心一堂術數古籍珍本叢刊編校小組：陳劍聰　素聞　梁松盛　鄒偉才　虛白盧主

出版：心一堂有限公司
地址／門市：香港九龍尖沙咀東麼地道六十三號好時中心LG 六十一室
電話號碼：+852-6715-0840
網址：www.sunyata.cc
電郵：sunyatabook@gmail.com
網上書店：http://book.sunyata.cc
網上論壇：http://bbs.sunyata.cc/

版次：二零一四年二月初版
平裝：兩冊不分售

港幣　三百八十元正
定價：人民幣　三百八十元正
新台幣　一千三百八十元正

國際書號：ISBN 978-988-8266-49-4

香港及海外發行：香港聯合書刊物流有限公司
地址：香港新界大埔汀麗路三十六號中華商務印刷大廈三樓
電話號碼：+852-2150-2100
傳真號碼：+852-2407-3062
電郵：info@suplogistics.com.hk

台灣發行：秀威資訊科技股份有限公司
地址：台灣台北市內湖區瑞光路七十六巷六十五號一樓
電話號碼：+886-2-2796-3638
傳真號碼：+886-2-2796-1377
網路書店：www.govbooks.com.tw
www.bodbooks.com.tw
經銷：易可數位行銷股份有限公司
地址：台灣新北市新店區寶橋路二三五巷六弄三號五樓
電話號碼：+886-2-8911-0825
傳真號碼：+886-2-8911-0801
email：book-info@ecorebooks.com
易可部落格：http://ecorebooks.pixnet.net/blog

中國大陸發行・零售：心一堂書店
深圳地址：中國深圳羅湖立新路六號東門博雅負一層零零八號
電話號碼：+86-755-8222-4934
北京地址：中國北京東城區雍和宮大街四十號
心一店淘寶網：http://sunyatacc.taobao.com

心一堂術數古籍 珍本叢刊 整理 總序

術數定義

術數，大概可謂以「推算（推演）、預測人（個人、群體、國家等）、事、物、自然現象、時間、空間方位等規律及氣數，並或通過種種『方術』，從而達致趨吉避凶或某種特定目的」之知識體系和方法。

術數類別

我國術數的內容類別，歷代不盡相同，例如《漢書．藝文志》中載，漢代術數有六類：天文、曆譜、五行、蓍龜、雜占、形法。至清代《四庫全書》，術數類則有：數學、占候、相宅相墓、占卜、命書、相書、陰陽五行、雜技術等，其他如《後漢書．方術部》、《藝文類聚．方術部》、《太平御覽．方術部》等，對於術數的分類，皆有差異。古代多把天文、曆譜、及部份數學均歸入術數類，而民間流行亦視傳統醫學作為術數的一環；此外，有些術數與宗教中的方術亦往往難以分開。現代學界則常將各種術數歸納為五大類別：命、卜、相、醫、山，通稱「五術」。

本叢刊在《四庫全書》的分類基礎上，將術數分為九大類別：占筮、星命、相術、堪輿、選擇、三式、讖諱、理數（陰陽五行）、雜術（其他）。而未收天文、曆譜、算術、宗教方術、醫學。

術數思想與發展——從術到學，乃至合道

我國術數是由上古的占星、卜筮、形法等術發展下來的。其中卜筮之術，是歷經夏商周三代而通過

「龜卜、蓍筮」得出卜（筮）辭的一種預測（吉凶成敗）術，之後歸納並結集成書，此即現傳之《易經》。經過春秋戰國至秦漢之際，受到當時諸子百家的影響、儒家的推崇，遂有《易傳》等的出現，原本是卜筮術書的《易經》，被提升及解讀成有包涵「天地之道（理）」之學。因此，《易・繫辭傳》曰：「易與天地準，故能彌綸天地之道。」

漢代以後，易學中的陰陽學說，與五行、九宮、干支、氣運、災變、律曆、卦氣、讖緯、天人感應說等相結合，形成易學中象數系統。而其他原與《易經》本來沒有關係的術數，如占星、形法、選擇，亦漸漸以易理（象數學說）為依歸。《四庫全書・易類小序》云：「術數之興，多在秦漢以後。要其旨，不出乎陰陽五行，生尅制化。實皆《易》之支派，傳以雜說耳。」至此，術數可謂已由「術」發展成「學」。

及至宋代，術數理論與理學中的河圖洛書、太極圖、邵雍先天之學及皇極經世等學說給合，通過術數以演繹理學中「天地中有一太極，萬物中各有一太極」（《朱子語類》）的思想。術數理論不單已發展至十分成熟，而且也從其學理中衍生一些新的方法或理論，如《梅花易數》、《河洛理數》等。

在傳統上，術數功能往往不止於僅僅作為趨吉避凶的方術，及「能彌綸天地之道」的學問，亦有其「修心養性」的功能，「與道合一」（修道）的內涵。《素問・上古天真論》：「上古之人，其知道者，法於陰陽，和於術數。」數之意義，不單是外在的算數、歷數、氣數，而是與理學中同等的「道」、「理」--心性的功能，北宋理氣家邵雍對此多有發揮：「聖人之心，是亦數也」、「萬化萬事生乎心」、「心為太極」。《觀物外篇》：「先天之學，心法也。……蓋天地萬物之理，盡在其中矣，心一而不分，則能應萬物。」反過來說，宋代的術數理論，受到當時理學、佛道及宋易影響，認為心性本質上是等同天地之太極。天地萬物氣數規律，能通過內觀自心而有所感知，即是內心也已具備有術數的推演及預測、感知能力；相傳是邵雍所創之《梅花易數》，便是在這樣的背景下誕生。

《易．文言傳》已有「積善之家，必有餘慶；積不善之家，必有餘殃」之說，至漢代流行的災變說及讖緯說，我國數千年來都認為天災，異常天象（自然現象），皆與一國或一地的施政者失德有關；下至家族、個人之盛衰，也都與一族一人之德行修養有關。因此，我國術數中除了吉凶盛衰理數之外，人心的德行修養，也是趨吉避凶的一個關鍵因素。

術數與宗教、修道

在這種思想之下，我國術數不單只是附屬於巫術或宗教行為的方術，又往往是一種宗教的修煉手段-通過術數，以知陰陽，乃至合陰陽（道）。「其知道者，法於陰陽，和於術數。」例如，「奇門遁甲」術中，即分為「術奇門」與「法奇門」兩大類。「法奇門」中有大量道教中符籙、手印、存想、內煉的內容，是道教內丹外法的一種重要外法修煉體系。甚至在雷法一系的修煉上，亦大量應用了術數內容。此外，相術、堪輿術中也有修煉望氣（氣的形狀、顏色）的方法；堪輿家除了選擇陰陽宅之吉凶外，也有道教中選擇適合修道環境（法、財、侶、地中的地）的方法，以至通過堪輿術觀察天地山川陰陽之氣，亦成為領悟陰陽金丹大道的一途。

易學體系以外的術數與的少數民族的術數

我國術數中，也有不用或不全用易理作為其理論依據的，如揚雄的《太玄》、司馬光的《潛虛》。也有一些占卜法、雜術不屬於《易經》系統，不過對後世影響較少而已。

外來宗教及少數民族中也有不少雖受漢文化影響（如陰陽、五行、二十八宿等學說）但仍自成系統的術數，如古代的西夏、突厥、吐魯番等占卜及星占術，藏族中有多種藏傳佛教占卜術、苯教占卜術、擇吉術、推命術、相術等；北方少數民族有薩滿教占卜術；不少少數民族如水族、白族、布朗族、佤族、彝族、苗族等，皆有占雞（卦）草卜、雞蛋卜等術，納西族的占星術、占卜術，彝族畢摩的推命術、占卜術……等等，都是屬於《易經》體系以外的術數。相對上，外國傳入的術數以及其理論，對我國術數影響更大。

曆法、推步術與外來術數的影響

我國的術數與曆法的關係非常緊密。早期的術數中，很多是利用星宿或星宿組合的位置（如某星在某州或某宮某度）付予某種吉凶意義，并據之以推演，例如歲星（木星）、月將（某月太陽所躔之宮次）等。不過，由於不同的古代曆法推步的誤差及歲差的問題，若干年後，其術數所用之星辰的位置，已與真實星辰的位置不一樣了；此如歲星（木星），早期的曆法及術數以十二年為一周期（以應地支），與木星真實周期十一點八六年，每幾十年便錯一宮。後來術家又設一「太歲」的假想星體來解決，是歲星運行的相反，週期亦剛好是十二年。而術數中的神煞，很多即是根據太歲的位置而定。又如六壬術中的「月將」，原是立春節氣後太陽躔娵訾之次而稱作「登明亥將」，至宋代，因歲差的關係，要到雨水節氣後太陽才躔娵訾之次，當時沈括提出了修正，但明清時六壬術中「月將」仍然沿用宋代沈括修正的起法沒有再修正。

由於以真實星象周期的推步術是非常繁複，而且古代星象推步術本身亦有不少誤差，大多數術數除依曆書保留了太陽（節氣）、太陰（月相）的簡單宮次計算外，漸漸形成根據干支、日月等的各自起例，以起出其他具有不同含義的眾多假想星象及神煞系統。唐宋以後，我國絕大部份術數都主要沿用這一系統，也出現了不少完全脫離真實星象的術數，如《子平術》、《紫微斗數》、《鐵版神數》等。後來就連一些利用真實星辰位置的術數，如《七政四餘術》及選擇法中的《天星選擇》，也已與假想星象及神煞混合而使用了。

隨着古代外國曆（推步）、術數的傳入，如唐代傳入的印度曆法及術數，元代傳入的回回曆等，其中我國占星術便吸收了印度占星術中羅睺星、計都星等而形成四餘星，又通過阿拉伯占星術而吸收了其中來自希臘、巴比倫占星術的黃道十二宮、四元素學說（地、水、火、風），並與我國傳統的二十八宿、五行說、神煞系統並存而形成《七政四餘術》。此外，一些術數中的北斗星名，不用我國傳統的星名：天樞、天璇、天璣、天權、玉衡、開陽、搖光，而是使用來自印度梵文所譯的：貪狼、巨門、祿存、文曲，廉貞、武曲、破軍等，此明顯是受到唐代從印度傳入的曆法及占星術所影響。如星命術的《紫微斗數》及堪輿術的《撼龍經》等文獻中，其星皆用印度譯名。及至清初《時憲曆》，置閏之法則改用西法「定氣」。清代以後的術數，又作過不少的調整。

陰陽學——術數在古代、官方管理及外國的影響

術數在古代社會中一直扮演着一個非常重要的角色，影響層面不單只是某一階層、某一職業、某一年齡的人，而是上自帝王，下至普通百姓，從出生到死亡，不論是生活上的小事如洗髮、出行等，大事如建房、入伙、出兵等，從個人、家族以至國家，從天文、氣象、地理到人事、軍事，從民俗、學術到宗教，都離不開術數的應用。我國最晚在唐代開始，已把以上術數之學，稱作陰陽（學），行術數者稱陰陽人。（敦煌文書、斯四三二七唐《師師漫語話》：「以下說陰陽人謾語話」，此說法後來傳入日本，今日本人稱行術數者為「陰陽師」）。一直到了清末，欽天監中負責陰陽術數的官員中，以及民間術數之士，仍名陰陽生。

古代政府的中欽天監（司天監），除了負責天文、曆法、輿地之外，亦精通其他如星占、選擇、堪輿等術數，除在皇室人員及朝庭中應用外，也定期頒行日書、修定術數，使民間對於天文、日曆用事吉

凶及使用其他術數時，有所依從。

中國古代政府對官方及民間陰陽學及陰陽官員，從其內容、人員的選拔、培訓、認證、考核、律法監管等，都有制度。至明清兩代，其制度更為完善、嚴格。

宋代官學之中，課程中已有陰陽學及其考試的內容。（宋徽宗崇寧三年〔一一零四年〕崇寧算學令：「諸學生習……並曆算、三式、天文書。」，「諸試……三式即射覆及預占三日陰陽風雨。天文即預定一月或一季分野災祥，並以依經備草合問為通。」

金代司天臺，從民間「草澤人」（即民間習術數之士）考試選拔：「其試之制，以《宣明曆》試推步，及《婚書》、《地理新書》試合婚、安葬，並《易》筮法，六壬課、三命、五星之術。」（《金史》卷五十一・志第三十二・選舉一）

元代為進一步加強官方陰陽學對民間的影響、管理、控制及培育，除沿襲宋代、金代在司天監掌管陰陽學及中央的官學陰陽學課程之外，更在地方上增設陰陽學之課程（《元史・選舉志一》：「世祖至元二十八年夏六月始置諸路陰陽學。」）地方上也設陰陽學教授員，培育及管轄地方陰陽人。（《元史・選舉志一》：「（元仁宗）延祐初，令陰陽人依儒醫例，於路、府、州設教授員，凡陰陽人皆管轄之，而上屬於太史焉。」）自此，民間的陰陽術士（陰陽人），被納入官方的管轄之下。

至明清兩代，陰陽學制度更為完善。中央欽天監掌管陰陽學，明代地方縣設陰陽學正術，各州設陰陽學典術，各縣設陰陽學訓術。陰陽人從地方陰陽學肄業或被選拔出來後，再送到欽天監考試。（《大明會典》卷二二三：「凡天下府州縣舉到陰陽人堪任正術等官者，俱從吏部送（欽天監），考中，送回選用；不中者發回原籍為民，原保官吏治罪。」）清代大致沿用明制，凡陰陽術數之流，悉歸中央欽天監及地方陰陽官員管理、培訓、認證。至今尚有「紹興府陰陽印」、「東光縣陰陽學記」等明代銅印，及某某縣某某之清代陰陽執照等傳世。

清代欽天監漏刻科對官員要求甚為嚴格。《大清會典》「國子監」規定：「凡算學之教，設肄業生。滿洲十有二人，蒙古、漢軍各六人，於各旗官學內考取。漢十有二人，於舉人、貢監生童內考取。附學生二十四人，由欽天監選送。教以天文演算法諸書，五年學業有成，舉人引見以欽天監博士用，貢監生童以天文生補用。」學生在官學肄業、貢監生肄業或考得舉人後，經過了五年對天文、算法、陰陽學的學習，其中精通陰陽術數者，會送往漏刻科。而在欽天監供職的官員，《大清會典則例》「欽天監」規定：「本監官生三年考核一次，術業精通者，保題升用。不及者，停其升轉，再加學習。如能黽勉供職，即予開複。仍不及者，降職一等，再令學習三年，能習熟者，准予開複，仍不能者，黜退。」除定期考核以定其升用降職外，《大清律例》中對陰陽術士不準確的推斷（妄言禍福）是要治罪的。《大清律例·一七八·術七·妄言禍福》：「凡陰陽術士不許於大小文武官員之家妄言禍福，違者杖一百。其依經推算星命卜課，不在禁限。」大小文武官員延請的陰陽術士，自然是以欽天監漏刻科官員或地方陰陽官員為主。

官方陰陽學制度也影響鄰國如朝鮮、日本、越南等地，一直到了民國時期，鄰國仍然沿用着我國的多種術數。而我國的漢族術數，在古代甚至影響遍及西夏、突厥、吐蕃、阿拉伯、印度、東南亞諸國。

術數研究

術數在我國古代社會雖然影響深遠，「是傳統中國理念中的一門科學，從傳統的陰陽、五行、九宮、八卦、河圖、洛書等觀念作大自然的研究。……傳統中國的天文學、數學、煉丹術等，要到上世紀中葉始受世界學者肯定。可是，術數還未受到應得的注意。術數在傳統中國科技史、思想史，文化史、社會史，甚至軍事史都有一定的影響。……更進一步了解術數，我們將更能了解中國歷史的全貌。」（何丙郁《術數、天文與醫學中國科技史的新視野》，香港城市大學中國文化中心。）

可是術數至今一直不受正統學界所重視，加上術家藏秘自珍，又揚言天機不可洩漏，「（術數）乃吾國科學與哲學融貫而成一種學說，數千年來傳衍嬗變，或隱或現，全賴一二有心人為之繼續維繫，賴以不絕，其中確有學術上研究之價值，非徒癡人說夢，荒誕不經之謂也。其所以至今不能在科學中成立一種地位者，實有數困。蓋古代士大夫階級目醫卜星相為九流之學，多恥道之；而發明諸大師又故為惝恍迷離之辭，以待後人探索；間有一二賢者有所發明，亦秘莫如深，既恐洩天地之秘，復恐譏為旁門左道，始終不肯公開研究，成立一有系統說明之書籍，貽之後世。故居今日而欲研究此種學術，實一極困難之事。」（民國徐樂吾《子平真詮評註》，方重審序）

現存的術數古籍，除極少數是唐、宋、元的版本外，絕大多數是明、清兩代的版本。其內容也主要是明、清兩代流行的術數，唐宋以前的術數及其書籍，大部份均已失傳，只能從史料記載、出土文獻、敦煌遺書中稍窺一鱗半爪。

術數版本

坊間術數古籍版本，大多是晚清書坊之翻刻本及民國書賈之重排本，其中豕亥魚魯，或而任意增刪，往往文意全非，以至不能卒讀。現今不論是術數愛好者，還是民俗、史學、社會、文化、版本等學術研究者，要想得一常見術數書籍的善本、原版，已經非常困難，更遑論稿本、鈔本、孤本。在文獻不足及缺乏善本的情況下，要想對術數的源流、理法、及其影響，作全面深入的研究，幾不可能。

有見及此，本叢刊編校小組經多年努力及多方協助，在中國、韓國、日本等地區搜羅了一九四九年以前漢文為主的術數類善本、珍本、鈔本、孤本、稿本、批校本等數百種，精選出其中最佳版本，分別輯入兩個系列：

一、心一堂術數古籍珍本叢刊

二、心一堂術數古籍整理叢刊

前者以最新數碼技術清理、修復珍本原本的版面，更正明顯的錯訛，部份善本更以原色精印，務求更勝原本，以饗讀者。後者延請、稿約有關專家、學者，以善本、珍本等作底本，參以其他版本，籍進行審定、校勘、注釋，務求打造一最善版本，及現代人閱讀、理解、研究等之用。不過，限於編校小組的水平，版本選擇及考證、文字修正、提要內容等方面，恐有疏漏及舛誤之處，懇請方家不吝指正。

心一堂術數古籍 珍本 / 整理 叢刊編校小組

二零一三年九月修訂

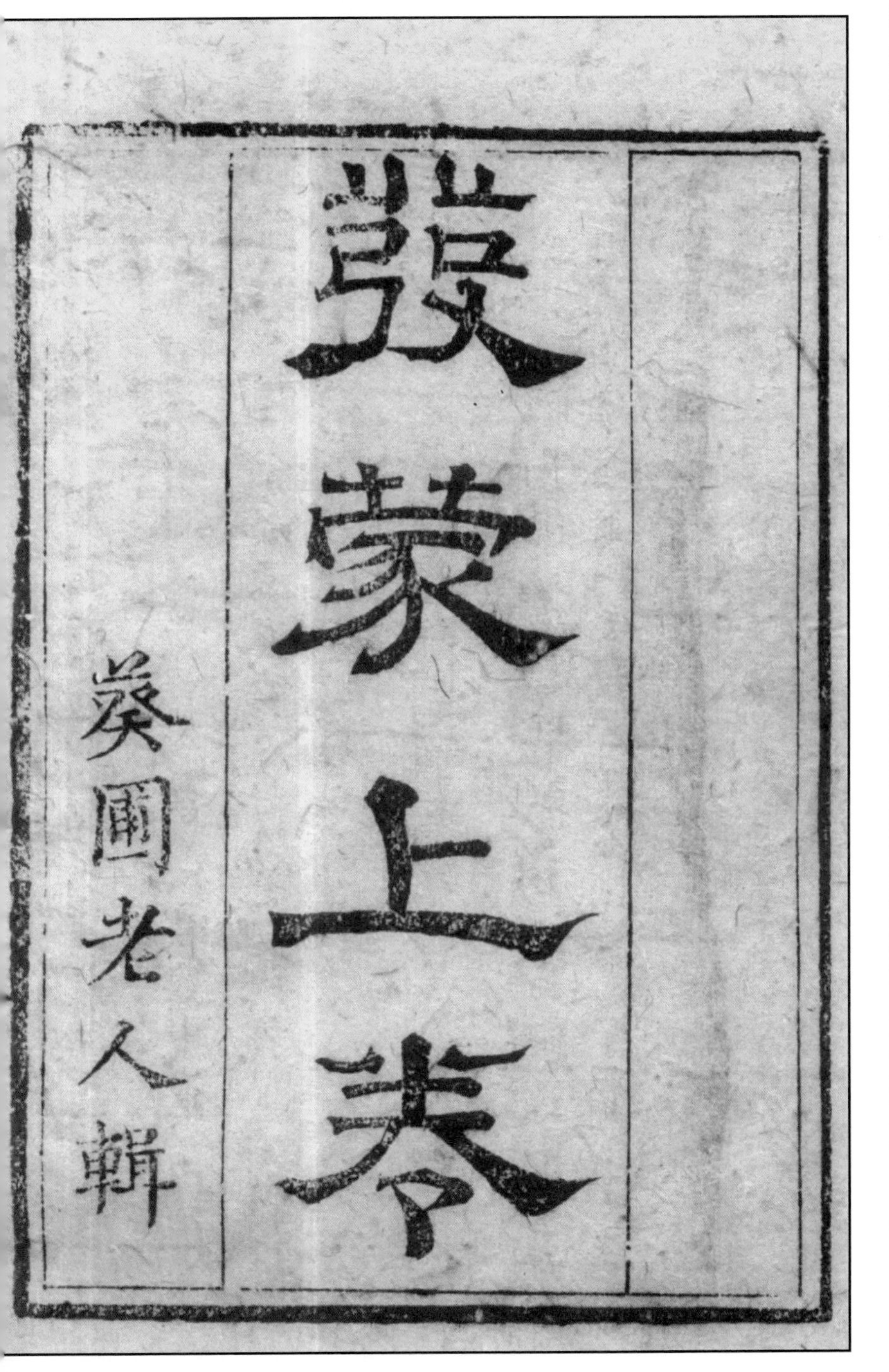

發蒙上卷

癸園老人輯

嘉慶戊寅三月鐫

內分九類
占課指南

大六壬尋原

崇讓堂藏板

昔黃帝伐蚩尤於涿鹿之野九天玄女授以神式三種一曰太乙明天道二曰奇門詳地理三曰六壬知人事皆變化不測探天機而斷課符得其一占象必靈但太乙奇門幻冥難稽傳之後世流爲術藝之學專言數而不通理恐有毫釐千里之謬故儒家所不尚惟六壬一式由庖犧氏龍馬負圖之神細闡乾坤六子之奧推之五行生剋吉凶消長之道始以義理斷象占之休咎繼以象占推義理之精微神奇顯著實爲古今第一稽疑之書易曰知幾其神乎蓋文王

亦以先天八卦之與變後天八卦遂演六十四卦之爻辭周公孔子繼以彖象繫辭四聖之經成而周易之道立矣於是綜易教而究六壬者得元女之的脈推數必會通乎理斷課必推原乎八卦凡一事一物之應驗巨細信無爽者近世以來推測輩無慮數百家或主元虛而近於荒誕或由穿鑿而入於異端各有臆斷存乎其中易之本義全失而壬學之原遂絕無人篤矣與稽前代子房孔明以及袁李邵劉諸公並深究易義而推六壬理數兼通可謂神而明之者

也第潛心參訂覔難得其旨後乃購明季尹希吉先生所定六壬提錄其言簡其意該論數而合理足以開茅塞而免望洋之患玩索既久更於疑竇處詳加註釋又參以懷慶大全壬書玉冊銀河棹視斯統宗參師纂畫等采其緊要而損益之輯而成帙名曰大六壬尋原嗚呼生於數千載之下而欲講明數千載之前亦已難矣然私淑之心若欲尋元女之原以付剞劂聊為初學之津梁云爾

嘉慶十五年歲次庚午仲冬秀水張純照謹識

例言

一是書之義先須明晰凡干配支每成六數如甲配子寅辰午申戌乙配丑卯巳未酉亥之類其數皆六其成六十花甲以干配支亦必有六故以六名今天壬數十何獨取壬蓋壬水屬陽天一生水爲數之始壬又寄亥亥屬乾宮亦取易卦之首此先聖命名六壬之義

一壬課與周易相通如伏吟統艮體返吟統震體元首重審統乎乾坤故首蘊先後天卦位及河

圖洛書之象使初學知吉凶悔吝之所同歲占斷無遺義

一王學一書不啻汗牛充棟均無端緒可求故初學甚難入手今於課體占法詳細註明使閱者瞭如指掌

一月將諸書皆無定法有以驚蟄前幾日用亥將者有以雨水後用亥將者有以時憲書太陽過宮而易將者不一無有慨今以姚少師超神法為定其法做河圖生成之數陽從生數陰從成數

因其數而超之此爲眞月將其論最有理今宗之

一占課必須誠潔專一乃有應驗蓋誠能感神如事屬迫切則息心靜氣而占玩其課象問者斷者各凛如在之神靈自能明晰若事屬緩慢偶於閒譚之間隨口問卜漫不誠心肆斷者亦疎忽應之其課體則茫無端緒勉爲臆斷亦必不驗蓋心不專一幾不得數其理有必然者

一刑冲破害旬空長生陰陽貴人等乃課中最不

可缺今爲圓圖以便檢閱

一祿神一馬及吉凶神煞猶爲緊要但名類繁瑣諸書所載散雜難求占者逐類推尋未免繙閱良難今亦爲圓圖標出使用者無望洋之歎而神煞之中或在此爲吉在彼成凶十二貴人亦然如貴人在子名玷玉神在丑名龔爵神之類不勝枚舉主事不一吉凶無定占者可不明乎

一起長生當宗十干十八長生爲是近世之士不分陰陽均以五行四長生順行而不知十二神中

臨官卽日之祿神故 甲木長生在亥自亥順行
至寅乃臨官也乙木 長生在午自午逆行至卯
亦臨官也若泥用四 長生則臨官並非干祿外
錯甚矣况工課最重 日干用者何可忽畧其五
行長生用於日支又 未常不可
取用三傳惟伏吟返吟昴星八專獨足等課初
學似難入手今依毛氏演課成式序次佈列凡
欲取用不患差謬而 神煞前圖所遺者亦附於
中

一行年本命諸書雖載都不精詳今依金口訣訂定

一六壬推命近世鮮能偶得徐氏秘本再考他書訂定附錄於後

一占宗占遺等篇甚精前賢著述而未刊刻者今附於發蒙下卷

一國占兵占舊本原列二條兼逹　明良撫收敬天保庶之朔干羽舞階偃武脩文之世可次太平信戢無所用占

一是編端為初學而設故言都淺近幸同道諸君毋以鄙陋見哂如有訛謬願為顯攻

壬學之書甚為浩繁今聊摘其要以備覽中之塵然奇變通天恐非精求不能遡其淵源而冀自著不尚功到自然精熟精熟而識自能測其淵源然數不離理理極而數不能盡理以明數數靈而理愈見其真數乎理乎理乎數乎神而明之變化之妙存乎其人男培敬述

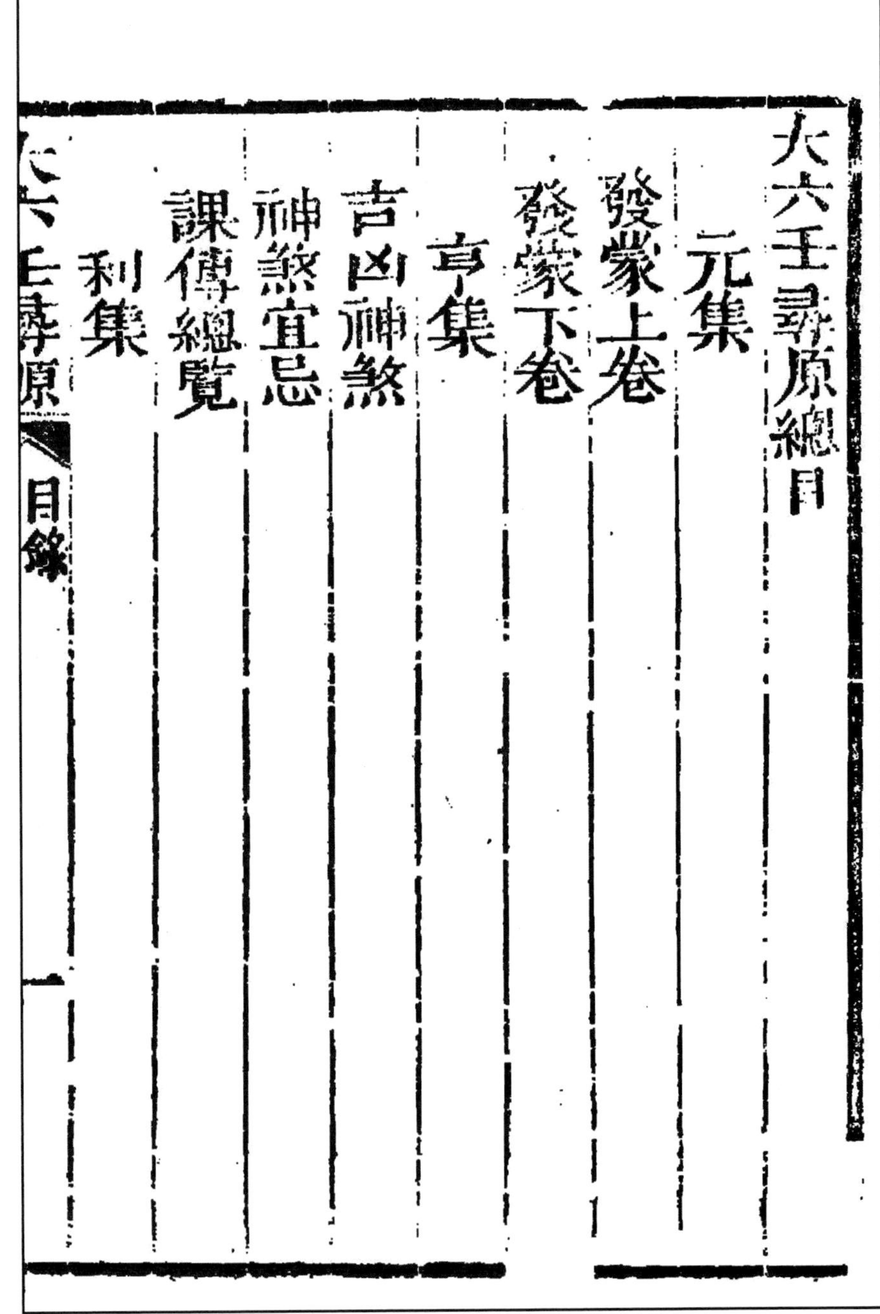

大六壬尋原總目

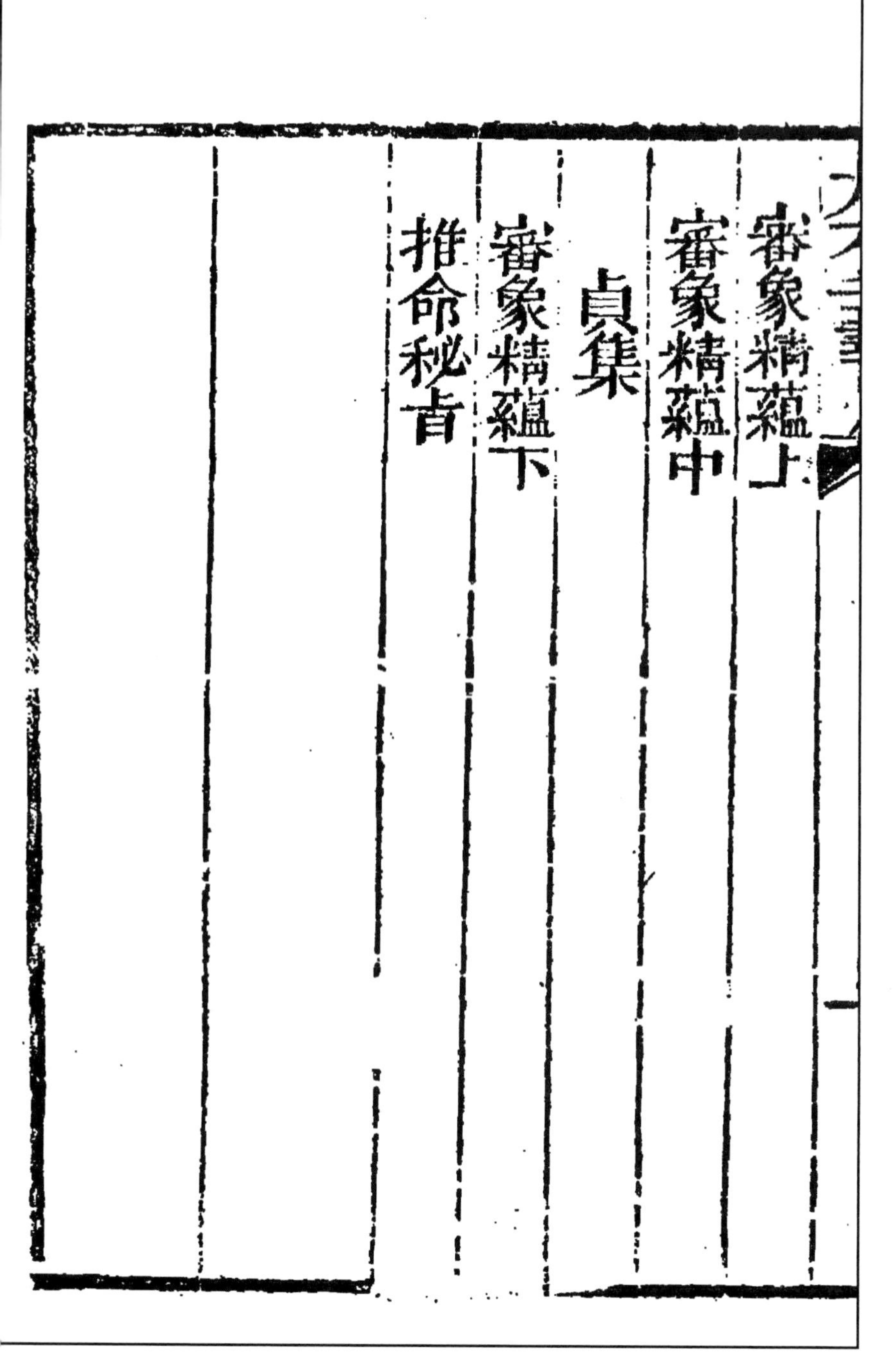

審象精蘊上

審象精蘊中

貞集

審象精蘊下

推命秘旨

先天八卦次序

一	二	三	四	五	六	七	八
乾	兌	離	震	巽	坎	艮	坤
太陽		少陰		少陽		太陰	
陽				陰			

先天八卦方位

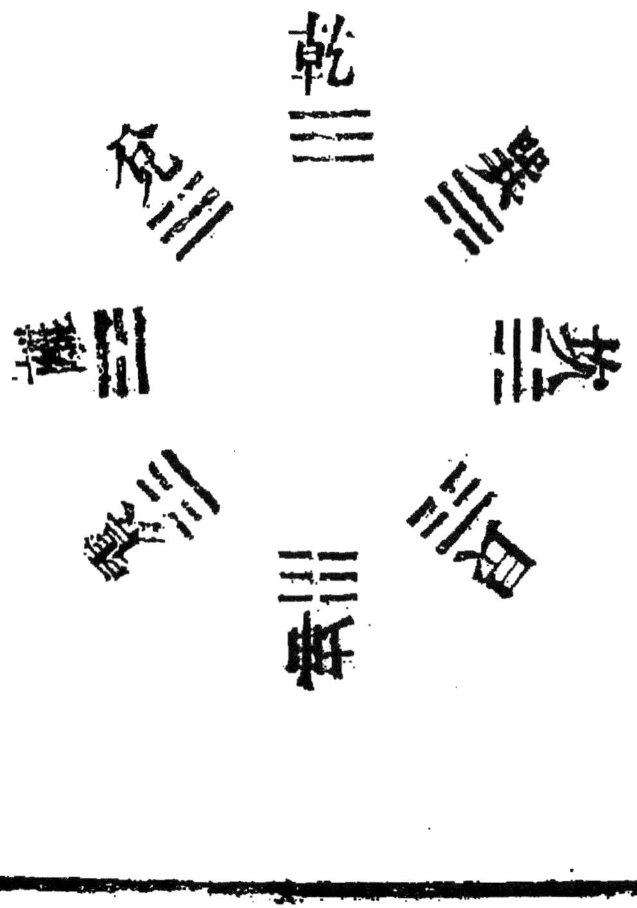

乾☰ 兌☱ 離☲ 震☳ 巽☴ 坎☵ 艮☶ 坤☷

後天八卦次序

乾父 ☰

震長男 ☳　坎中男 ☵　艮少男 ☶

坤母 ☷

巽長女 ☴　離中女 ☲　兌少女 ☱

後天八卦方位

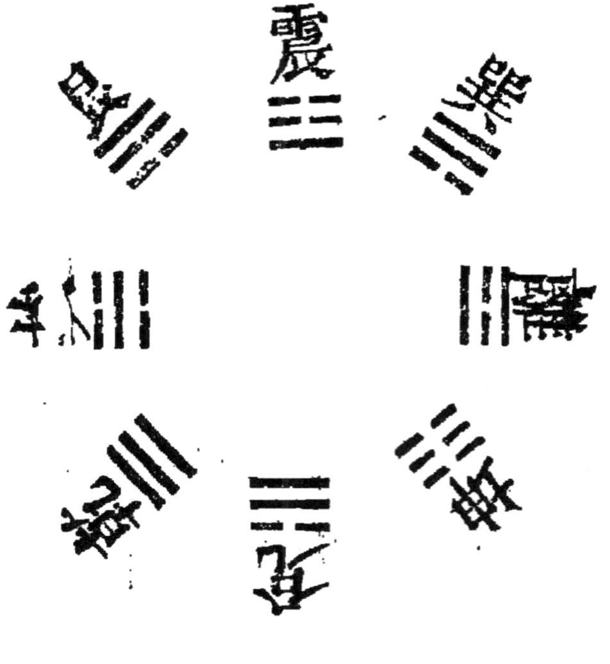

離☲　坎☵　震☳　兌☱　乾☰　坤☷　巽☴　艮☶

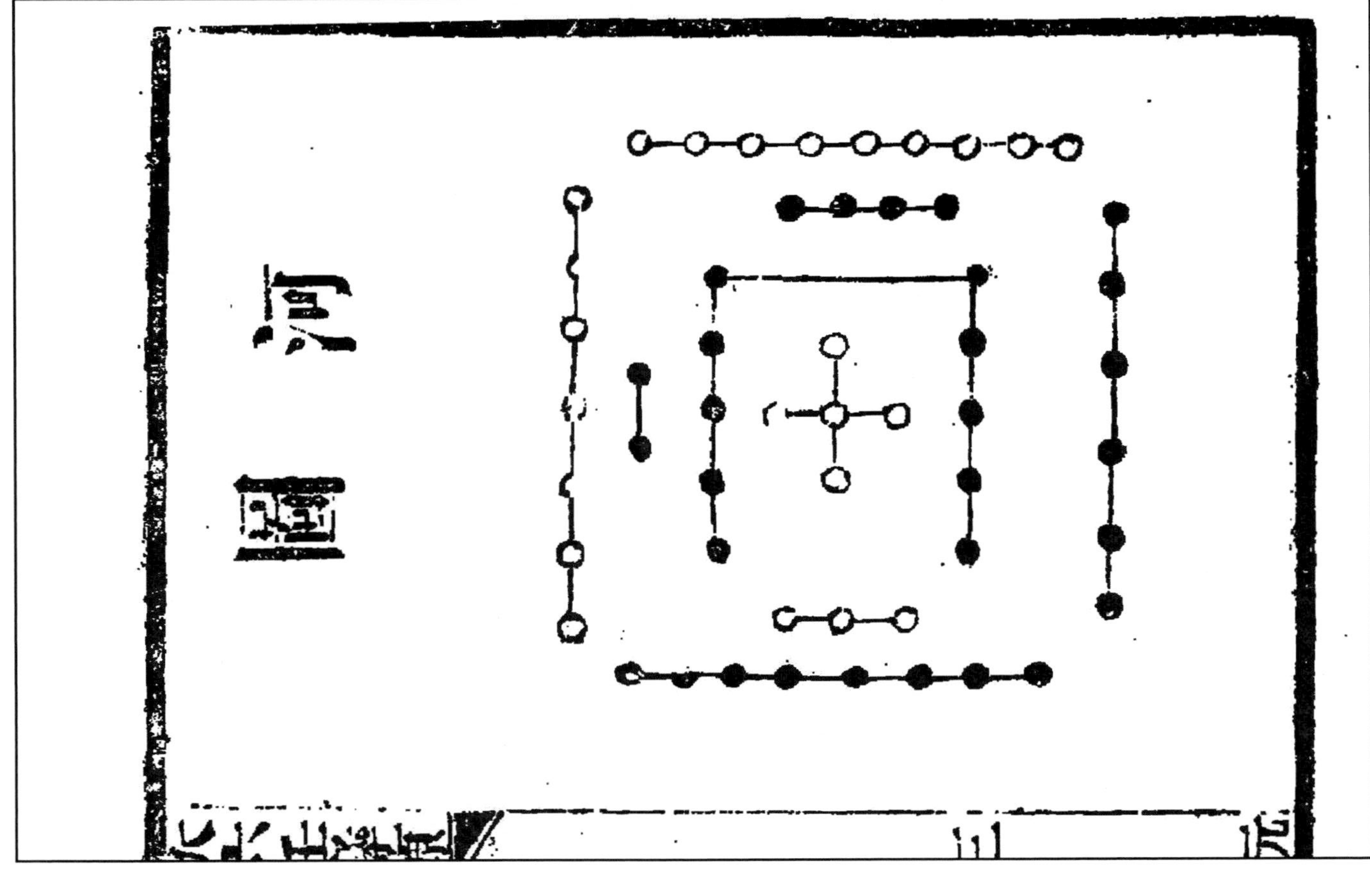
河圖

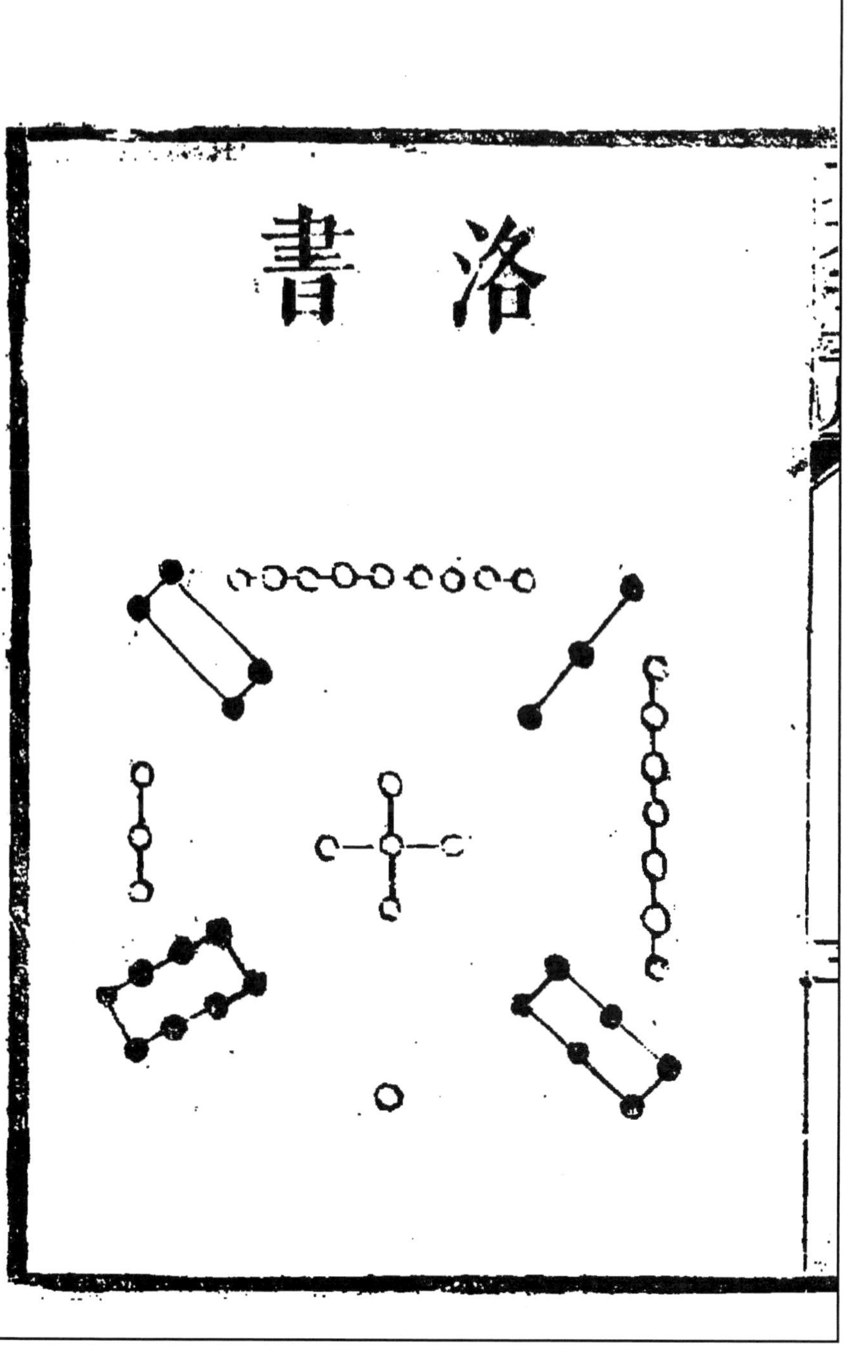
洛書

先天卦配河圖之象

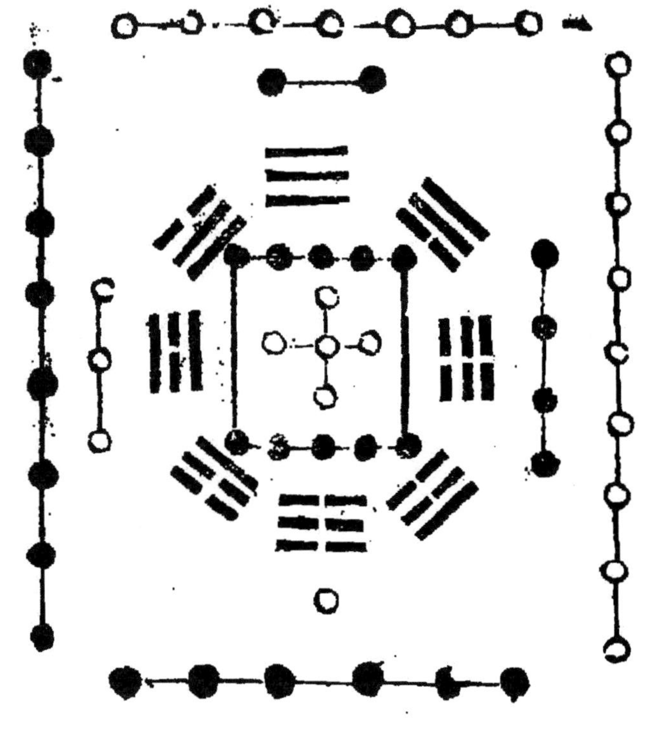

先天卦配洛書之數

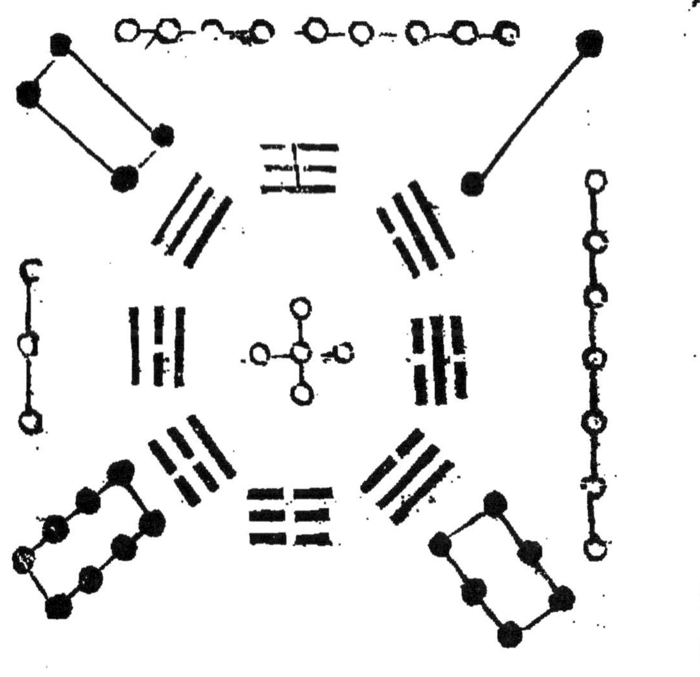

後天卦配河圖之象

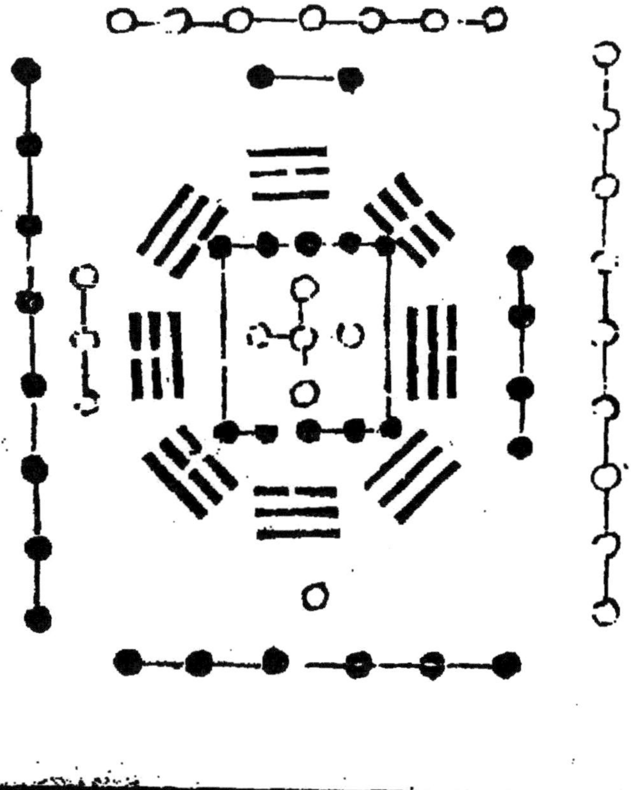

後天卦配洛書之數

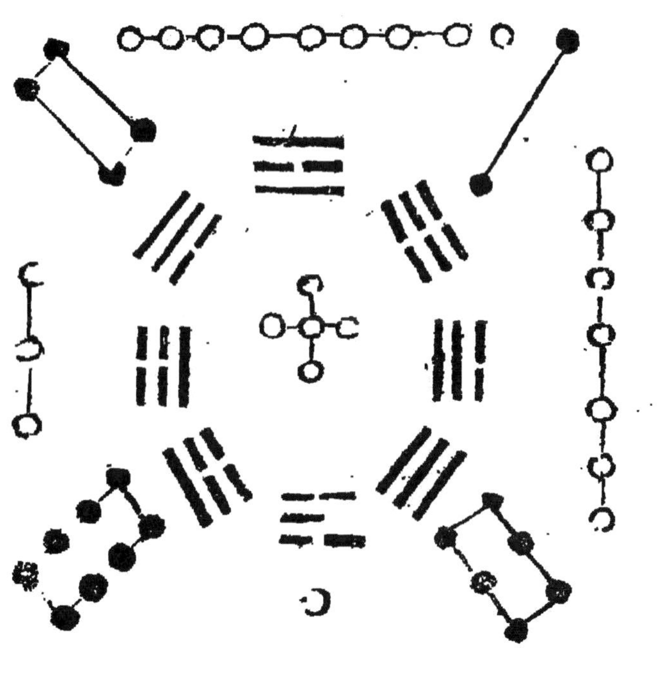

十二月辟卦

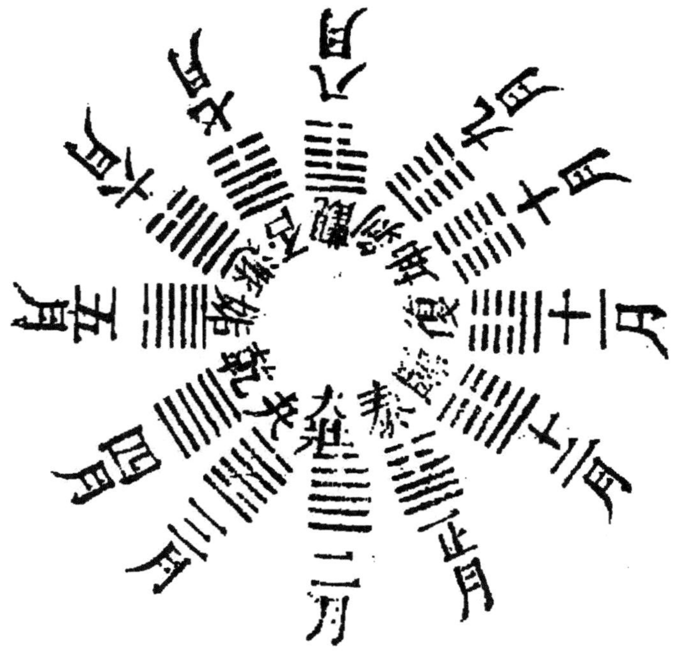

二十四節氣方位

十二辰二十八宿星象

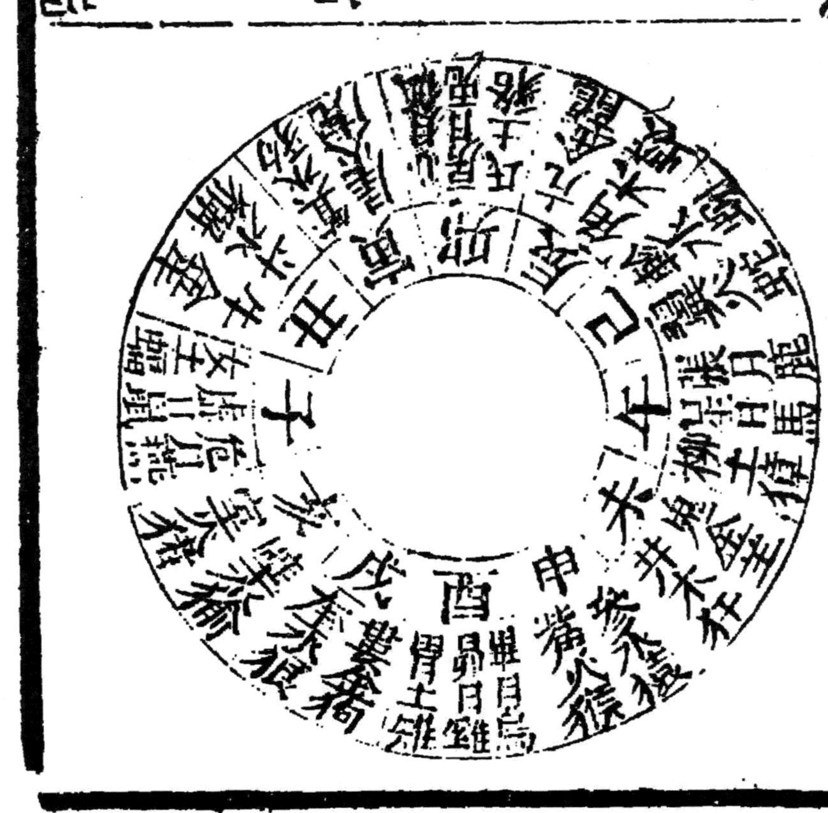

五行生旺圖

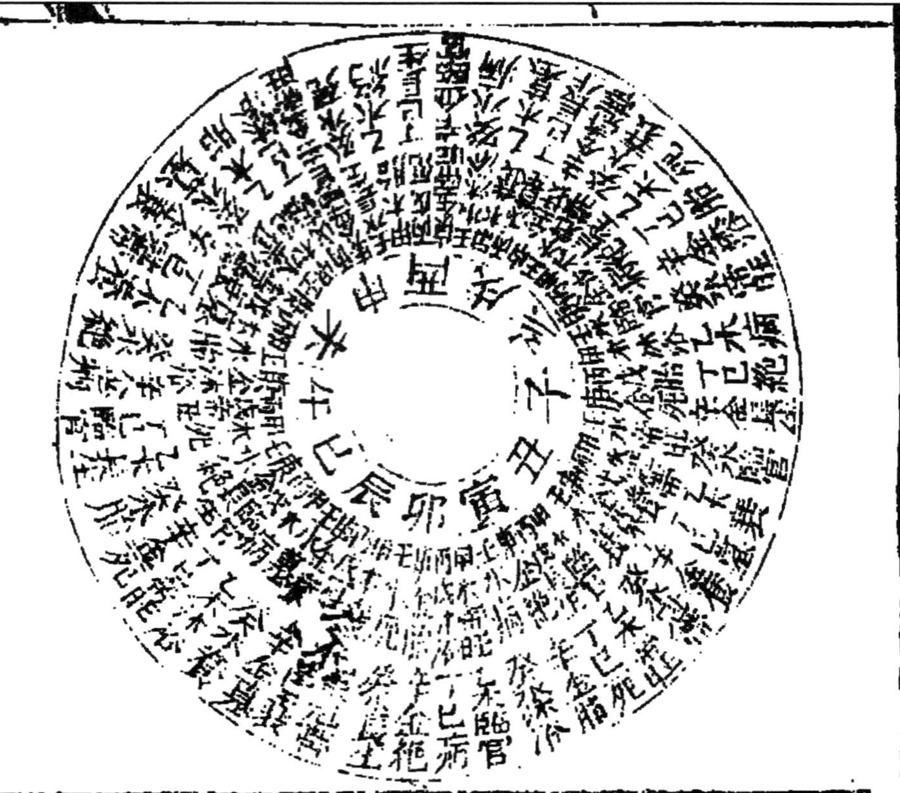

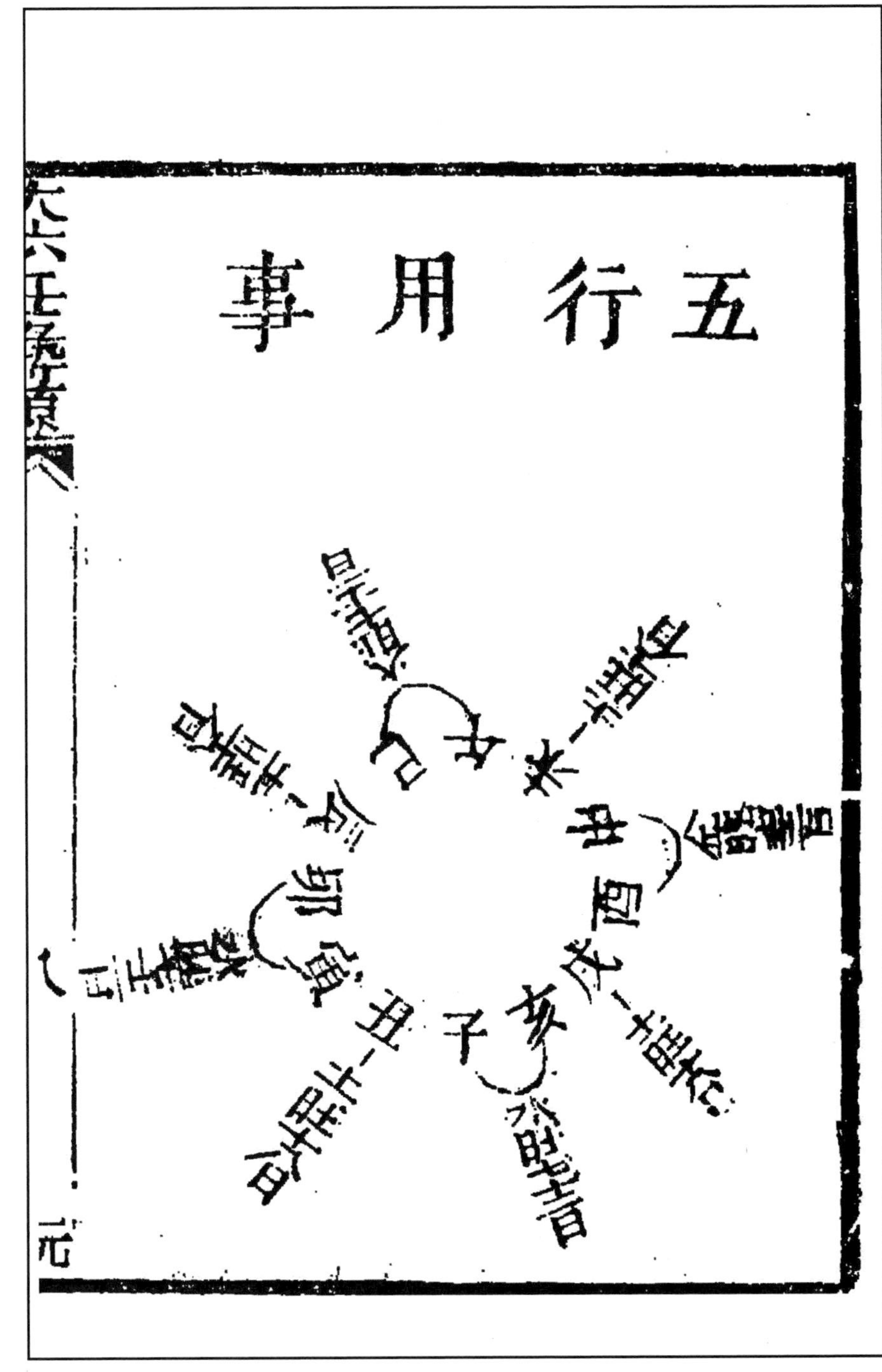
五行用事
大六壬尋原
子
丑
寅
卯
辰
巳
午
未
申
酉
戌
亥

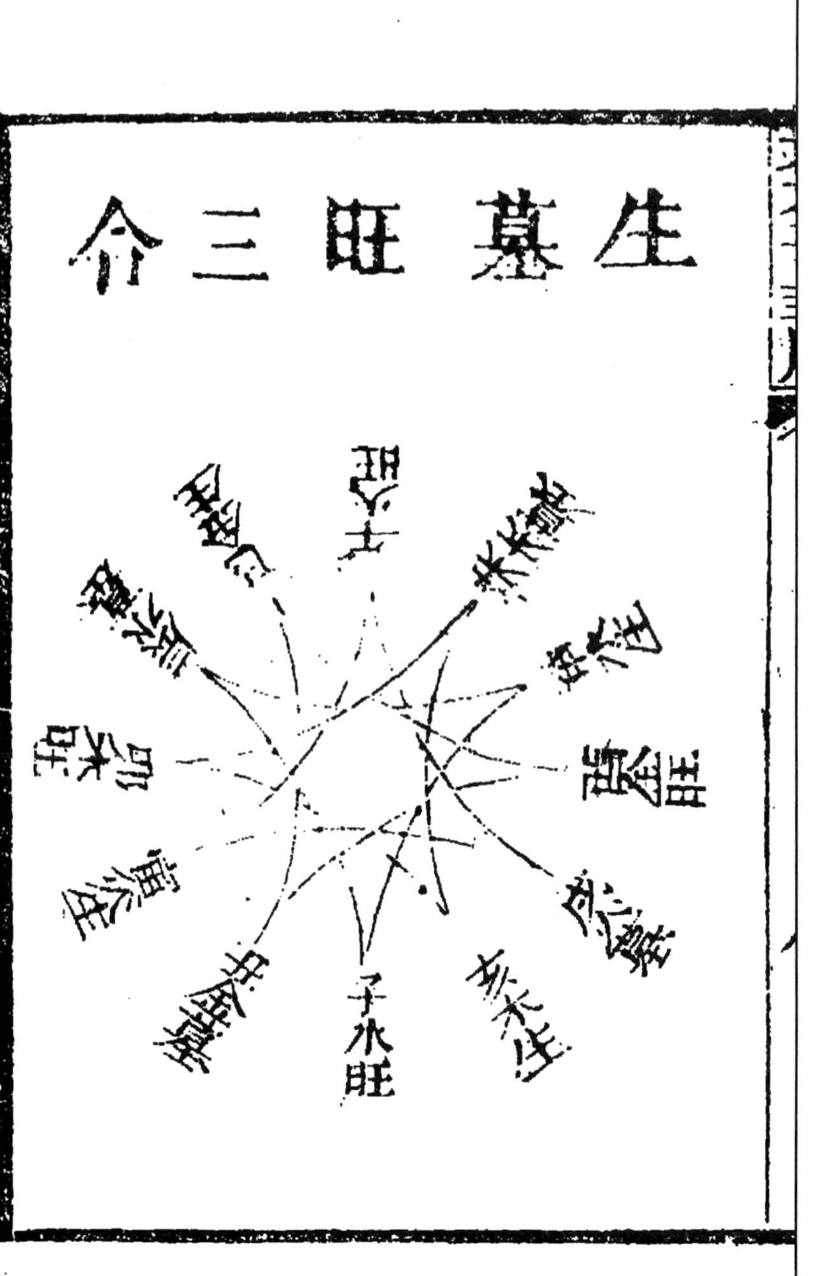
生墓旺三合
午火旺
子水旺
卯木旺
酉金旺
寅火生
申水生
亥木生
巳金生
戌火墓
辰水墓
未木墓
丑金墓

刑冲破害圖

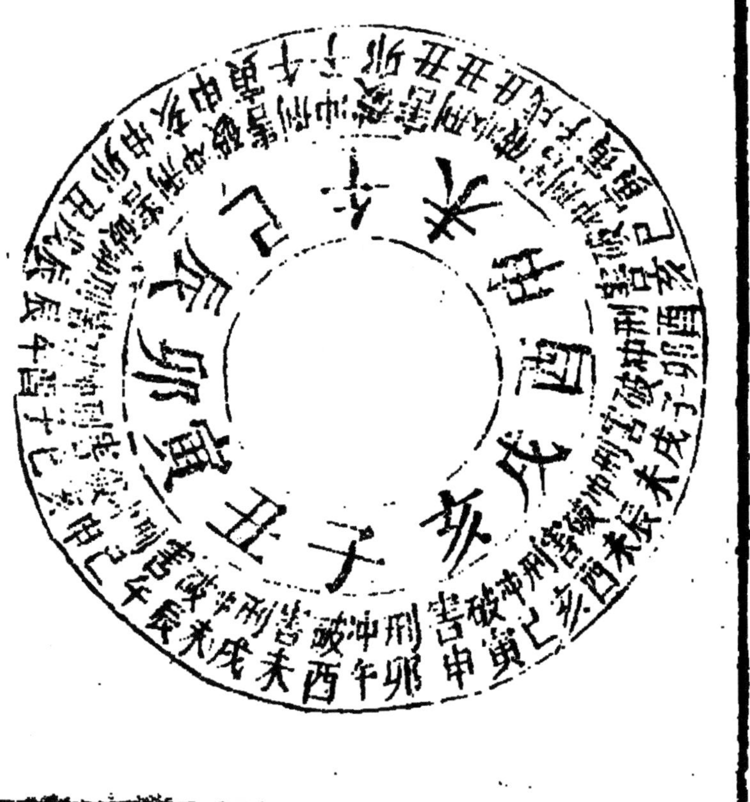

旬空圖

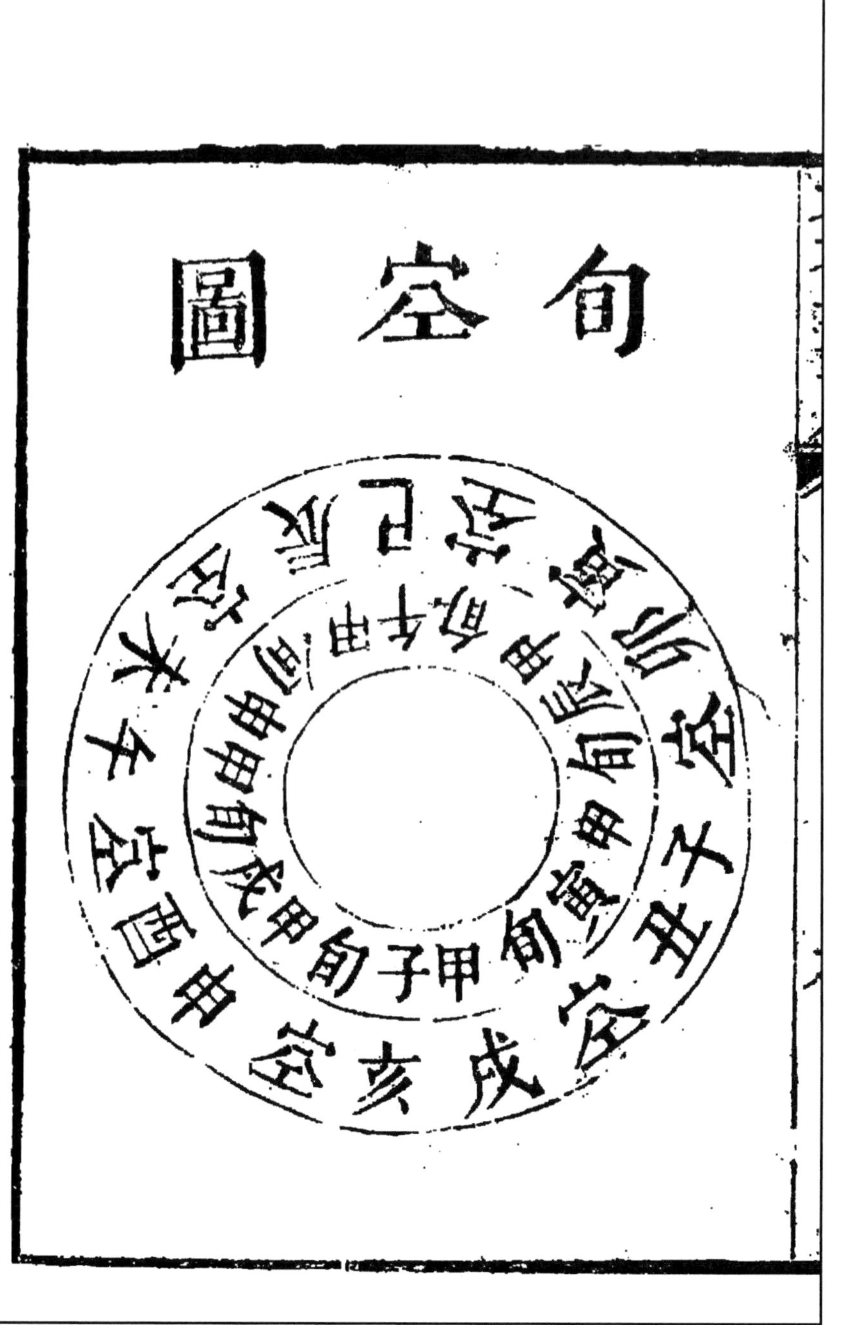

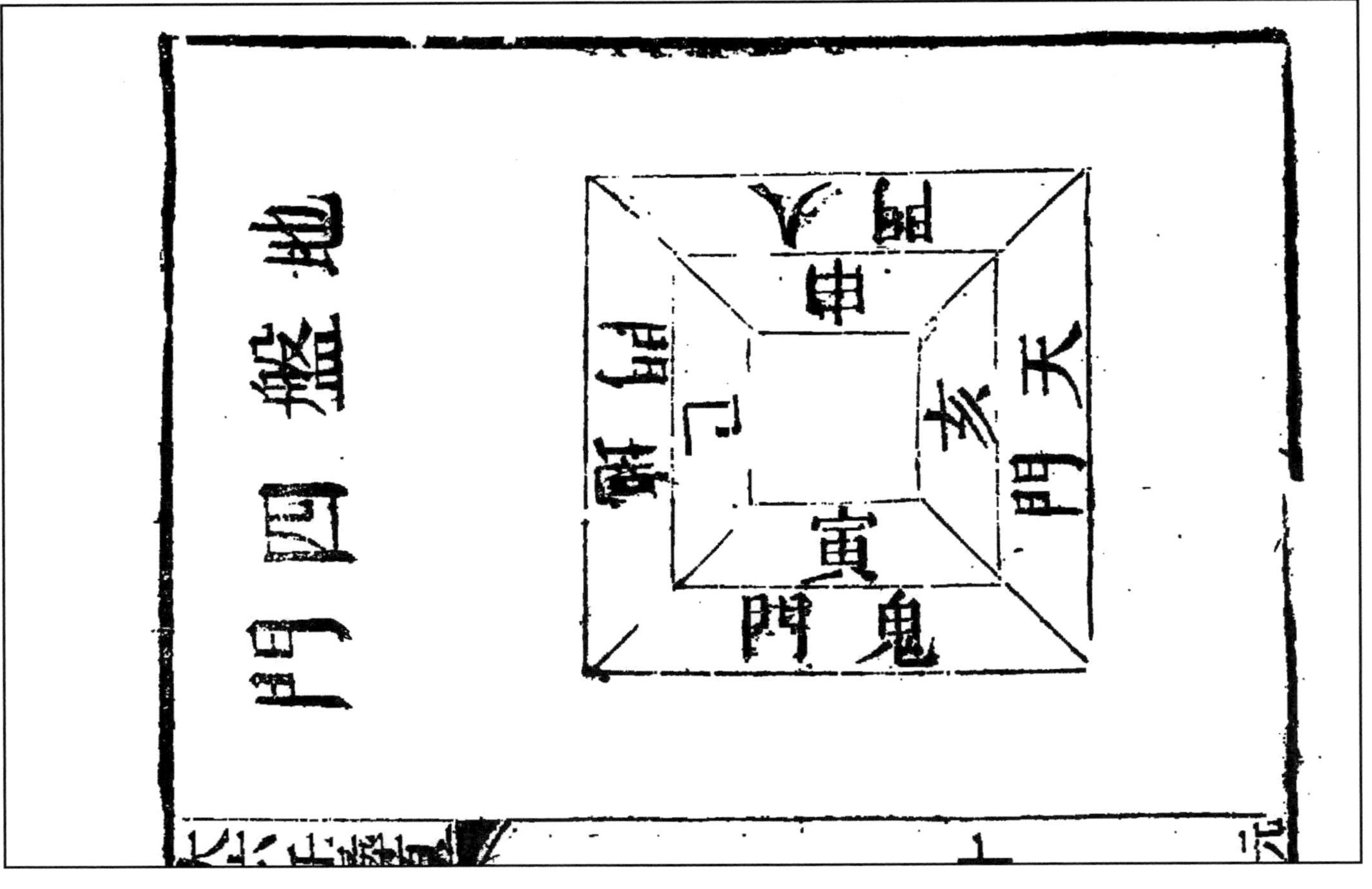
地盤四門
人門
申
天門
亥
鬼門
寅
巳
地門

五合化氣

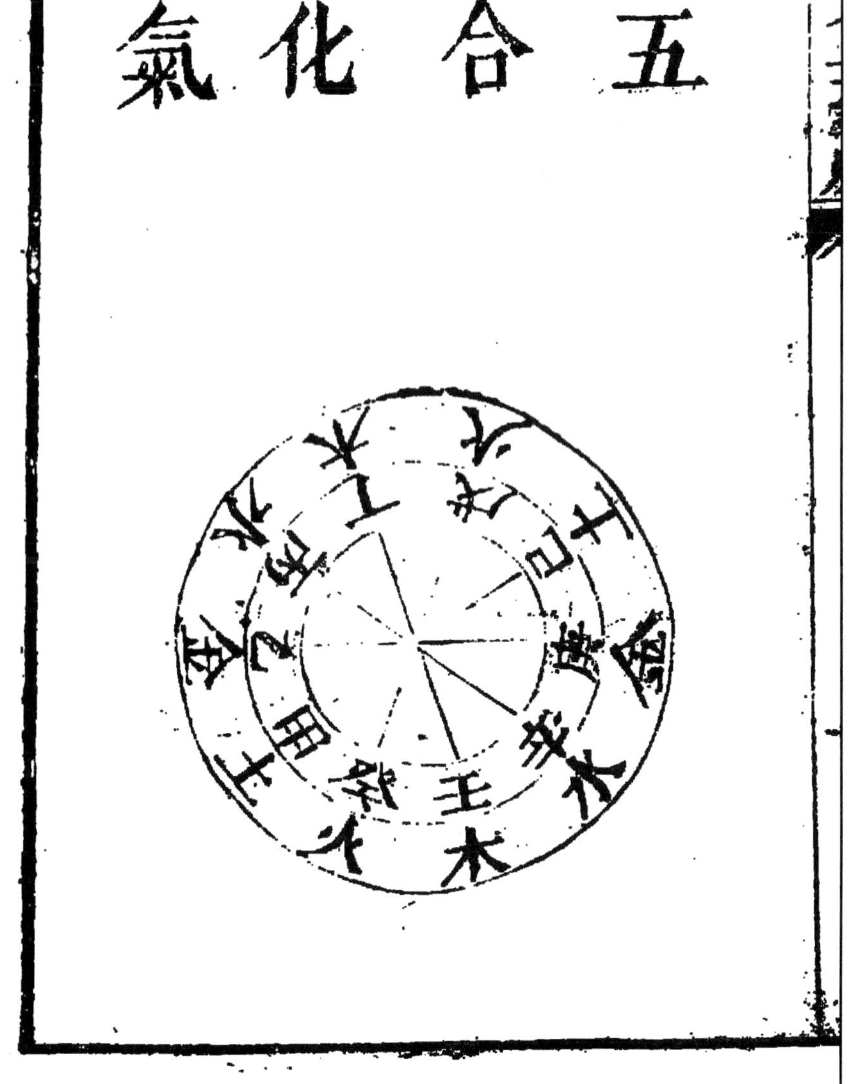

干支六合

午丁
申丙
酉乙
亥甲
子癸
寅壬
亥辛
巳庚
午己
申戊

干支相穿

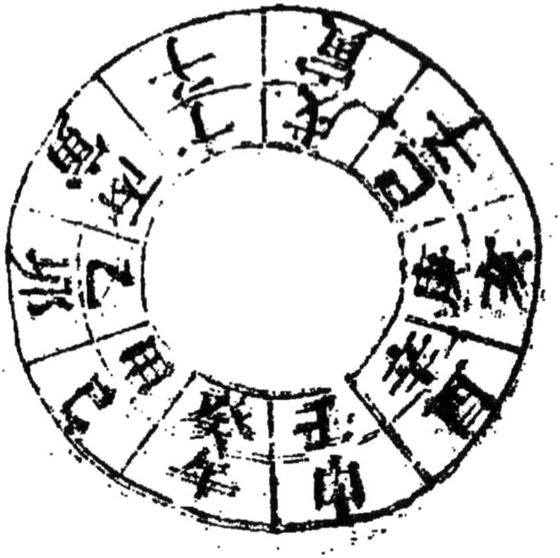

天干陰陽

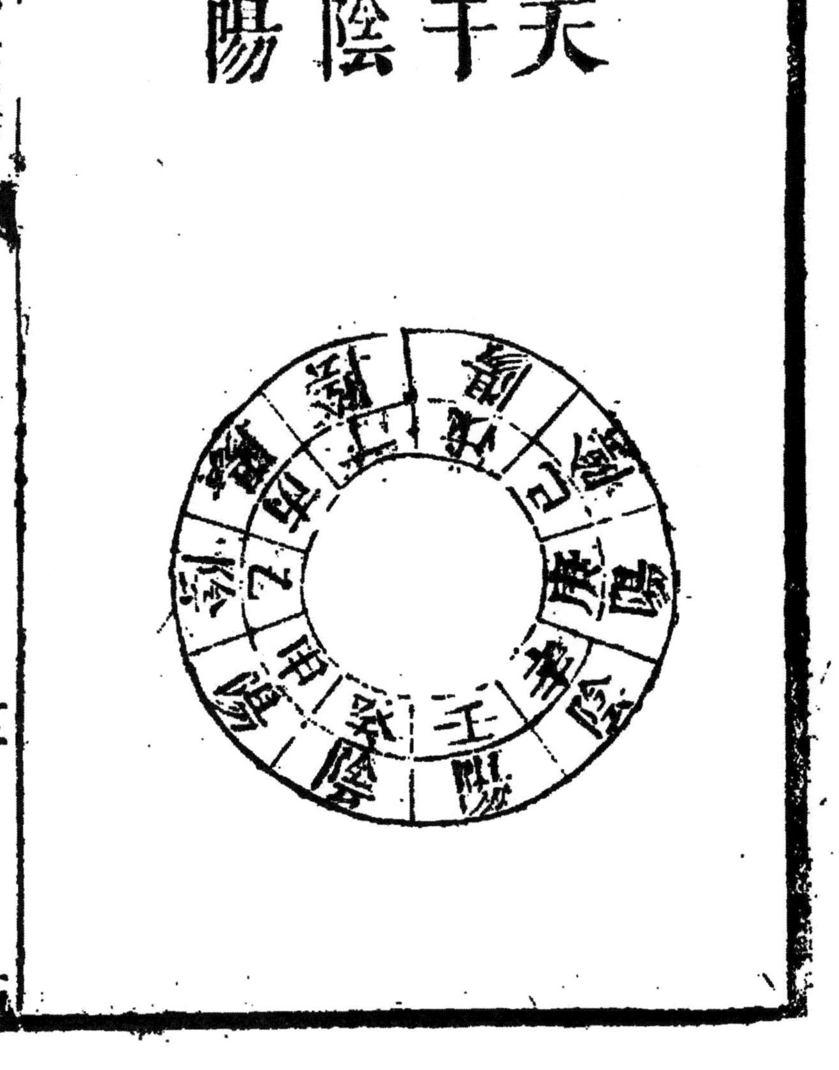

地支陰陽

月將圖

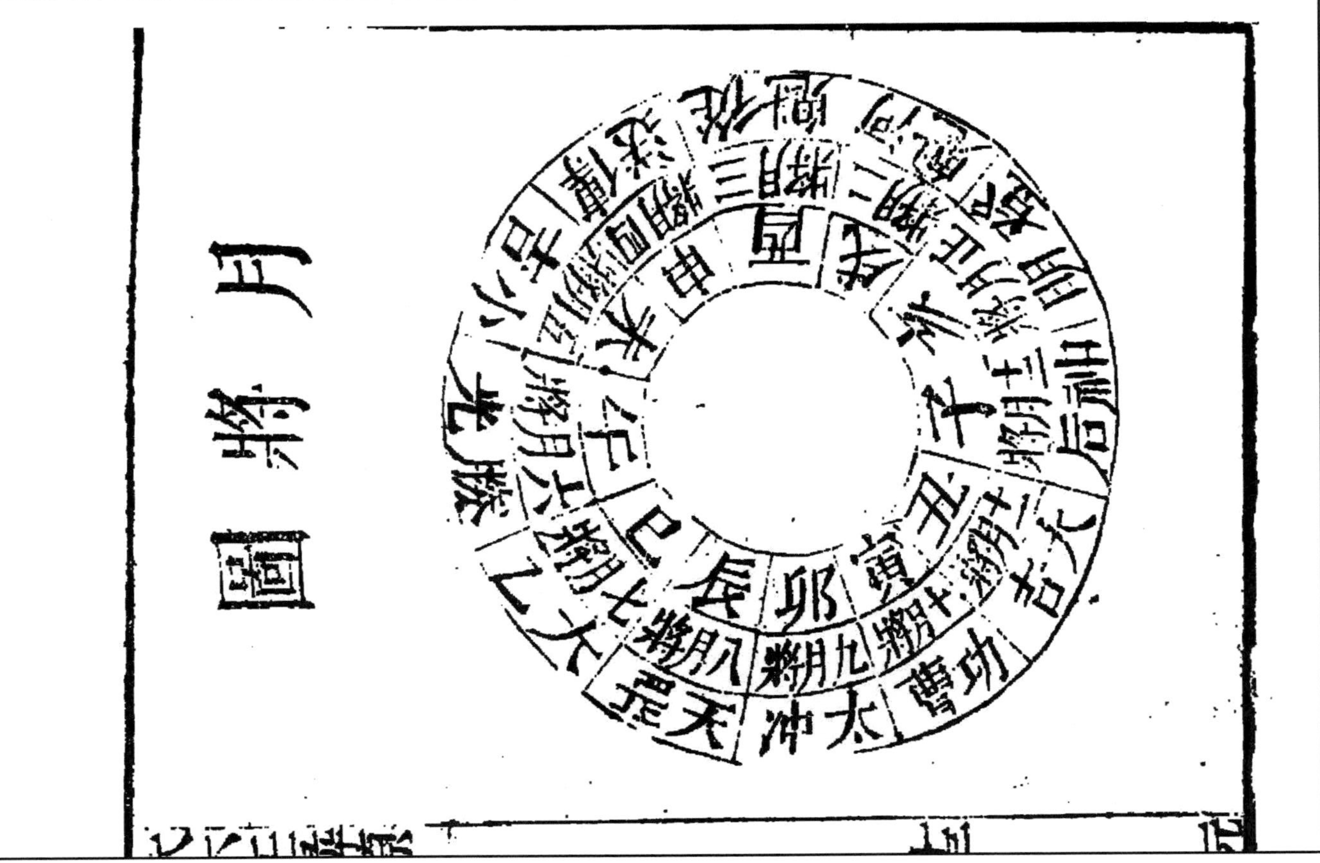

亥
正月將
登明
子
十二月將
神后
丑
十一月將
大吉
寅
十月將
功曹
卯
九月將
太沖
辰
八月將
天罡
巳
七月將
太乙
午
六月將
勝光
未
五月將
小吉
申
四月將
傳送
酉
三月將
從魁
戌
二月將
河魁

姚廣孝曰凡十二月將不論陰陽俱加正時而順行蓋壬納於乾傚天道之順也月將者與月建所合之將也其法於每月中氣之前本月節令之後視月將出現之日支定其陰陽傚河圖生成之數陽從生數陰從成數因其數而超之乃真月將也如亥將而待雨水後則太陽過亥與寅不合名曰落空東西舛誤而失其真矣

超神法

正月建寅與亥將登明合視立春後幾日是亥將即出

取日支也亥乃地六成數即從本日起起六日是辰即
以辰日亥時起亥將
二月建卯與戌將河魁合視驚蟄後幾日是戌戌乃
地四生數即從本日起起四日是丑即以丑日戌
時起戌將
三月建辰與酉將從魁合視清明後幾日是酉酉乃
天九成數即從本日起起九日是巳即以巳日酉
時起酉將
四月建巳與申將傳送合視立夏後幾日是申申乃

地四生數即從本日起超四日是亥即以亥日申
時起申將
五月建午與未將小吉合視芒種後幾日是未未乃
天七成數即從本日起超七日是丑即以丑日未
時起未將
六月建未與午將勝光合視小暑後幾日是午午乃
地二生數即從本日起超二日是未即以未日午
時起午將
七月建申與巳將太乙合視立秋後幾日是巳巳乃

天七成數即從本日起超七日是亥即以亥日巳
時起巳將
八月起酉與辰將天罡合視白露後幾日是辰辰乃
天三生數即從本日起超三日是午即以午日辰
時起辰將
九月建戌與卯將太冲合視寒露後幾日是卯卯乃
地八成數即從本月起超八日是戌即以戌日卯
時起卯將
十月建亥與寅將功曹合視立冬後幾日是寅寅乃

天三生數即從本月起起三日是辰即以辰日寅時起寅將

十一月建子與丑將大吉合覩大雪後幾日是丑丑乃地六成數即從本日起起六日是午即以午日丑時起丑將

十二月建丑與子將神后合覩小寒後幾日是子子乃天一生數即從本日子時起子將

假如嘉慶庚午歲正月初一丙辰日立春至初八日得癸亥俱從癸亥起起六日是戊辰即定為丑

月十二戊辰日癸亥時起丑將餘可倣此

申庚 酉 戌辛 亥壬

十二天地盤定局 未丁己 子

午 丑癸

巳丙戊 辰乙 卯 寅甲

啟鑰

太始無形自月將加時則天運乎上地承乎下而兩儀是判取法於干支所臨之神曰陰陽干上之神曰陽支上之神曰陰干上所得之神以陽中之陰支上所得之神曰陰中之陽剛柔定而四象分一交而闢天元曰初傳再交而定地元曰中傳三交而得人元曰終傳變化定而三才立終三元之體合於圖書日貴人巳亥列左右之途日暮分陰陽之位加之長生祿馬等命何忌而抗之吉凶休咎由是而定

壬課演式假如甲子日丑將子時占即以月將丑字加於地盤子位上順行此即月將加正時也其四課之如何生尅如何及決見後占門九課式及課神圖

常　元　陰　后
酉　戌合亥　子
白申　　　丑貴
空未　　　寅蛇
午　巳　辰　卯
青　勾　六　朱

朱卯課甲
六辰課二卯
貴丑課三子
蛇寅課四丑

六　辰　初傳　偏財
合　巳　中傳　傷官
青　午　終傳　食神

此課一下賊上名曰重審二傳辰巳午順下名進聯茹

課神圖

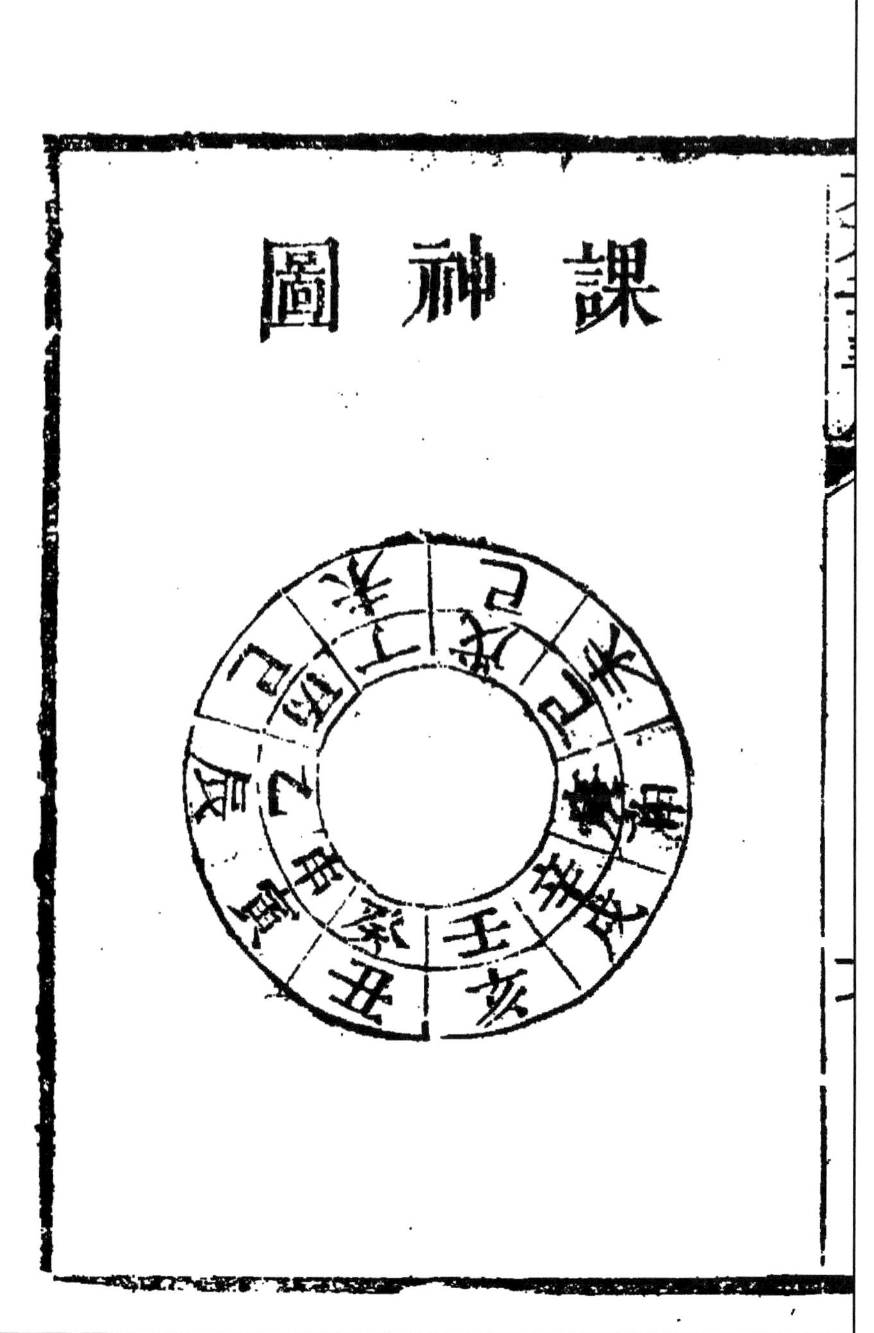

起四課法節以上甲子一課爲式甲子課神在寅當視地盤寅位乃天盤卯字也節將甲子二字空一字平書於天盤之上然後以卯字書於甲字之上得卯甲二字是謂第一課再將卯字書於甲子一字所空之中再看地盤卯位是天盤辰字以辰字書於卯字之上得辰卯二字是謂第二課其第三第四總依此法餘課均可類推

三傳起例

三傳之法當視課中賊尅如無賊上方尅下如甲

一課所取第二課卯木賊辰土卽以辰字定爲發
用（發用卯天 元初傳）再看地盤辰位乃天盤巳字以巳字爲
中傳巳位是午以午字爲終傳若亦星伏吟等課又
不同此詳後占門餘可類推

十二神所屬圖

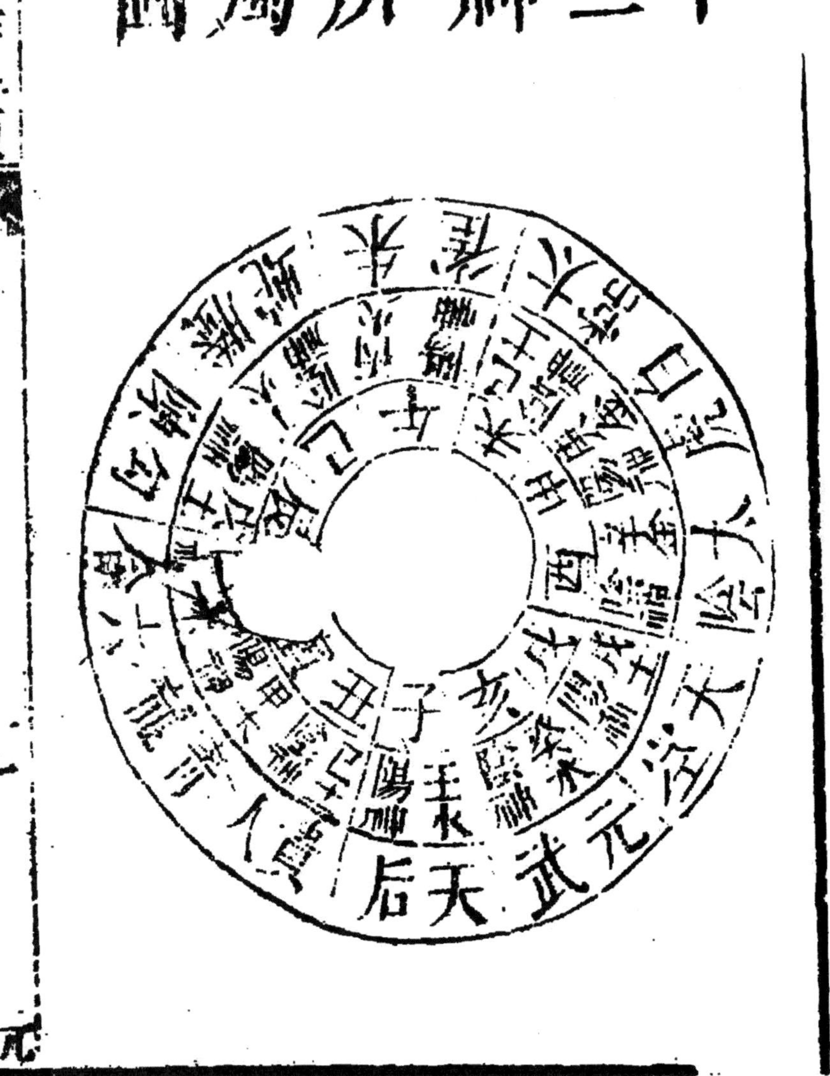

十二神次序圖

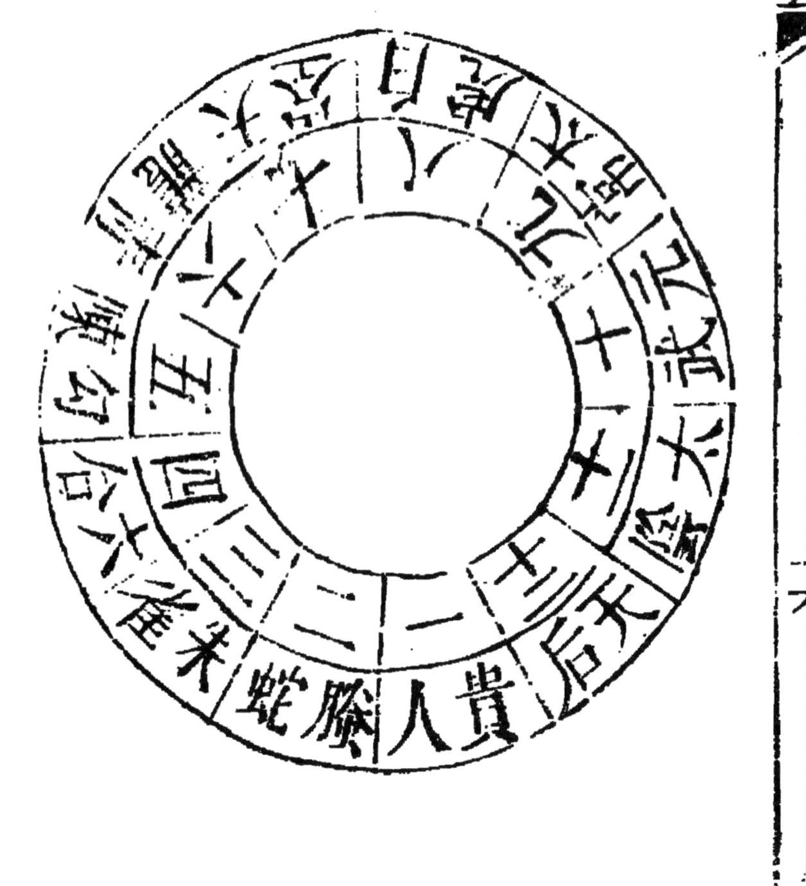

天乙貴人陰陽圖

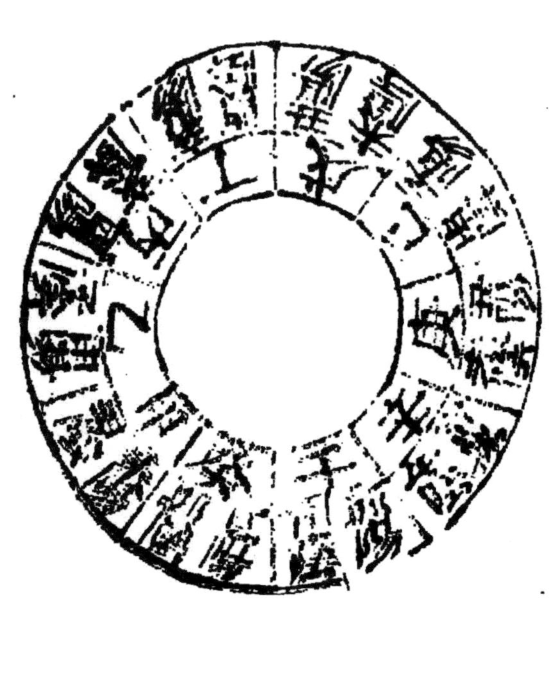

貴人起例

凡起貴人當分日夜陰陽如所占之時得卯辰巳午未申乃日也陽也

日貴人歌

甲羊戊庚牛乙猴己鼠求丙雞丁猪位壬癸蛇兔藏

六辛逢虎上陽貴日中倫 陽貴人取法於先天之卦十干起於坤以德合為上貴人如甲日貴人在未中有己與甲合也

如所占之時得酉戌亥子丑寅乃夜也陰也

夜貴人歌

甲午戊庚羊乙鼠巳猴鄉丙豬丁雞上壬蛇癸兎藏

六辛逢午馬陰貴夜時當陰貴人取法於後天之六神寄於申如庚日貴人未未中有乙與庚合也

貴人左旋右轉歌

貴人在亥行從子在戌逆將酉引前在巳和從辰位轉若於辰上巳為先

順逆之法依上十二神次序照盤旋轉另列四圖於後

順逆旋轉圖

在元武太陰天后貴人
亥太常　螣蛇
順白虎　朱雀
行天空青龍勾陳六合

在勾陳青龍天空白虎
辰六合　太常
順朱雀　元武
行螣蛇貴人天后太陰

在朱雀螣蛇貴人天后
戌六合　太陰
逆勾陳　元武
行青龍天空白虎太常

在元武太常白虎天空
巳太陰　青龍
逆天后　勾陳
行貴人螣蛇朱雀六合

十干八長生

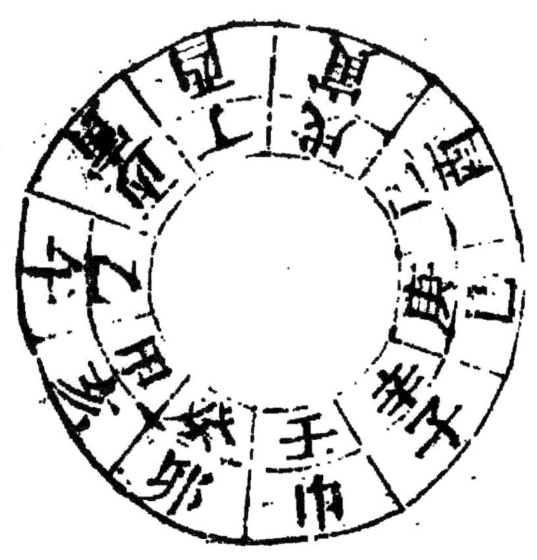

長生十二神次序

長生起例

凡起長生當分陰陽順逆如甲丙戊庚壬五日為陽其長生依次序從天盤順行十二支若乙丁己辛癸五日為陰其長生亦依次序從天盤逆行十二支

附五行四長生

甲乙寅卯木長生在亥　丙丁巳午火長生在寅
庚辛申酉金長生在巳　戊己辰戌丑未土及壬癸
亥子水長生同在申

行年圖

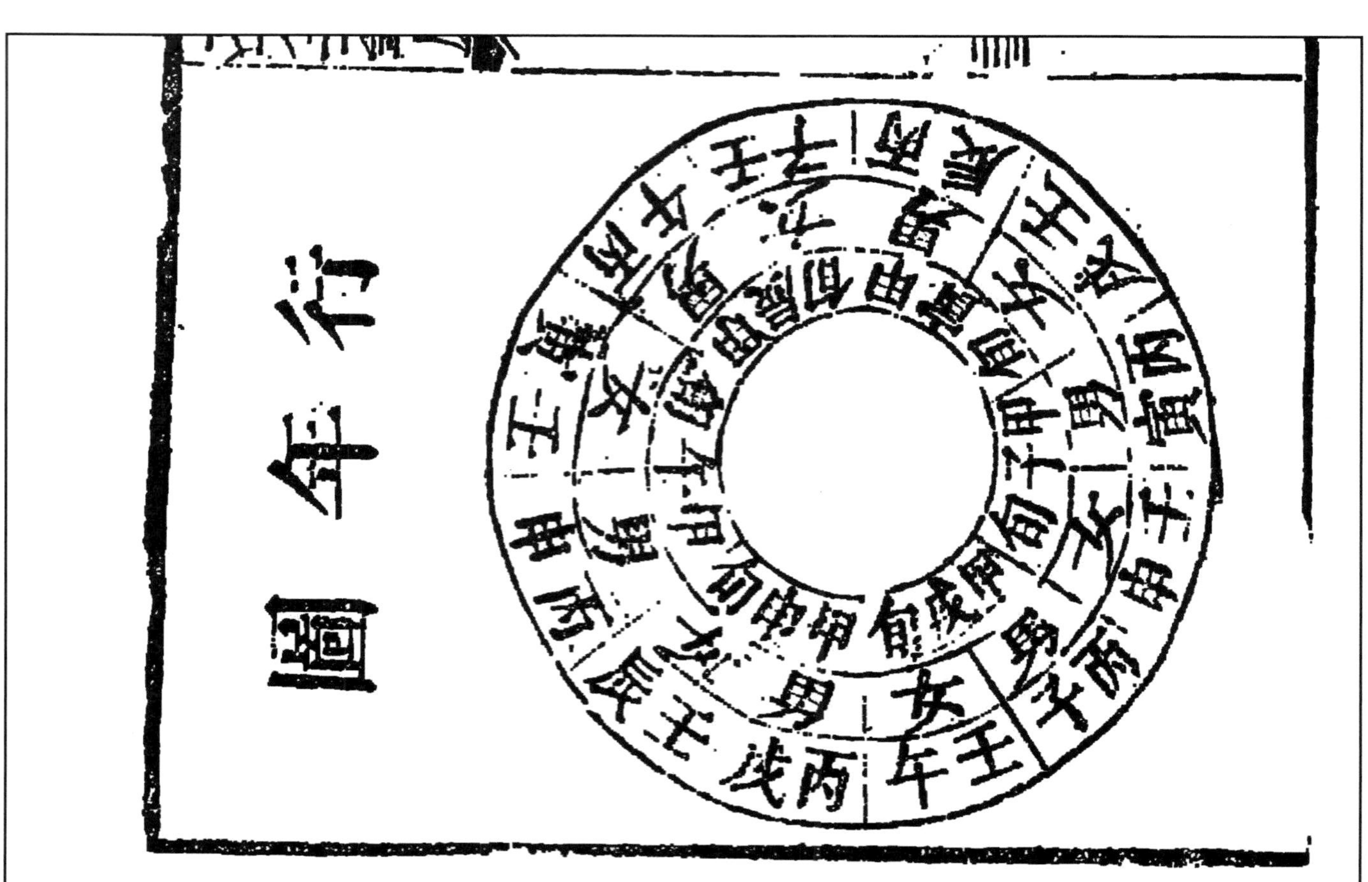

行年起例

行年之法總要人之生年起旬頭如乙丑生則甲子旬丁丑生則甲戌旬之類當以男順女逆隨盤旋推假如戊辰生亦甲子旬也即以上甲子于丑將一課爲式甲子旬數至戊辰乃五歲如男人則從地盤寅位一歲數起順行五歲至天盤未字止即以未字定爲行年若女人則從申位上起逆數五歲至天盤巳字爲行年而定其吉凶其推法男則照盤順行女則照盤逆行若胎產六甲則母順行而父又逆行矣

本命定例

本命者即天盤上字如子命子字亥命亥字而已其地盤上子位亥位亦須參看定其吉凶

生剋起例

生我者為印　陽見陰為正印　陽見陽為偏印　陰見陽為父　陰見陰為母

我生者　陽見陰為傷官　陰見陽為子孫　陽見陽陰見陰為食神

剋我者　陽見陰為正官　陽見陽為偏官　陰見陽為官　陰見陰為鬼

我剋者　陽見陰為正財　陽見陽為偏財　陰見陽陰見陰為妻財

比肩者亦為財　陽見陰為敗財　陰見陽為劫財　陽見陽陰見陰為兄弟

假如上甲子一課其第一課日干甲木爲我而尅初傳辰土卽我尅也甲木屬陽而辰土亦屬陽卽陽見陽偏財也同木生中傳巳火卽我生也巳火屬陰卽陽見陰傷官也餘倣此

天地盤陰陽神

凡占事當察其天地盤之陰陽神凡事有陽不能無陰神之陰者卽事之影響必須參看定其吉凶十二神中惟貴人日夜五爲陰神其餘各有陰神如螣蛇臨天盤申字而居地盤子位則地盤申位上辰字卽螣蛇陰神也其餘陰神主何吉凶盡詳占宗

占斷八門

正時爲先鋒凡占事以正時爲主或爲日之德合鬼墓或爲神之刑冲破害傳課未觀吉凶先見故謂之先鋒

月將爲直事凡占事以月將加正時分四象之陰陽别三才之生尅非神不能决禍福非將不能取吉凶故謂之直事

日干爲外事凡占事以日干爲人動作謀爲皆主乎日生尅制化皆應乎干故謂之外事

支辰爲内事凡占事以支辰爲宅欲知盛衰須審辰

之休旺欲知禍福須察支之吉凶故謂之丙事
初傳爲發端凡事以初傳爲應事之始傳吉事吉傳
凶事凶禍福之端皆從此發故謂之發端
中傳爲移易凡事以中傳爲應事之中如初吉而中
凶者其事其體由吉變凶如初凶中吉亦能由凶
轉吉故謂之移易
終傳爲歸計凡事以終傳爲應事之終初中雖凶而
末傳若吉事終有成初中雖吉末傳轉凶事終有
憂故謂之歸計

年命爲變體凡占事以年命爲事之變易蓋命爲一身之應年爲用事之助傳有一定吉凶人有各殊年命如傳財本吉年命見官鬼而反凶傳鬼本凶年命相見子孫而成吉故謂之變體

占有九課八式

一尅賊克爲元首賊爲重審二比用卽知一三涉害用孟爲見機仲季爲察微四遙克神遙克日爲蒿矢日遙克神爲彈射五昴星陽日取地盤酉上爲用名虎視陰日取天盤酉下爲用名冬蛇掩目六伏吟有克者照常取克名不虞無克者陽日取干上神爲用名自任陰日取支上神自用名自信七返吟有克者名無依無克者取驛馬爲用名無親八

別責陽日取干合上神為用陰日取支前三合為用俱名蕪淫九八專陽日用干上神在天盤順數三位以為發用柔日用第四課上神在天盤逆數三位以為發用俱名帷簿不修此占門之宗也凡課七百二十總不外此

元首 巳丑酉

卯丁 辰 巳 午 未

亥卯 卯 申

酉丑 寅 酉

巳丙 丑 子 亥 戌

重審

申亥寅

申丙	亥申	丑戌	辰丑

巳	午	未	申
辰			酉
卯			戌
寅	丑	子	亥

知一

戌酉申

戌壬	酉戌	卯辰	寅卯

丑	寅	卯	辰
子			巳
亥			午
戌	酉	甲	未

涉害

午辰寅

午庚 辰午 戊子 申戊

午未申酉
巳　　戌
辰　　亥
卯寅丑子

見機

子未寅

子丙 未子 未子 寅未

卯辰巳午
寅　　未
丑　　申
子亥戌酉

綮微
辰申子

嵩矢
戊丑辰

子庚
辰子
戊午
寅戊

子丑寅卯
亥辰
戊巳
酉申未午

寅壬
巳寅
未辰
戌未

亥子丑寅
戊卯
酉辰
申未午巳

彈射 巳申亥

虎視 丑午酉

寅辛 亥子丑寅

巳寅 戌卯

亥申 酉辰

寅亥 申未午巳

酉戌 子丑寅卯

丑酉 亥辰

午寅 戌巳

戌午 酉申未午

冬蛇掩目

午戌寅

戊丁　丑戌　寅亥　巳寅

亥　戌　酉　申
亥子丑寅
寅卯辰巳
申未午巳

不虞

丑戌未

丑癸　丑丑　丑丑　丑丑

申　未　午　巳
申酉戌亥
亥子丑寅
巳辰卯寅

自任

巳申寅

巳丙 巳巳 辰辰 辰辰

申酉戌亥 未子 午丑 巳辰卯寅

自信

丑戌未

未丁 未未 丑丑 丑丑

申酉戌亥 未子 午丑 巳辰卯寅

無依

寅
申
寅

庚寅	申寅	辰戊	戊辰

寅	丑	子	亥
卯			戊
辰			酉
巳	午	未	申

無親

亥
未
辰

辰辛	戊辰	未丑	丑未

寅	丑	子	亥
卯			戊
辰			酉
巳	午	未	申

蕪淫

亥午午

午丙
未子
巳辰
午巳

酉戌亥子
申丑
未寅
午巳辰卯

蕪淫

丑酉酉

酉辛
申酉
申酉
未申

未申酉戌
午亥
巳子
辰卯寅丑

發蒙下卷
嫈圃老人輯

帷箔不脩 丑亥亥

亥卯　申亥　亥寅　申亥

巳午未申
辰　　酉
卯　　戌
寅丑子亥

帷箔不脩 亥戌戌

戌丁　丑戌　戌未　丑戌

亥子丑寅
戌　　卯
酉　　辰
申未午巳

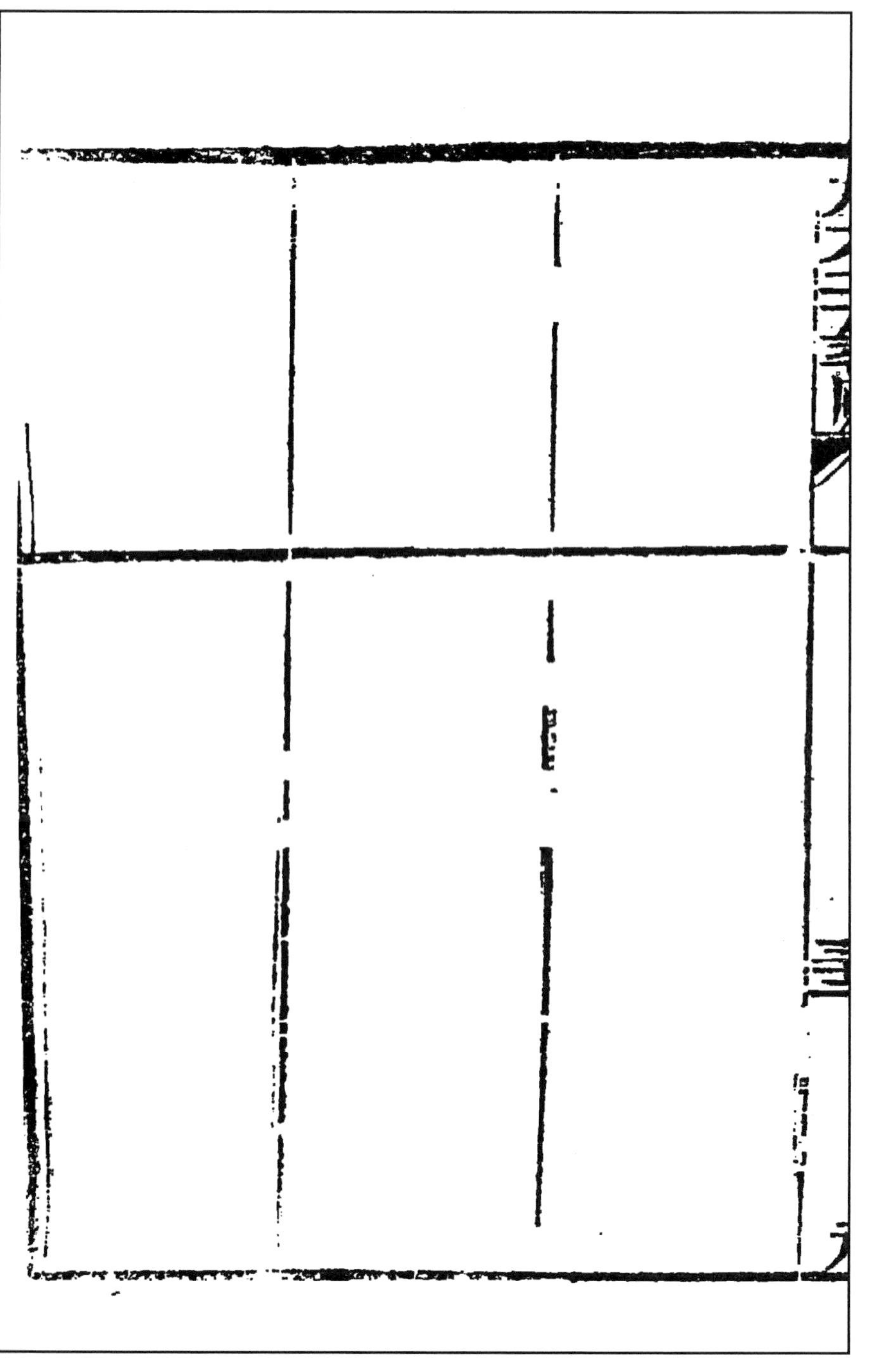

占體有一定
格與詩訛也

元首

一上克下餘課無克統乾之體元亨利貞

重審

一下賊上餘課亦克然坤之體柔順利貞

知一 卽比用

一上克下或二下賊上擇課之陰陽與日干比者爲
用神爲日陽比陰日陰比陽統比之體貞固擇一
參卽自良機 參微 緩聯 後等

二三或四上下相克賊俱比或不比以受克深處爲用見看孟神有克者爲用如無克以仲季爲用神如孟仲季神復相等陽日取干上神陰日取支上神統坎之體苦盡甘來

遙克 蒿矢 彈射

凡課無克取辰遙克日爲用如無神遙克則取日遙克神爲用統睽之體

昴星 虎視 冬蛇掩目

四課無克又無遙克剛日取地盤酉位上神爲用中上末下上柔日取天盤酉宮下神爲用中干上末支上[illegible]

家居守靜

別責 蕪淫

三課無遥克別取一合神爲用陽干常動而易位故陽日剏傳用合干之上神陰支常靜而守位故陰日以支三合前一辰爲用中末傳俱併干上合干者如戊日合癸癸課寄丑取丑上之神爲用丙日合辛辛課寄戌取戌上神爲用是也支三合前一辰者如己酉丑酉日用丑巳日用酉亥卯未未日用亥之類也

八專 帷簿不修 獨足

八專日干支同位無克又無遥克陽日從干之陽神

運根順數第三位爲用陰日從支之陰神運根逆數第三位爲用中末俱用干上如中末相併三傳總歸一神卯名獨足統
同人之體協力同心

伏吟 自任 自信 杜傳

十二辰各居本位辰克日干爲用中取初刑末取中刑如無克陽日取干上神爲用陰日取支上神爲用統艮之體
守舊待新

返吟 井欄射 無親 無依

十二辰各居冲位取相克爲用如無克以支神斜射

爲用（中傳末傳）支于如丑日初傳亥未日初傳巳是也紛震之體

三先

用神日辰旺相乘吉將統貴之體開雲見日（用神即春木旺火相日辰即春甲乙夏丙丁吉將即貴人青龍當令之類）

二陽

天乙順行日辰吉將旺相發用統晉之體龍劍呈祥

三奇

凡課得旬日之奇發用或入傳統豫之體上下悅懌

卯甲子甲戌旬用丑甲申甲午旬用子甲辰甲
寅旬用亥丑爲日奇子爲月奇亥爲星奇
乙丙丁甲戊庚奇名遁又甲日午乙日巳丙日辰丁日
卯戊日寅己日丑庚日未辛日
日申壬日爲干奇亥子丑至辰爲順連茹巳午未至申
酉癸日戌巳午六課戌亥子六
課亦爲三奇亥酉戌至午爲逆連茹巳辰卯至子
巳辰六課亥戌六課亦
爲三奇
六儀
旬儀支儀發用入傳統兌之體家集千祥旬儀如甲
子旬甲子
之類支儀者子儀午丑儀巳寅儀辰卯儀卯巳儀丑
辰儀寅午儀子未儀申申儀酉酉儀戌戌儀亥亥儀
子是
也

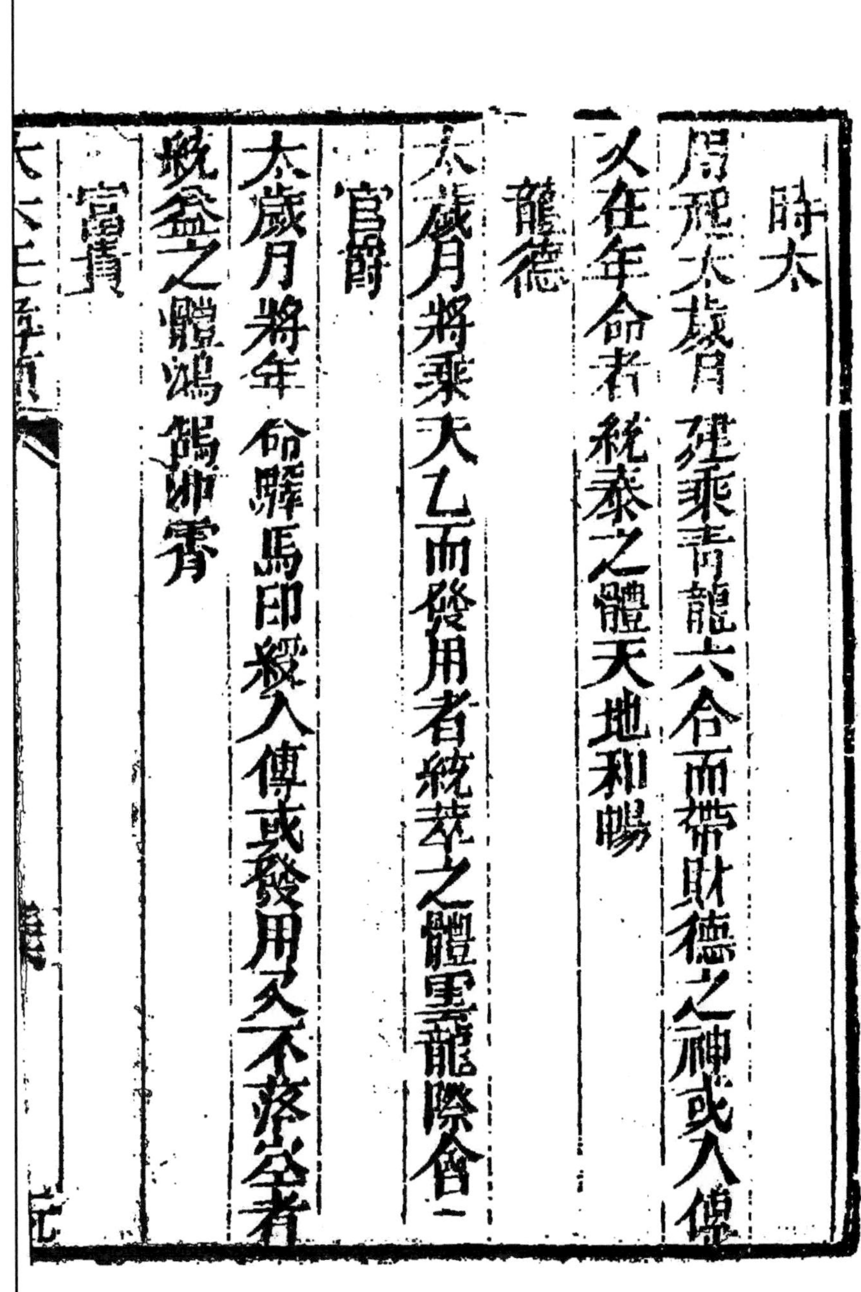

時太

月建太歲乘青龍六合而帶財德之神或入傳又在年命者統泰之體天地和暢

龍德

太歲月將乘天乙而發用者統萃之體雲龍際會

官爵

太歲月將年命驛馬印綬入傳或發用又不落空者統益之體鴻鵠沖霄

富貴

天乙乘旺相臨日干及行年發用又干支逢滕馬統

大有之體癸花向日

軒蓋

偱勝光爲用遇太冲神后統升之體鵬得搖風

鑄印

戊加巳傳中見卯戊天魁卯爲巳太乙也爲爐更遇太常

爲後又見太冲卯爲車輪則鑄印乘軒之象統鼎之體鵬

翼冲天如火金名少爲五行不備未傳天后元武臨日破并水神爲鑄印

不戊亡大旺日巳卯乘蛇雀値空門辰無爲鑄印損模

斲輪

卯加庚辛發用得辛酉統覽之體飛能入斲輪卯為車輪金為斧

刀斧木執金斲後名

引從

凡日辰干支前後上神發用為初末二傳是前引後從

發他統逸之體乘馬蜂擁

亨通

干支相生三傳遞生及旺統漸之體福祿來臨

繁昌 德孕 旺孕

夫妻行年上下相生作合又乘本命旺氣發值干支合德合歲年立時合旺相之鄉統咸之體陰陽和合

榮華

祿馬貴人臨干支年命而旺相又爲發用及入傳要乘吉將又遇月將者統師之體士衆擁從

德慶

日辰干支及德神發用併在年命乘吉將統靈之體

德神房合

合歡

日辰遁天干作合及三合六合發用併年命上年上

俱乘吉將統井之體婚姻團圓

和美

干支遇三合六合上下遞互相合統豐之體神合道

合

斬關

魁罡加日辰發用統遯之體豹隱南山旬尾加旬首或旬首乘元武或旬首位上神乘元武發用名閉口旬尾加下旬首加支名曰一旬周遍更有刑德日乙庚爲德丁日上爲德己日甲爲德辛日丙爲德癸日戊爲德刑日卯子刑卯卯刑子之類

遊子

三傳皆上或見旬丁每旬丁壬所値之神或天馬統觀之體雲

萍聚散

三交

四仲日時占課傳皆仲將逢后餘陰合統姤之體風

雲不測干臨支被克爲自取支臨干克干爲上門亂
自匪兼發用 日克辰乃上凌下却得下賊
上爲門辰克日乃下犯上
却得上克下爲用名凌犯

贅壻

下臨支克支支臨干被克更兼發用統履之體屈意

從人干爲夫支爲婦干臨支以動就靜如贅婿然支從人臨干以靜就動如婦人隨男就嫁皆命已從人之意

冲破

干支冲辰皆破爲用或用神與歲月日時冲破乘白將又加破碎煞統决之體雪上加霜

淫泆

初傳卯酉爲用將乘后合卯酉爲陰私之門后合乃淫慾之神主淫奔泆欲就既濟之體陰陽配合初傳天后末傳六合名泆女用起六合末傳天后名狡童

蕪淫

四課有克殺一爲不備日辰交互相克爲蕪淫陽日從日上起第一課彔日從辰上起第一課第一課干之陽神第二課干之陰神第三課支之陽神第四課支之陰神一陰一陽爲陽不備二陽一陰爲陰不備統小畜之體琴瑟不調夫妻行年沖克上下神互相賊克名解離如孤雁出羣又地盤空亡爲孤辰天盤空亡爲寡宿十干不到之地五行脫空之鄉名孤寡孤寡者春巳午孤子丑寡夏申酉孤卯辰寡秋亥子孤午未寡冬寅卯孤丙戌寡以仍傳而定

度厄

四課內三上克下爲㓜三下賊上爲長統剝之體六

覩氷訣

無祿絕嗣

四上克下上不容下下難自存或四下賊上以下犯上下被上奪統否之極上下僭亂干支害神上下相加發用臨行年爲侵害三刑發用幷行年爲刑傷

二煩

四仲月將遇四正弦即朔望及四平日仲神四占得日月宿加四仲斗罡繫丑未統明夷之體刑煩滿途日宿臨四

仲斗罡繫丑未為天煩八宿
臨四仲斗罡繫丑未為地煩

天禍

四立日占得今日干支臨昨日干支或昨日干支臨
今日干支絕大過之體嫩草遭霜

天獄

囚死墓神發用斗加日本絕墜嗑之體委靡不振

天寇

四離日占得月宿加離辰絕蹇之體時勢多艱

天網

占時與用神克日統蒙之體天網四張

魄花

白虎帶死神死氣臨日辰行年發用統蠱之體陰害

相連

三陰

天乙逆行日辰在後發用中末各帶囚死將乘元武

白虎時克行年統中孚之體羣陰叢聚帶囚又甚如課傳太陰俱

借爲太陰

龍戰

卯酉日占行年在卯酉上又迴卯酉入傳卯酉發用

卯月陽氣生酉月陰氣出卯為日出月入之門酉為

月入月出之門一生一殺相職於門就離之闇門戶

不學

死奇

斗罡繫日辰發用月行度到角亢之分或月宿臨太

歲日辰統太淵之體憂中望喜

死絕災厄

日之死鄉又加死地之絕鄉發用如木用死於午午

大絕在亥喪車游魂等發用統歸絕之體凡占行

孽

殃咎

凡三傳遞克日又來克內戰外戰乘墓坐墓統解之

體內外凌辱

九醜

凡戊子戊午壬子壬午乙卯乙酉己卯己酉辛卯辛

酉十日為九醜日如四仲時占丑臨日加四仲發用

子午卯酉為陰陽易絕之神有生殺之道乙戊己辛

王乃刑殺不正之位三光不照此等日遇丑臨俾是名九醜犯小過之體上下迍邅

鬼墓

干支上神發用或作干鬼干墓支鬼支墓既作曰鬼又為干墓親困之體守己待明

勵德

貴人臨卯酉為勵德干支陰陽在貴人前蹉跎在貴人後為微服陽前陰後為定陰前陽後為失機究隨之兩陰陽為失風

盤珠天心

太歲月建及日時并三傳皆在四課之中曰歲月日
時俱在四課之上統大壯之體鳳翔丹山
全局四門下從革 炎上稼穡 曲直
水局辰申子 火局戌寅午 木局未亥卯 金局丑巳酉 土局丑未辰戌
凡三傳得三合統大畜之體同類聚會

元胎

孟神發用傳用四孟蓋四孟爲四生之局又爲五行
受氣之位如寅加巳巳加申爲進步長生名病胎乃

上生下爲五行病處寅加亥亥加申爲退步長生名
生胎乃下生上是身旺之鄉就家人之體花開結子
妒子孫空亡爲不育返吟爲絕胎

連珠

用神在一方相連作中末或三傳孟仲季相連或歲
月日時相連或寅卯辰之類就復之體山外青山

間傳

凡課間位作三傳就巽之體陰陽升降

六純

一俱陽爲六陽俱陰爲六陰統革之[illegible]天淵

順十二格以三傳而言

登三天辰午申 己午未申四位爲天蓋龍登天則行雨

官登天位主遷轉惟忌空脫占爭訟轉大占病病深

占行人即至久旱而占則雨之類

出三天午申戌 戌爲天頭凡占事情遠大病訟皆凶

涉三淵子申戌 亥子丑寅屬地如履春冰蹈虎尾之象

病訟危險目前阻隔占官不吉謀望不成之類

入三淵寅子戌 凡卑皆凶或末傳乘蛇虎爲鬼祭占病

必死

向陽（子寅辰）子乃北方幽暗之鄉寅辰乃日出之方自暗入明凡事初凶後吉病愈訟解人情皆美

出陽（寅辰午）午後陰生自寅傳午有出陽之象凡占災皆相彷病訟均凶也

出戶（丑卯巳）卯為門戶巳為地戶凡占君子升揚小人獄疑

發陽（卯巳未）卯巳為二陽未乃明之始自卯傳巳未為日中將昃陽盛已極凡事急就吉遲幹凶

變盈巳未酉陽至午爲陰未爲一盈凡事皆凶占官發
黜占疾漸病死久病愈
入宜亥未酉酉亥爲門宜之時陽消陰長之象凡占事
速爲則可緩則不及也病訟官祿封不利發此亨漸
消而漸長其凶
凝陰酉丑亥亥丑屬北冬至陰氣凝結有嚴霜堅冰之
象凡占有淫慾姦盜之事多主幽暗不明
溟濛卯丑亥亥丑爲陰卯乃微陽一陰下見微陽正在
溟濛之時凡占者事體不真昏懼不寧進退未決之

貌

逆十二格亦以三傳言

寅陰寅子戌寅爲日出曉方子戌陰氣盛旺相遇入陰凡占事日明入暗防其暗損占官最凶

傷寒子戌申申乃陰方自子傳申以陰入陰凡占事逆暗不明出入動作皆不吉

悖戾戌申午午乃陰氣始生申戌由之而盛旺占賊不擾行人未作事成禍

凝陽申午辰辰爲一陽申午俱陰陽凝在陰凡占事未

了行人來緩占訟皆遲誤望均遲

顧祁寅　午辰　午為寅之子孫寅乃午之長生如了顧屏

凡求財謀望皆吉占　行人來　惟庚日占病為囚

占官則大吉

涉疑子　辰寅　陽主進寅子主退凡占事進退不決行人

不來官病皆凶

極陰酉　丑亥　陰主退自丑傳酉以陰入陰而終於極凡

占事或有淫亂而生疾若占病必死

時遁未　亥酉　酉為太陰未中之丁為玉女有遁生之氣

占行人不來出行不出捕盜不獲君子有吉小人乃
凶

勵明　己酉　未　巳爲陽明之地自酉傳巳從暗入明凡舉
皆由勉强而爲君子利取祿位小人宜早營運

回明　卯　未　己　未乃一陰巳卯二陽自未傳卯由陰而至
於陽凡事不宜急舉只宜緩進久而則靖吉事漸成
而凶事漸消也

轉悖　丑　己　卯　巳卯一陽丑乃純陰陽傳至陰避明向暗
凡占主家業不振作事邪魔不如守分安命

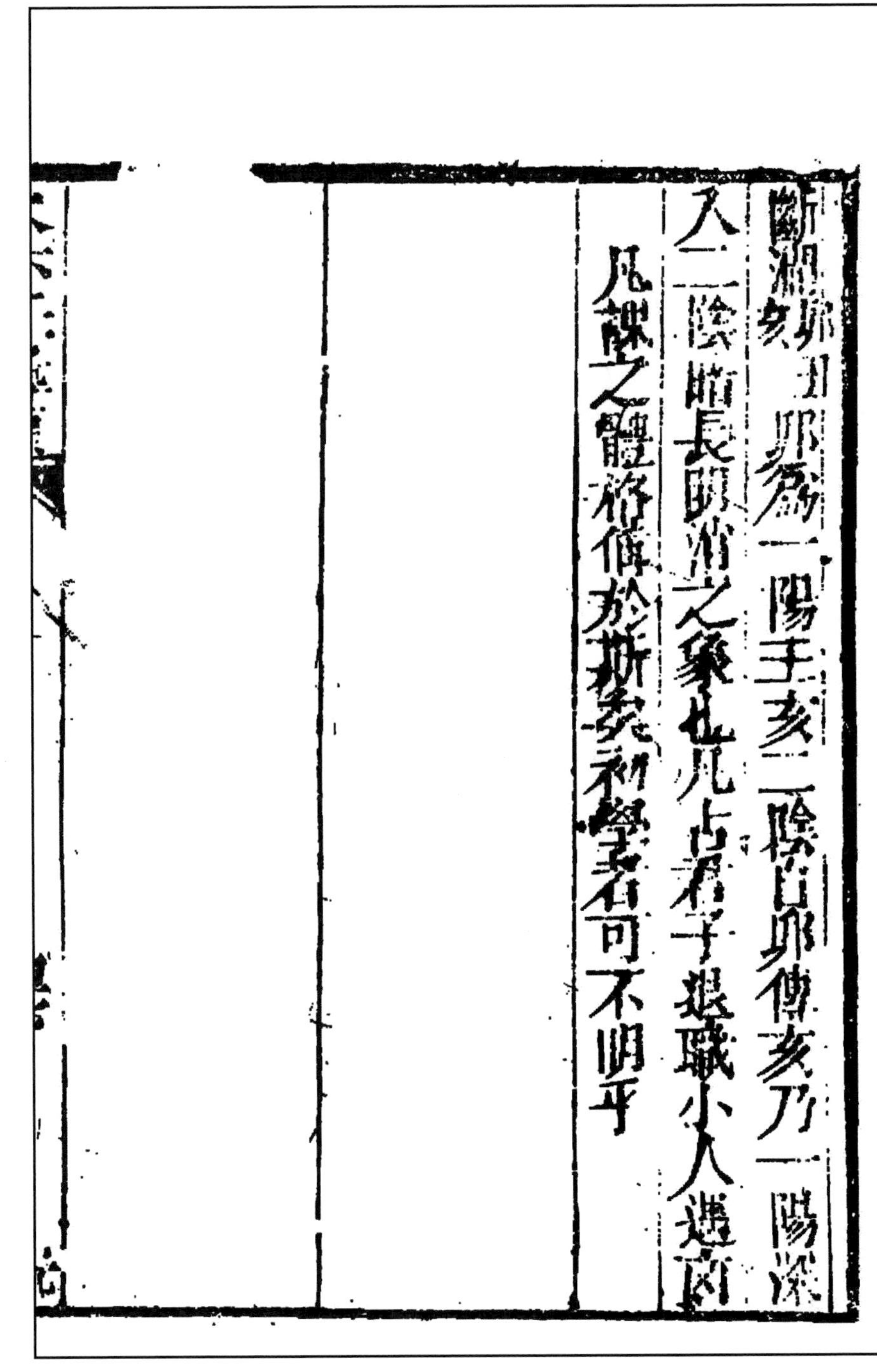

斷澗亥卯丑卯爲一陽子亥二陰巳卯傳亥乃一陽深入二陰暗長明消之象也凡占君子退職小人進內

凡課之體務備於斯矣初學者可不明乎

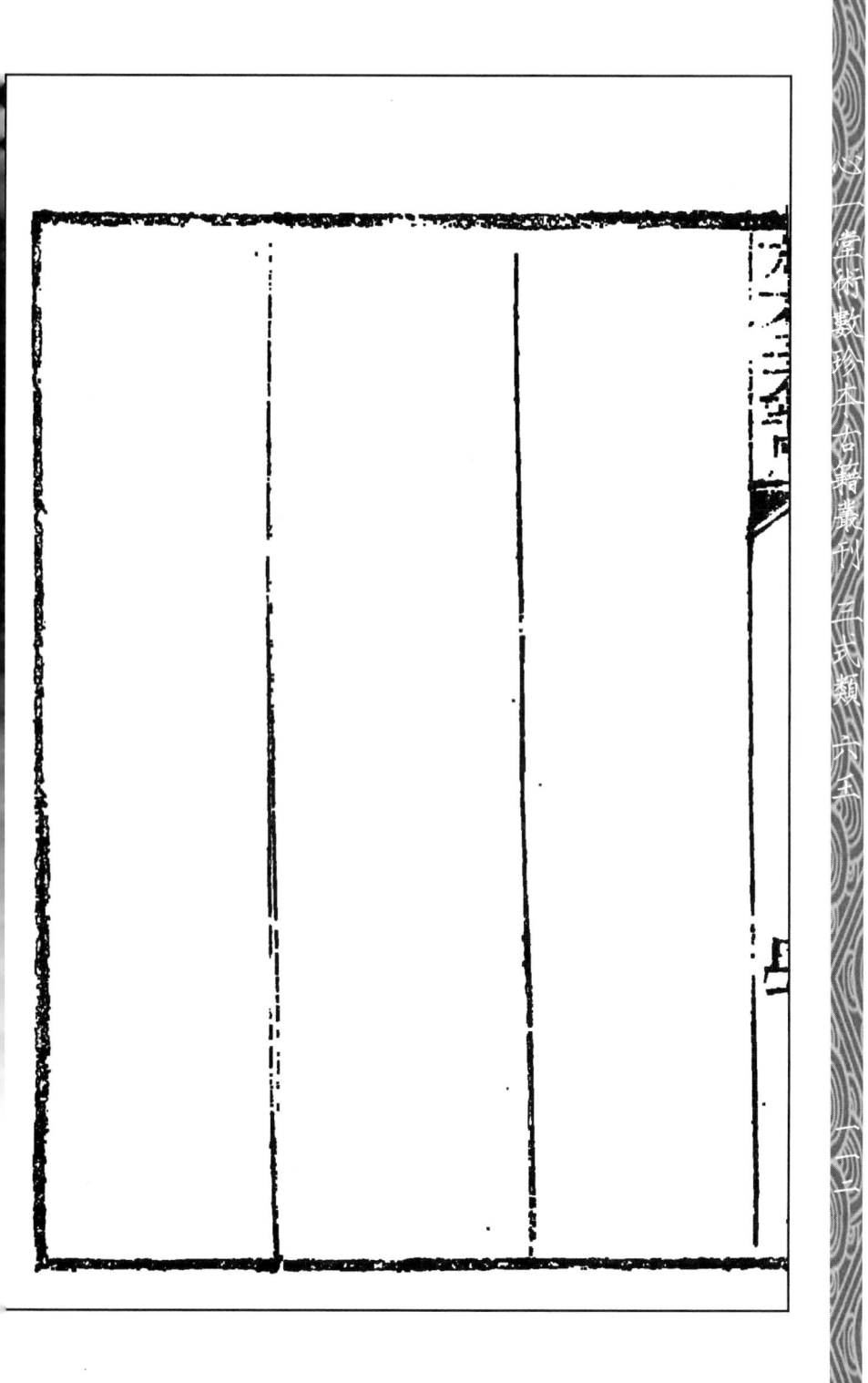

占要

凡占之要大約有五一曰年命即占人之行年本命二曰類神隨其所占而求其類詳其神將之吉凶三曰日辰今日之干爲日今日之支爲辰四曰發用即初傳也五曰正時即所占之時也此謂五要而日辰之分屬者不可不辨占家宅則日爲人辰爲宅占婚姻則日爲男辰爲女天庭求事則日爲東主辰爲臣爲我占選舉則日爲占人辰爲品職占詞訟則日爲起訟之人辰爲對訟者占疾病則日爲人辰爲病又

爲醫藥胎產則日爲子辰爲女占交易則日爲人辰
爲物占墳墓則日爲人辰爲墓占奴僕則日爲主辰
爲僕占出行則日爲住爲陸辰爲往爲水占求望則
日爲我辰爲他占動靜則日爲動爲來辰爲靜爲應
占博奕則日爲我爲我物辰爲他爲他物占漁獵則
日爲人辰爲物此皆占事之大略所當辨者也而日
辰之喜忌又不可不察所喜者日德日支德日月
德日三合日六合日吉將日祿日生日旺而所忌
者日鬼墓刑冲破害亦所當察者也日辰既旅以悅

發用視其與日辰生剋制化何如更又審其所乘之天官何如天官郎十二貴人甲乙日用起天乙宮中口舌螣蛇虛驚不實朱雀外人口咀六合和合六親勾陳官中憤怒青龍求財有喜天后陰暗不明太陰走失之事元武盜賊爲姦太常爭鬥酒食白虎門戶不安天空主人虛疑丙丁日用起天乙貴人不和螣蛇寤寐不安朱雀口舌惹事六合因財有發勾陳用財有訟青龍因以有撓天后陰人有爭太陰求用不決元武盜賊來欺太常宅中有撓白虎家業不寧天空奴僕爲盜戊己日用起天乙見官有益螣蛇小人有撓朱雀文字不明六合先和後爭勾陳道路憂疑青龍喜財慶賀天后陰私有撓太陰求用閉隱元武有財逢盜太常兄弟失理元

白虎小口有災天空家門不寧庚辛日用起天乙貴人爭事螣蛇望信
有發朱雀文字不寧六合求財不遂勾陳交加詞訟起青龍因財喜慶天后走失
小口太陰人欲謀己元武失財有喜太常因財爲害白虎有病不安天空喜憂
不成口壬癸日用起天乙小人有撓螣蛇火怪驚疑朱雀小人論官六合
財帛有害勾陳田土勾連青龍因人失事天后陰小之災太陰出人暗昧元武
途中逢盗太常家內不和白虎道路虛疑天空詐僞不實更宜考其類神
之吉凶何如現否何如決以年命上神吉凶如何與
日神辰神生尅如何又參以正時如時與日合爲件
和與日害爲外憂與辰合爲內和與辰害爲內憂又

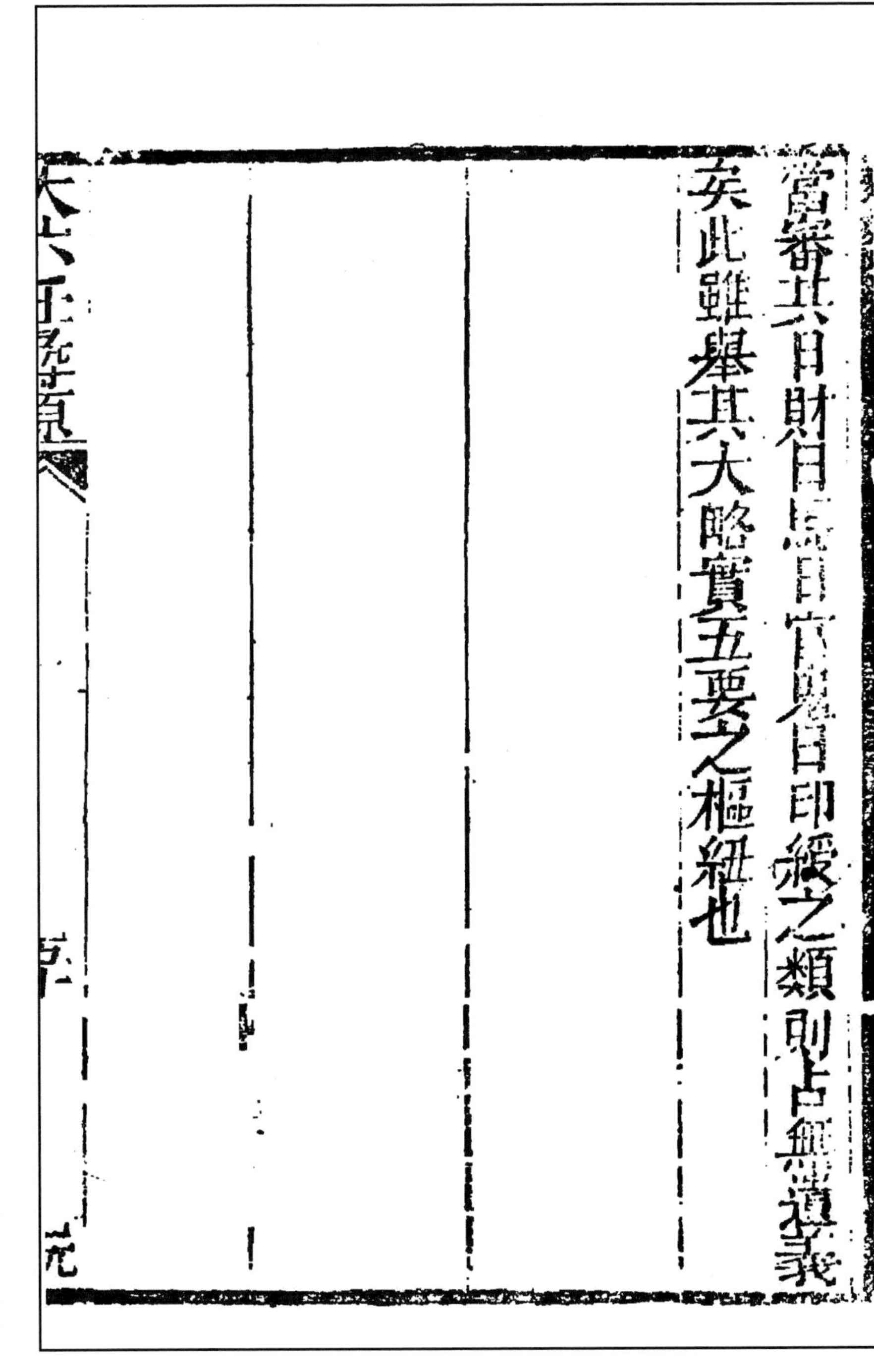

當審其曰財曰兄曰官鬼曰印綬之類則占無遺義矣此雖舉其大略實五要之樞紐也

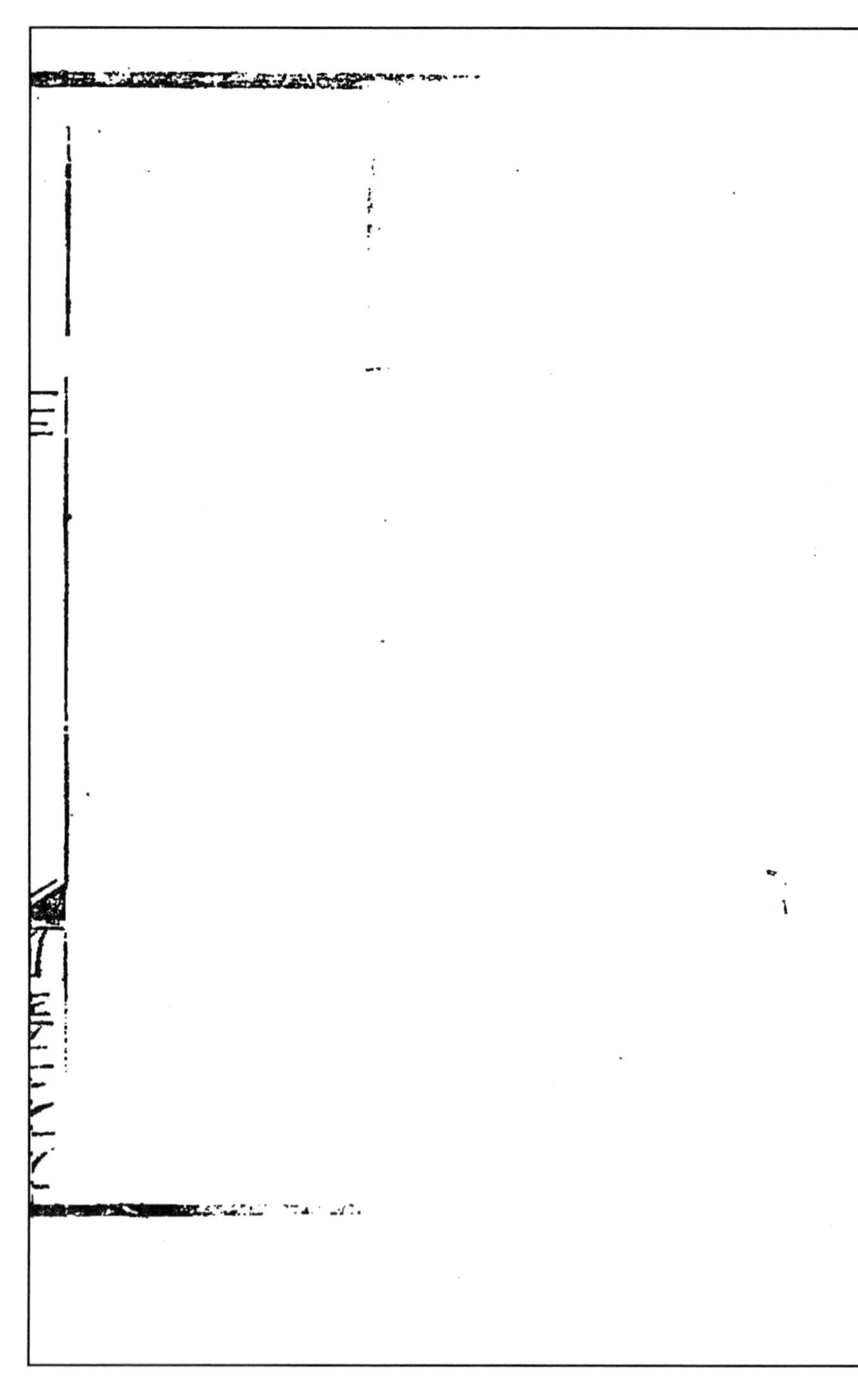

占應

占事尚應期證其驗也有取決於五行者水一火二木三金四土五是也有取決於大衍數者子午九丑未八寅申七卯酉六辰戌五巳亥四是也有取決於末傳者吉事取末傳合處所臨神爲成期凶事取末傳沖處所臨神爲散期然皆不如決之於發用用是日則一日應用是辰則旬內應太歲一年月建一月四立季內正時月前節應半月候應五日大抵用起第一課第二課兼天乙順行在貴人前者應事必速用起第三課第四課兼天乙逆行在貴人後者應事必緩又用起第四課者名蓦越課事難測度蓦然而成又有應期神之說謂用起亥子則以丑上神爲應期寅卯則取辰上神巳午則取未上神申酉則取戌上神是也上神者以天盤上言之也又有

凡遁之必因天時地利隂阻也蹤蹟者

必占天時地利關阻也辰加卯為天綱加酉為地户

關格之說謂辰加子為天關加午為地關所為之事

占宗

課傳既立玩而占之必有所宗神將之類不可不審神克將爲內戰雖吉有咎將克神爲外戰雖凶可解太歲乃天元一炁號令四時爲五行之標歲功之本衆煞之主至尊之神是謂朝廷若作貴人不必入傳皆有救助惟不救病

月將乃幽明之司動靜之機禍福之始在日爲福德在辰爲龍德發用及行年本命皆臨支宅生輝先臨元武賊必敗乘天空或空亡爲光輝之象

其屬爲臺省部院帶天馬爲使命乘

青龍爲公卿爲 太常爲武職乘白虎爲權臣乘勾陳
爲大將乘朱雀 爲羽林乘螣蛇爲車騎旬丁爲變動
之神附以魁罡 傳以二馬乘以龍合大陰萬里飛騰
之象 天乙貴人握尊權涖天人隨在無犯臨日辰
年命發用最吉 螣蛇爲驚恐爲卑賤若占怪異視
蛇之陰而小兒 病亦責之 朱雀爲口舌爲文書若
占選舉視雀之陰 月移之類亦責之六合爲私
合若占婚姻視 合之陰 勾陳爲遲滯爲汚濁爲私
欲鬭爭若占詞 訟視勾之陰 青龍爲富貴爲生發

若占求財視龍之陰　天空爲虛誑若占僕從視空之陰　白虎爲道路爲喪病若占疾病視虎之陰若作月鬼帶馬爲催官使者　太常爲衣服爲酒食若占筵會衣服視常之陰　元武爲盜賊爲虛耗爲邪淫若占捕盜視武之陰　太陰爲不顯若占婢媵視陰之陰　天后爲恩澤若占妻妾視后之陰而婦人病亦貴之　日德爲一日之喜神諸事之吉象而訪謁者亦視其陰至於十二神各有所主而魁罡則貫人不臨作用反多如魁度天門罡塞鬼戶之類而天罡則又隨所

占而操其吉凶之柄如加孟加仲加季之類尤爲緊切然神將爲衆課之所同而年命爲一人之所獨故命爲一身之應不得與太歲日上神相傷年爲用之助不得與日用相傷如命上見財求財吉見官求官吉餘可類推而年命上見月將者大能消一切禍長一切福見二馬者遷官奉詔最利遠行見天喜者凡事吉慶見貴人者非常喜而見魁罡乘凶將者百事不利見月厭作死炁者主有冤仇人鬼相逼見血忌有車馬驚恐見傳送乘凶將者主疾病服藥見登明乘凶將者

主水厄見蛇　凝滯見虎乘死炁克命而無救助者不出四十九日其人必死乘生炁克命者傳尸癆瘵之疾若乘吉神利於仕宦訟可類推若三傳則初傳爲心之所主事之所向故曰用神要上下相生神將比和爲吉忌用神剋歲歲中災咎剋月月中災咎剋日憂身及尊長　忌訟見賊剋辰家宅不安剋時心動憂驚克中傳有頭無尾、中傳爲事體移易子傳母爲逆母傳子爲順見主事變蓋主事止容爲折腰　末傳爲事之結果克初爲吉傳空事敗而所宗者乃初

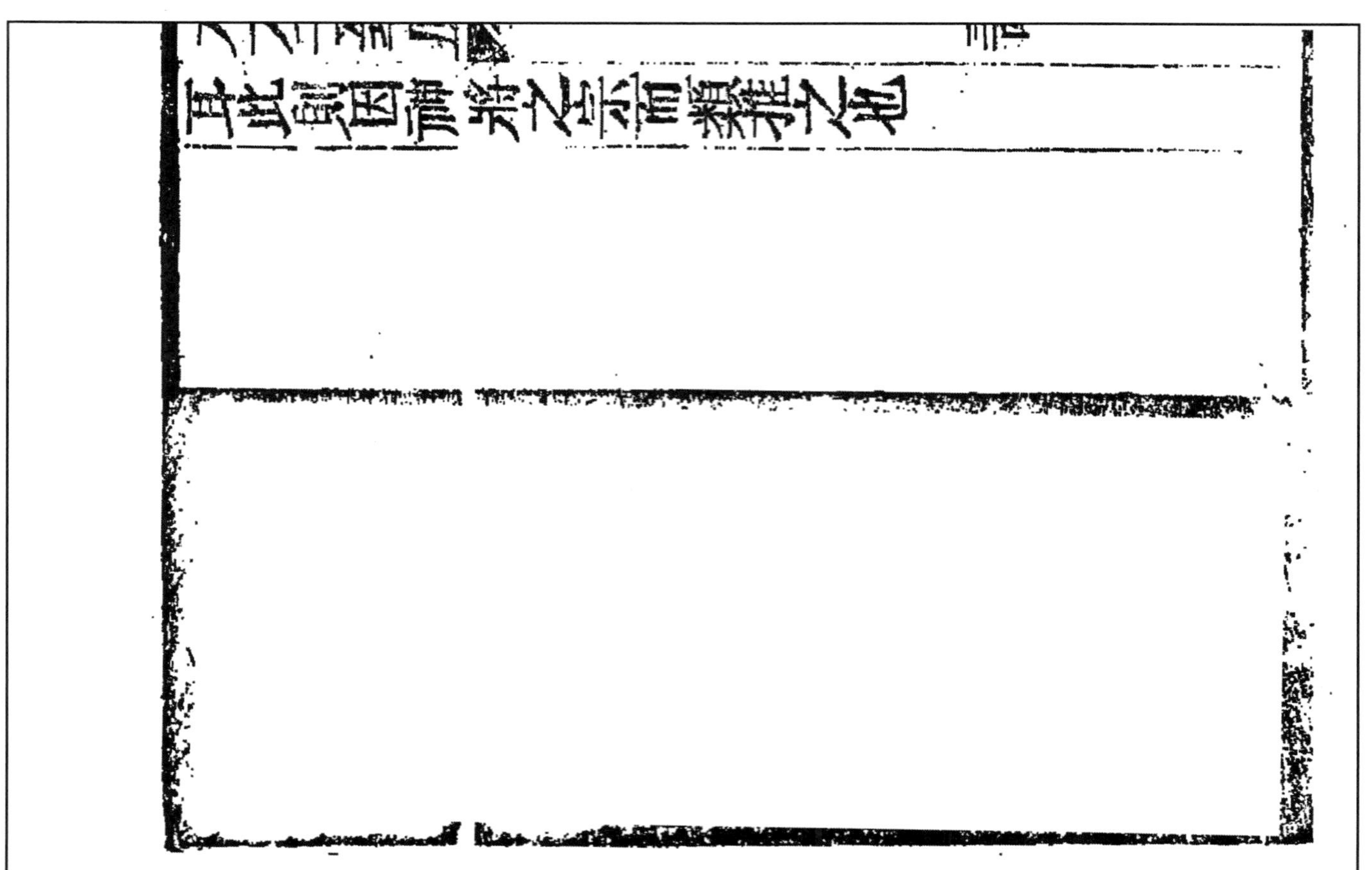

且與甯國爲鄰之宗而類推之也

占意

東方朔曰魁罡乘於武后其人妄姦懷孕傳送若乘
青龍占者子孫財損勝先乘於天馬來意必問行人
太冲加於白虎多遭疾病天災小吉天后相逢婦人
愛生淫泆大吉陳常相會男子必進田財從魁加於
天空奴婢逃走神后登明加於太陰酒食必逢朋友
功曹若乘六合者子孫歡喜魁罡乘於元武合主
奴婢逃亡六合小吉若逢宜問婚姻禮聘大罡并於
勾虎來者必爭田債太歲或作龍常發用官員致轉

神后若乘蛇必女人占受皇恩大吉或乘勾虎繫囚
損破必是從魁太冲陰武私通門戶動搖太乙登明
陰后値此二女爭淫

占論

聖人作易變通不一豈於壬占而獨不然課有七百二十其中吉少凶多世宗無惑鈐壬怨鈐其制未始一不矛盾袁李劉邵諸人其斷論未始不異同皆不可舉一而廢百也即如傳生日爲吉而以占子孫之賢否則凶傳脫日爲凶而以占生產之遲速則吉傳克日凶仕宦占之則吉日克傳吾長病占之則凶貴人臨獄或臨二分所忌也而卯酉辰戌爲日干年命亦忌之乎貴人遍地治事不一所忌也而選擧之占爲

簾幕登第亦豈之乎即舉一隅而三隅可推該有以課體論者如用知一比用潤下曲直之類有以傳體論者如登三天涉三淵之類有以用神相加論者以神上下相加而斷吉凶有以辰神相加論者以十二宮神輪流相加而斷吉凶有以正時斷吉凶者占時有以用論者謂旺言官府事妻財相氣論死來喪禍起因動見宮刑休時憂患病訟有以克論者謂上克下事起男子下賊上事起女子將克神神克日禍從外來日克神神克將禍從內起伏吟事近反吟事遠類其類雖有可據其藝雖有可是而終不免舉一廢百之病一課千萬人占之各異一占千萬人應之不同變化之妙鮮有不應者也

百問秘要

問何以知人家門戶不安

如王子日子加卯爲用將乘青龍主有人來侵犯門戶或雙門出入十刑卯故也若乘勾陳主鬬爭因此門出入不便也

問何以知人家　方隅吉凶

視白虎傳送落在何方

問何以知人宅見怪

視何以知人宅見怪看火怪螣蛇臨門戶主見

怪先怪煞正月逆行戌四季位是也

問何以知人得貴求喜

甲戊庚日丑未發用或申不見貴人是也

問何以知貴來召

貴人發用加神后主呼恭神后爲道路大吉爲降召也

問何以知讓關不寧

壬癸日辰加卯上乘蛇虎主有人嚷鬧天罡臨門魁月故也

問何以知有火驚

丙午蛇雀太乙勝光加臨門戶并宅

問何以知舍前後左右吉凶

辰爲宅舍之兩傍爲左右鄰對沖爲對鄰支之地盤爲後鄰看乘凶將吉將生日爲和睦克日爲無情子爲內房丑爲廚房寅爲逆道卯爲前門辰爲倉庫巳爲竈午爲堂未爲井申爲街路酉爲後門戌廁亥園

問何以知捉賊得與不得

要看玄武陰神如玄武乘陽神退回位即賊藏處
乘陰神盜神之下即賊藏處若乘旺氣難獲休囚
氣易擒乘神生日主獲賊賊克日主遭賊害宜向
制賊方避之

問何以知食祿之地
傳言日辰有父母爻即食祿之地或長生作貴人
亦如之

問何以知求財得與不得
視財神入課者有不入課者無如用巳火為財即

言巳日可得再看青龍乘神生日有克日無在巳

亥子三神則有餘皆無矣

問何以知功名進退

看官鬼不空朱雀不空城吏入傳准得子孫入傳

不得如考查雀不入傳其官有者入傳與榜有名

王革職也

問何以知詞訟勝負

干爲先舉之人支爲後對之人用神爲問官貴人

爲堂上官干克支原告勝支克干被告勝用神克

干原告無理用神支克被告受刑辰午酉亥四字
爲受刑一重刑爲笞罪二重刑爲杖罪三重刑爲
徒罪四重刑爲流罪辰刑主杖責酉刑主斬決雀
乘神剋貴及落空狀詞不准若具題奏貴天空將
天空乘神剋太歲主君王忌憚有駁議天空乘神
生日依議
問何以知幹事成不成
辰未魁日訟事難成日去剋辰所謀皆吉貴順事
易成貴逆事難成又看命上見貴人宜謁貴見必從

主口舌見六合主婚姻見女事見太常衣服
酒食見玄武主破盗水災見陰主暗昧事見后主
陰私事也
問何以知墳墓方向吉凶
第四課爲墳地亦看生日克日此天盤臨地盤見
金有石見木有棺木草根見水有水見火有紅土
有黄臙土如臨亥上四尺不便見其水支前爲前
支後有爲後對冲爲對案如支前金必有石頭生
我吉尅我者凶

問何以知居官幾時陞遷
返吟居官不久子孫動有人論三傳互克衆人論
官鬼空亡失職文視龍武視常京官視貴人俱以
日上神數至龍常一宮爲一年又以辰上神數至
龍常一宮爲一月也
問何以知行人幾時來
退茹來疾進茹來遲貴人逆中途而回末傳爲行
人足見三合爲來時日再看遊戲一神臨卯二月
[illegible]辰三月來又看日上神將因何阻滯日上宮

人克因山嶽而阻乘朱克日因詞訟文書而阻日
上見白虎因疾病纏綿而阻見武因盜賊或水災
而阻見后合因婦人陰私而阻如望父母視太常
臨甲加未主七月申未日來望兄弟視太陰臨何
宮主何月日來望小兒視六合臨處即爲到日又
看驛馬是寅寅日來是巳巳日至如逢間傳謀不
由徑路而來從別處灣轉而來也

問何以知疾病因何而得

占病輕重視行年上神虎生日吉克日凶若虎克
空
元

行年上神病在五臟行年克虎病在六腑虎不入
傳則視鬼若鬼克行年與虎同斷次看天地二醫
在何方節向此方延醫如無天地二醫當視制鬼
之神此方亦可訪醫再看生氣與死炁空亡死炁
剋背而死氣又克生炁病不治也如死炁空亡生
氣剋貴病雖重亦不妨再看行年能制凶神惡煞
則吉若反生起凶神惡煞則凶若問病源又當視
本命上神乘青龍因財而得乘朱勾因氣惱而得
乘常因[illegible]食衣服而得乘玄因爭競拔扯而得乘

一后陰因陰私睛[illegible]而得也

問何以知婚姻有三五家那一家成就

先看神后天后生日則吉克日則凶 次看女命生

日則吉克日則凶也

問何以知失財有無

視玄勝鬼賊入傳被偷去陰六入傳 被人隱匿如

無此五神乃自已遺失也財神旺相 物尚在休囚

空亡物不存如鬼賊多財落空物已 分散又玄武

旺財神亦旺得贓不得賊如財神旺 玄武休囚贓

賊雨獲財落空亡玄武休囚賊雖獲 雨賊難追矣

問何以知逃亡責類神

占逃軍視天罡下占君子小人視月 德刑下占婦人視天后下小兒未出幼者視六 合下已出幼者視玄武下占女視勝光下占爻視 太常下

問何以知飛禽走獸畜類神

當日尋馬視勝先陽一二日占則視勝光之陰神 落虎失驢是太冲失驢與獄犬是河魁失牛是大 吉失羊與鴿是小吉失貓是功曹失鷄鴨是從魁

失鶚鴿白鷳是飛禽覩朱雀失猪是登明也

問何以知生育男女

先覩天空乘亥則曰十月過十月則曰二月過一月則曰空亥月不離三六斷之如問産期以養字定其日冲胎定其時日上兩課發用定其男辰上兩課發用定其女也

問何以知人家物當破

如乙丑日未加乙爲用乙日以未爲物丑日支破在未是支破發用也主七日内當破一物併旺相

則新休囚則舊矣

問何以知人來不來

天罡在日辰前人必來加孟未動仲已發季即至

也

問何以知有書信來

雀同寅或臨門戶主有信欲知信內吉凶以雀陰

神决之乘天罡白虎爲凶乘青龍太常爲吉也

問何以知婦人墮胎虛驚

勝光爲婦人帶血支血忌乘玄武宅上又見白虎

天空故有隨胎虛驚之事

問何以知人家衰敗

天空帶休囚死氣加臨宅上是以知之也

問何以知人送酒來

壬癸日未爲酒上乘太陰六合知之也

問何以知人在家筵會

甲乙日未加卯用上見太常或龍太陰知之也

問何以知人心急燥驚恐

勝光獲用克日辰上皆主驚恐進退疑惑精神不

定火炎上火又加之必愈熾則主燥怒驚恐也

問何以知人夜多怪夢

甲乙日神后爲用乘元武知之

問何以知婦人患氣血冷病

丙丁日神后爲用將乘天后知之

問何以知人家有缺唇

庚辛日神后爲用白虎臨宅知之

問何以知人家有患眼

甲乙日午加亥爲用將乘朱雀也又有患赤眼者

天罡日虎加太乙是也

問何以知人家患頭風

庚辛日返吟發用將乘天后或乘虎是也

問何以知人家動與不動

魁罡加日辰或傳中見之主動若三傳中日上見

木又主不動人家也

問何以知人家井沸

小吉爲用虎加吉上主井沸加天罡亦然若巳加

申將乘太陰則主坑沸

問何以知竈破損
丙丁日申加巳爲用巳見龍合主脩竈見虵虎主竈壞也

問何以知門戶囓鬪
壬寅日辰加卯用將乘虎勾主此也

問何以知人家出孤寡
甲乙庚辛日返吟寅加申爲用也又空亡對沖之神入日辰長生之位亦主出孤寡陽主男陰主女也

問何以知失落文書

甲乙日寅加申爲用上見武王文書失脫也

問何以知人家製造衣服之類

壬癸日丑加子將乘常主製造衣服之類也

問何以知人家有鳴響之物

第三課見金神及幾用乘天空者宅上必有金鳴響怪也

問何以知有光怪之物

丙申日戌加卯爲用見蛇主火光之怪壬午日酉

加午爲用主奴婢有此事

問何以知偏室娼妓爲妻

已卯日酉加午爲用上見天后爲偏室及娼妓爲妻也蓋天后作酉爲課形無禮故也

問何以知掌貴人文書印信

辛巳日日占得傳送朱雀主此也

問何以知有盜逃事

武之陰神在貴前賊已退在貴後賊未發逃盜同看也

問何以知人家進退田園
癸未日占日上見小吉乘太常主進退田園見朱
主爭鬬見武主退田園
問何以知井泉不利
天罡乘武加臨宅上武帶休氣主宅水有災人遭
瘟疫也
問何以知婚姻喜慶
勝光乘龍臨宅主妻有孕若陰神在三傳日上辰
主此也

問何以知家中吐瀉

壬亥日天空與神后同臨日上主有吐瀉蓋天空主吐神后主泄水乘上克日辰故主吐瀉又云只有亥上天空為鬼若犯門戶則應在合宅以天將辨之矣

問何以知人家欲開店

那日占事見午入倉

問何以知進僕與僕病

丙日戌加巳為用上見天空主進僕天空變為虎

主進後却有病也

問何以知小兒落水

亥加辰為用上見蛇虎玄武此也

問何以知人妾有孕

勝先乘龍主妾有孕子亥日胎在午亦為有孕也

問何以知貴人來家

辛巳日寅加巳發用貴臨巳上故主貴人臨宅也

問何以知出音樂人

天罡與太常相加在宅故知其家有能音樂者蓋

太冲爲竹木之屬天空爲虛空其物必鳴也若開何人會得以太冲三合六合取之也

問何以知有鬼祟

天日與蛇虎併臨日辰及家長行年上者其宅必有鬼祟也又以家長行年加神后視太歲年命及辰上見魁罡小吉與蛇虎者主宅中有鬼祟也

問何以知宅中有井

視三傳中有水神或神后乘龍加辰已宅中必有井若無水神或水神落空皆主無井縱有井水亦

不拘於水神旺相則水足休囚則水少也

問何以知新舊宅舍吉凶

日上神爲舊宅辰上神爲新宅日上神旺相舊宅吉辰上神旺相新宅吉日上神克干舊宅傷人辰上神克干新宅傷人日干克辰上神必不久住乘武主盜賊乘蛇驚恐之類也

問何以知遷移吉凶

月將加家長行年視宅神上見寅申子午則安魁罡憂禍卯酉與幼有病巳亥損害丑未官事之類

也

問何以知宅舍吉凶

專視支上所得之神旺相與支相生比和者吉休囚與支刑克者凶若日克支上神傷卑幼支上神克日傷家長支上神帶吉將生日者順利帶凶將克日者災咎如乘朱雀主官事乘虎主死喪乘天空主虛耗乘武主盜賊乘蛇火燭驚恐乘勾陳鬭訟若日上神去生支主失脫三傳發用支者宅不振發又支之兩傍爲左右鄰乘吉將爲善人乘凶

將爲匪類乘龍貴爲貴人乘白虎爲屠宰喪孝乘
玄武盜賊或病眼人與日辰相生則和與日辰相
刑害則不睦也
問何以知行路有風雨
三傳陽多則晴陰多則雨木多則風上多則陰水
多則雨也
問何以知在外知家中吉凶
看日辰上有旺相氣上下相生者又得吉將吉得
凶將及相克者凶乘虎主死喪乘勾主爭訟乘朱

口舌火驚天空主疾病蛇主怪驚玄武盜賊水災也

問何以知宿店吉凶

日爲客辰爲主若日辰上神相生比合更乘吉將則店可投若日上見凶神客懷惡意辰上見凶神主懷不仁辰上見魁罡玄武干欲害客不然恐有盜賊辰上見登明亦主水謗客也

問何以知喚人來不來

月將加日支視正時上所得之神見辰戌子午卯

信神用神乘往主遠信至也

辰若有信往用神及來生信神空亡占信不至者

無信來往及干臨日辰若有信神入傳旁臨日

生旺相臨干有信臨神旺日亦主有信日克用神

以日干為上克用神為所占之人日干旺用神相

問何以知行人有信無信

也

月將加正時逆加孟不來加仲遲至加季即速至

承驗 必待酉在道所在斗路曰己亥不來又曰

問何以知賣物得脫
先視類神牛用飲食視丑木植棹凳𤡮貓視寅舟
車竹器狐兔視卯魚網磚瓦五穀視辰絲帛馬鹿
視午羊雁酒食視未金銀刀劍視申小麥銅錢雞
鴨視酉印綬驢犬視戌管鑰及熊豬視亥又絹帛
衣服視太常魚鹽之類視天空辰上神克日則易
賣更乘吉將有利若克日上辰難賣更乘凶將無
利類神入傳與日相生比者難賣若類神不入傳
或入傳與日相克者易賣也

所淵卯丑亥 卯為一陽丑亥二陰自卯傳亥凡[illegible]一大二陰隨長明消之象也凡占君子退職小人進矣

凡課之體格備於斯矣初學者可不明乎

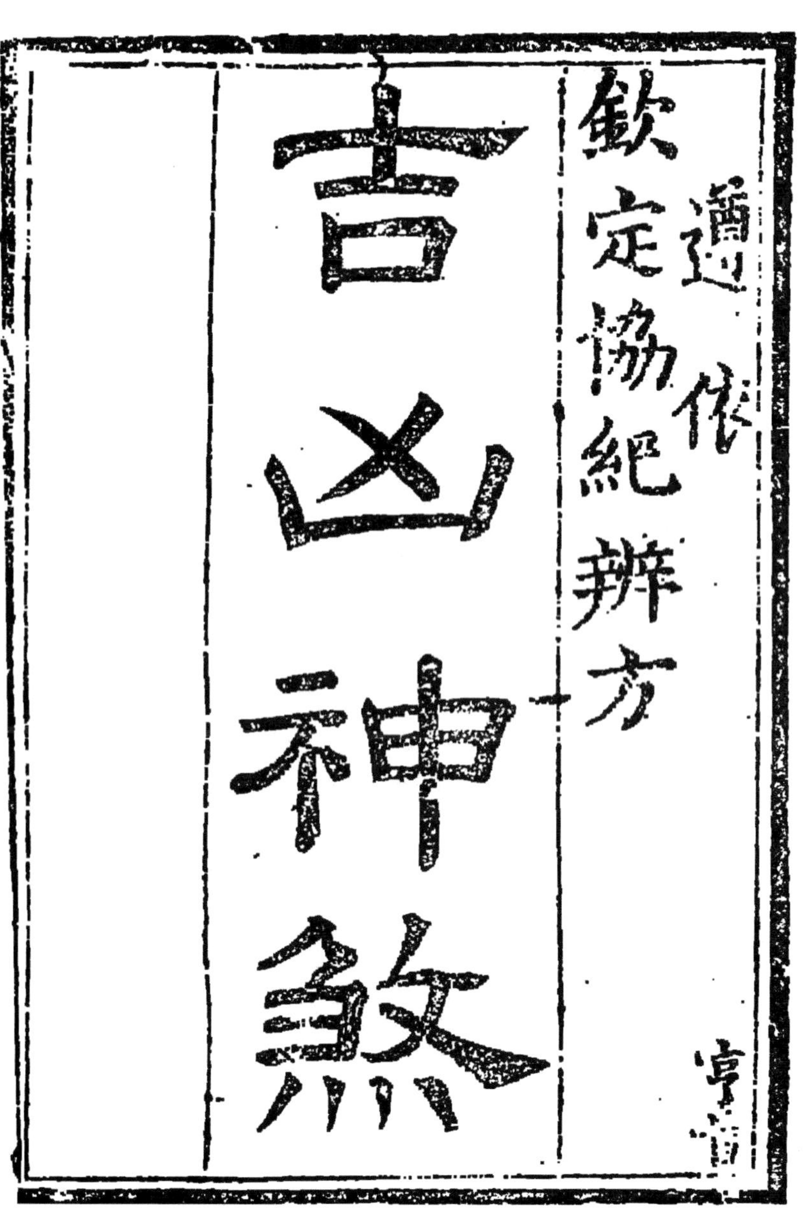

遵依
欽定協紀辨方
吉凶神煞
亭宣

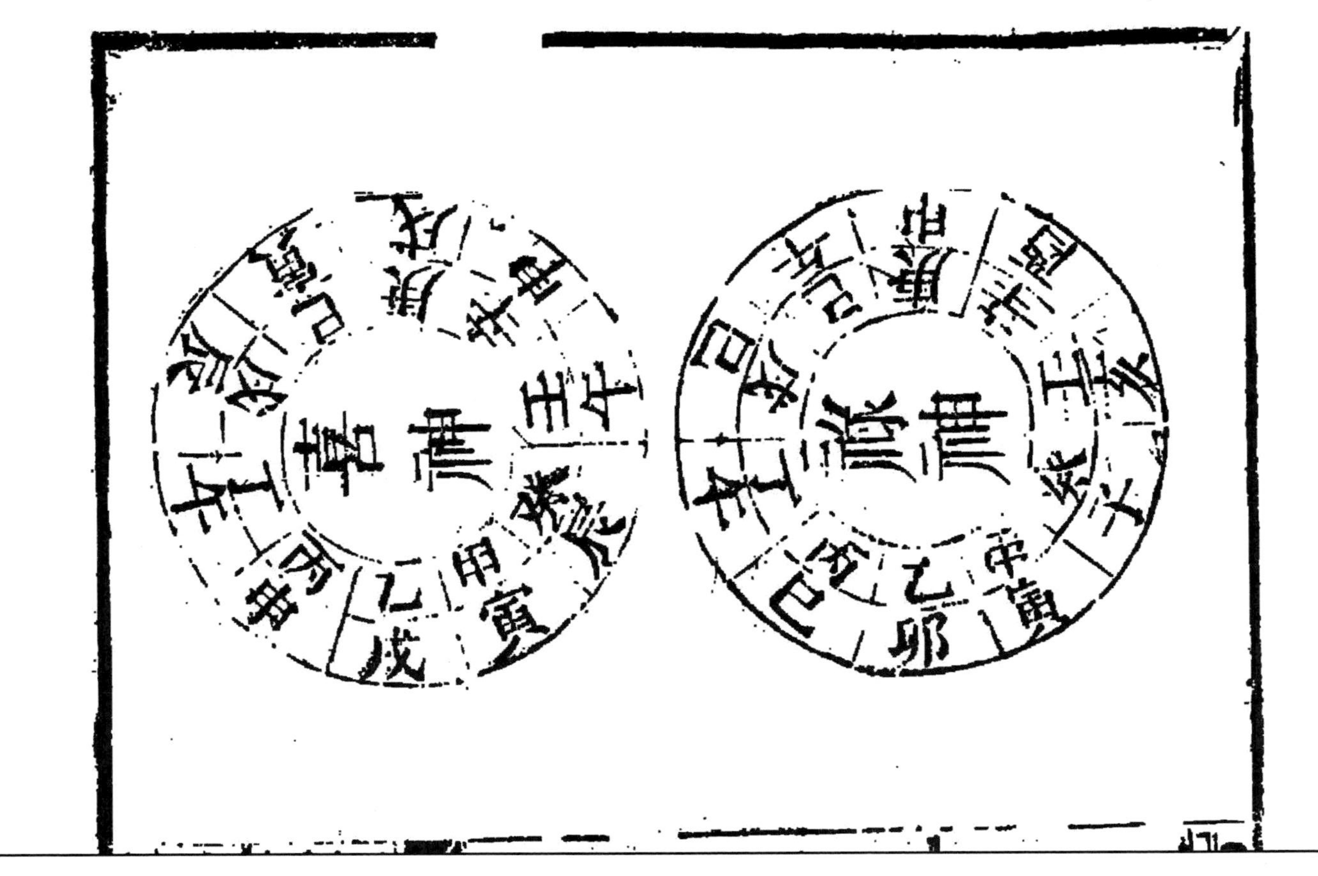
庚寅
庚辰

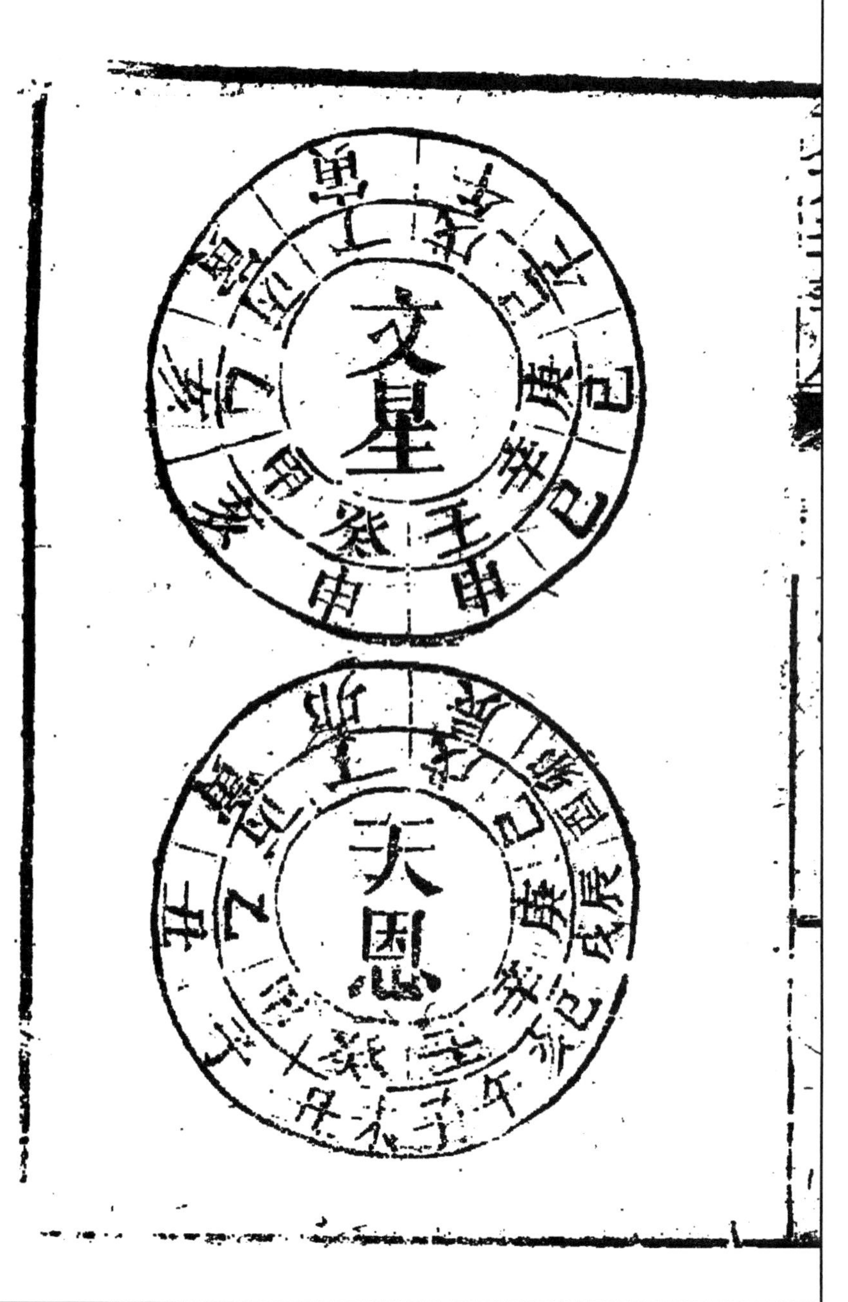
文星
天恩

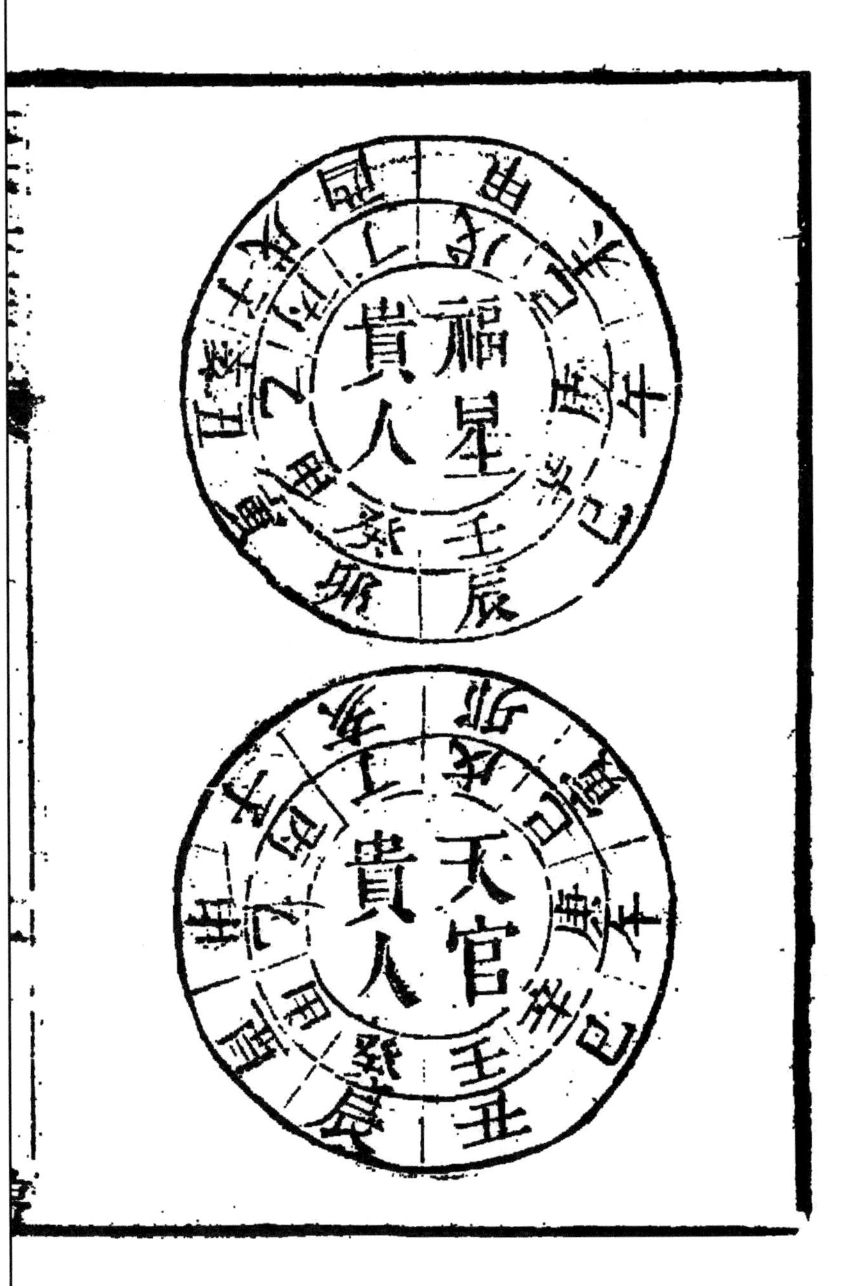
福星貴人
天官貴人

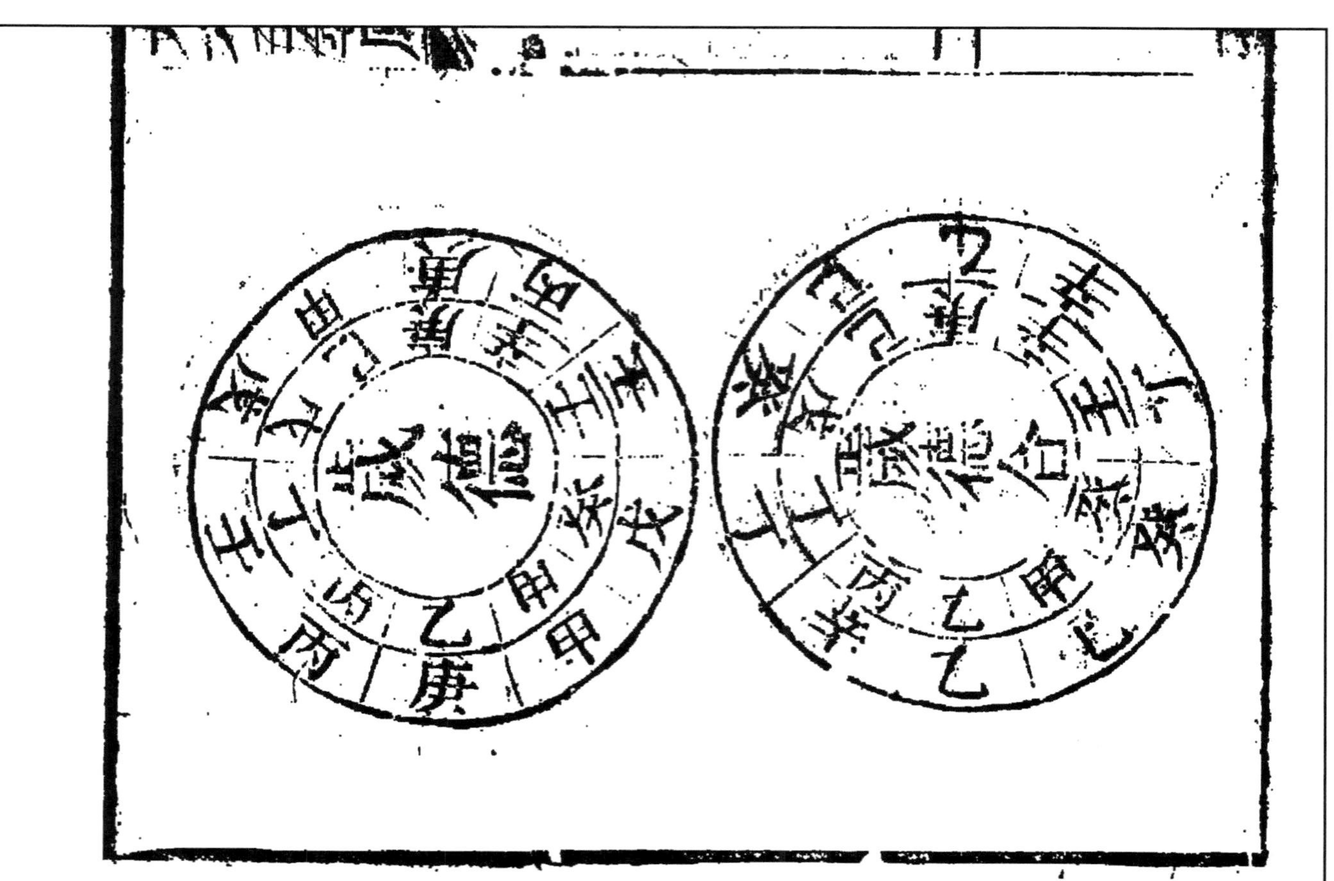
歲德
歲德合

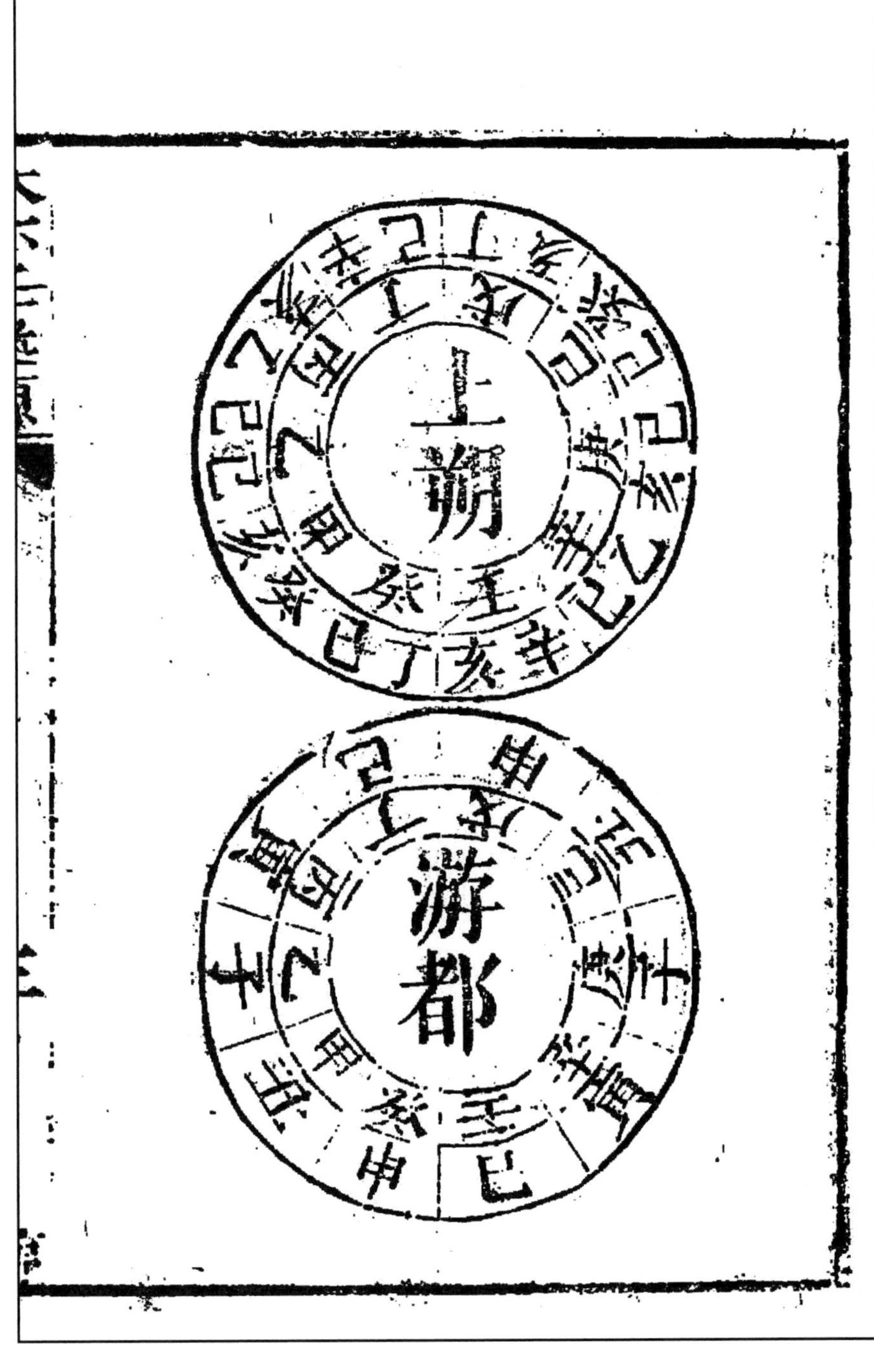
上朔
游都

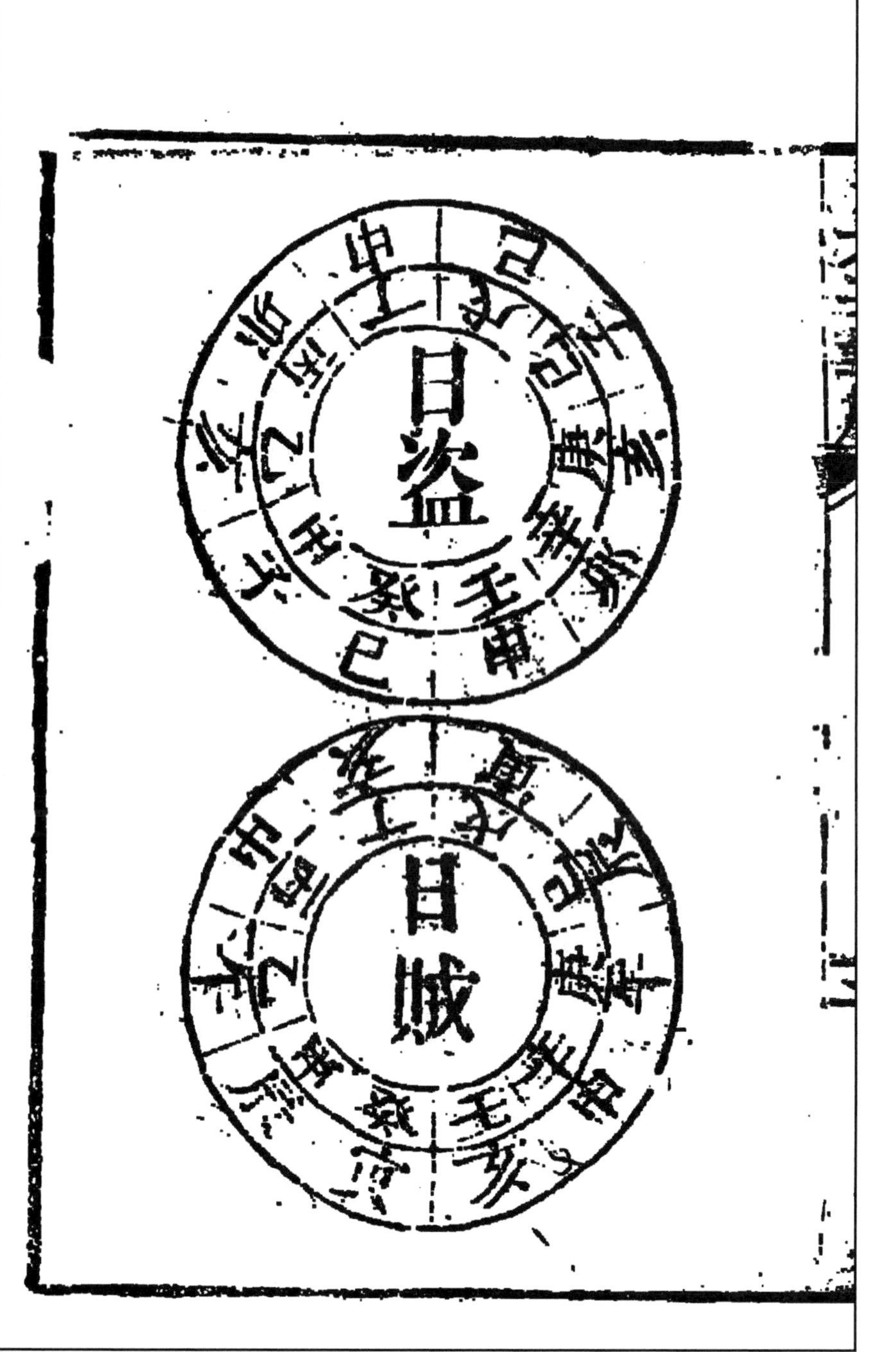
日盜
日賊

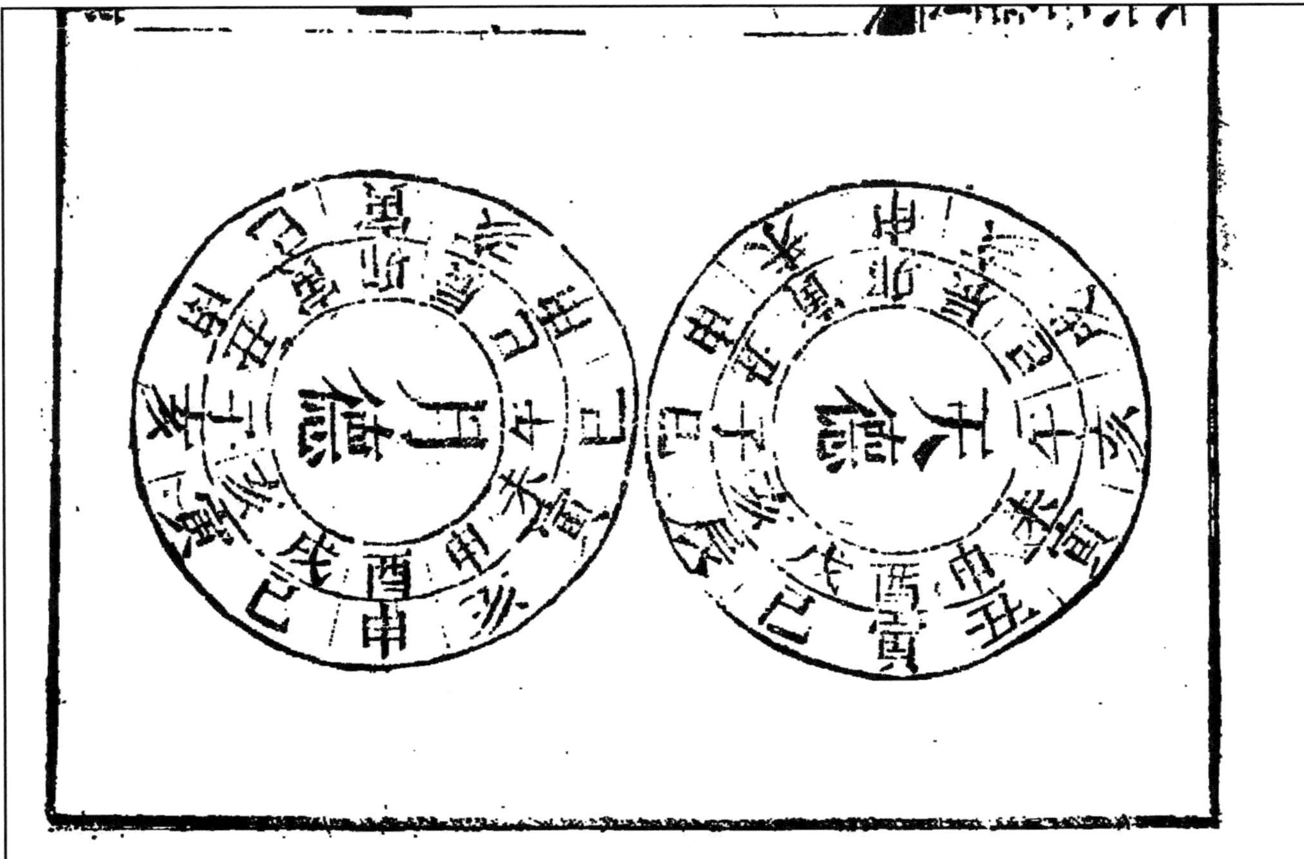
月德
天德

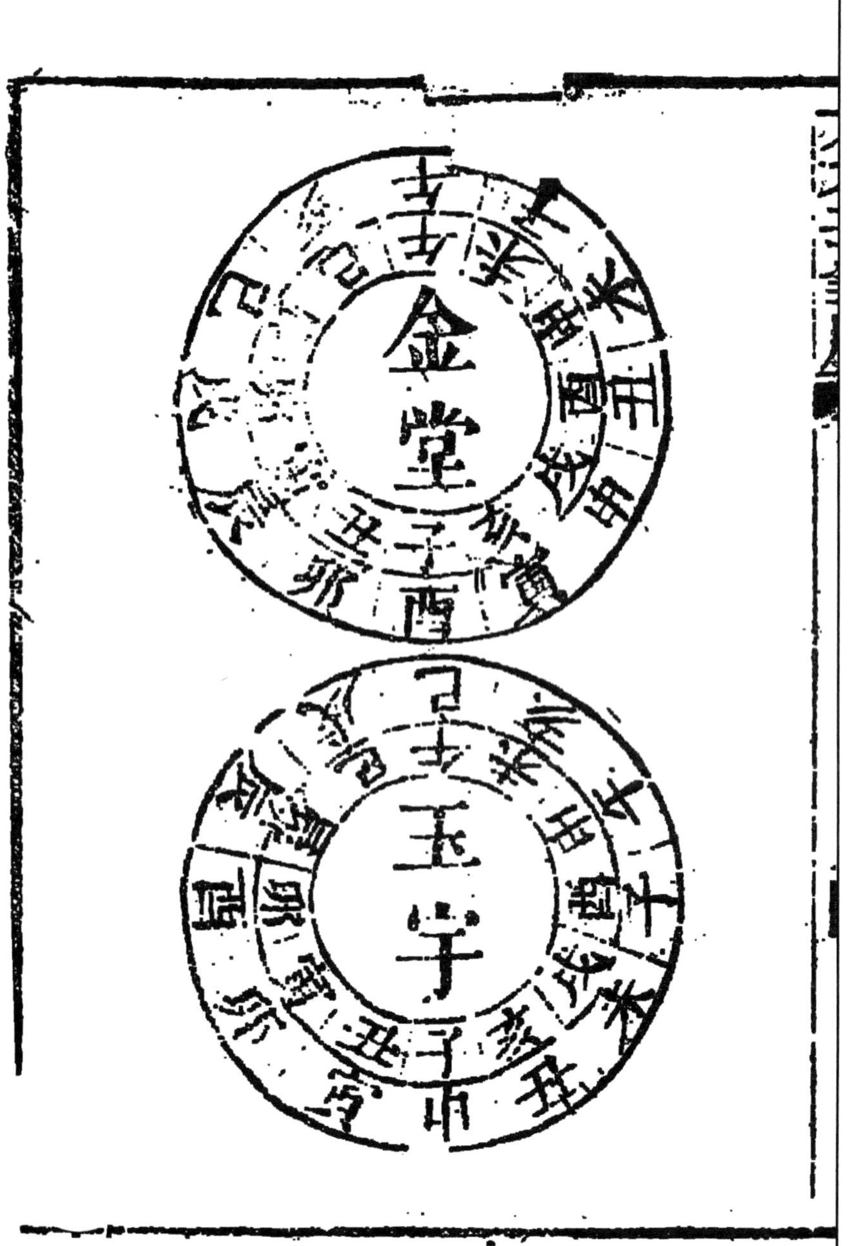
金堂
玉宇

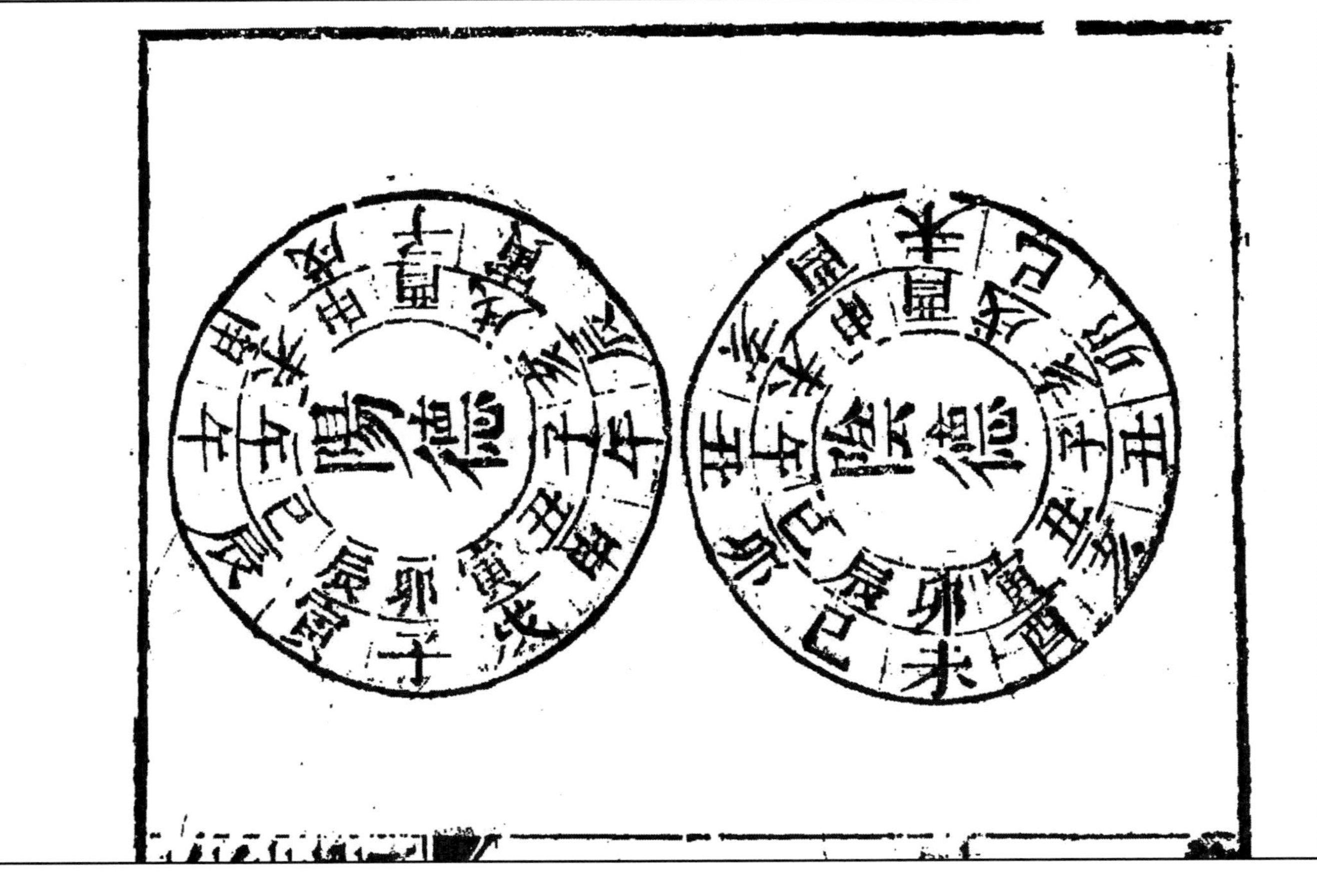
陽德
陰德

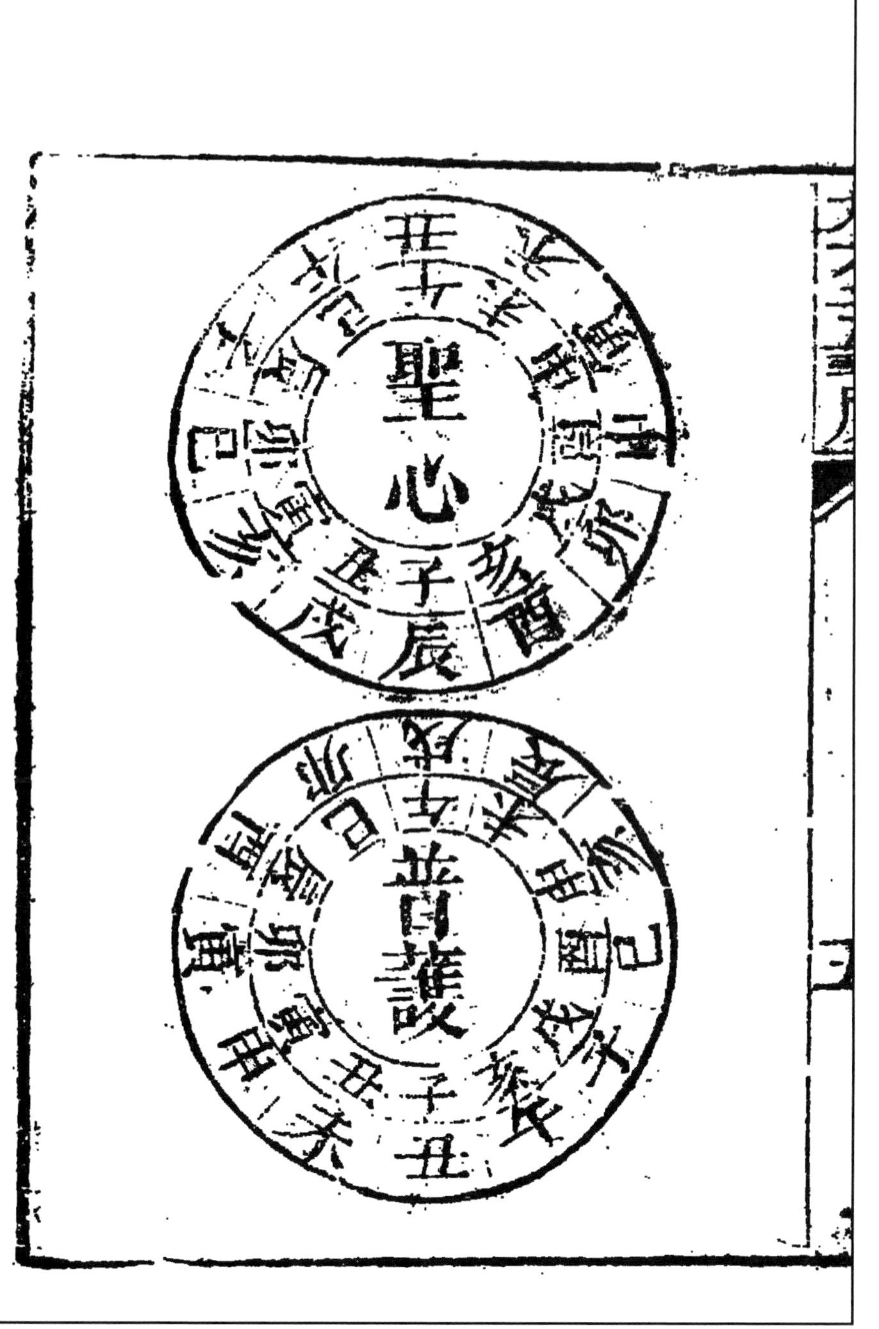
聖心
普護

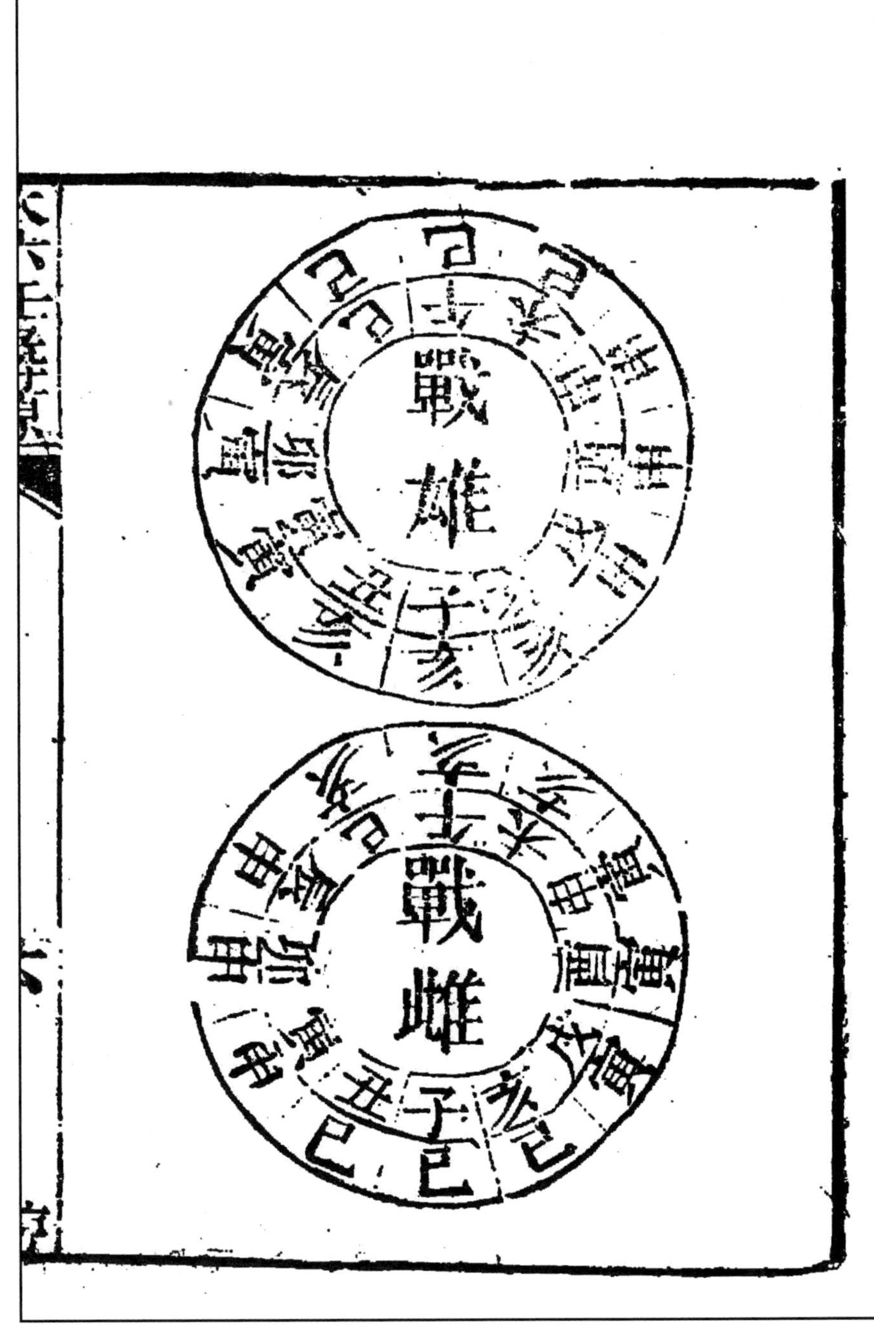
戰雄
戰雄

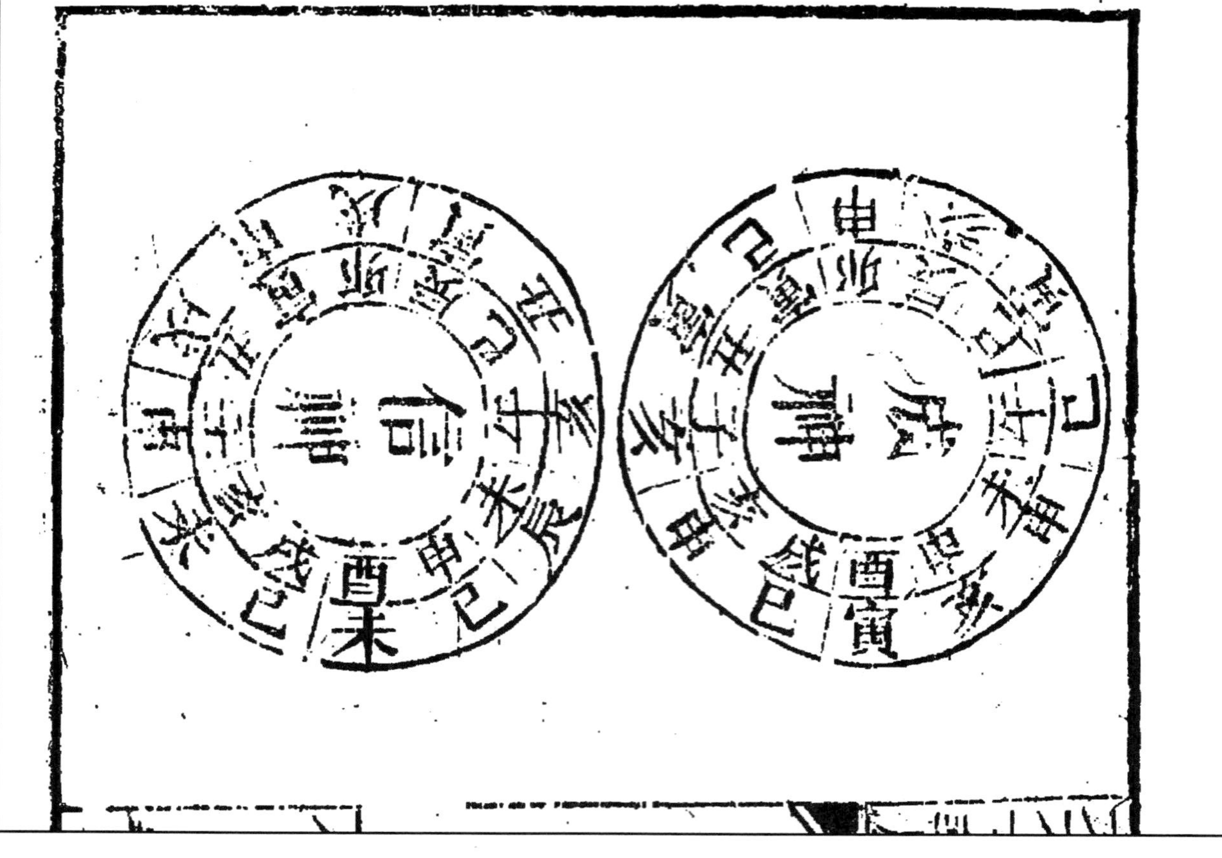

信神

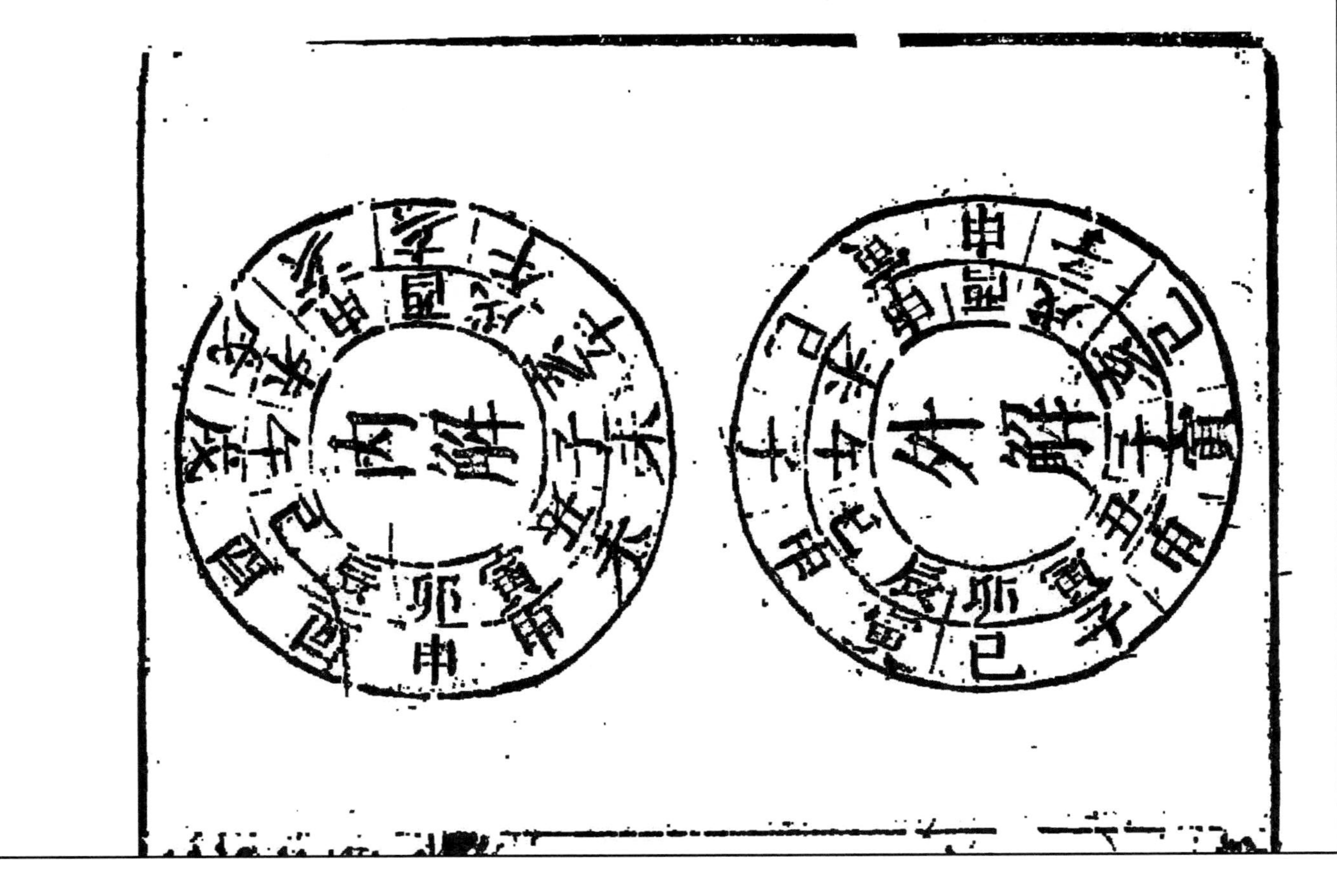
內解
外解

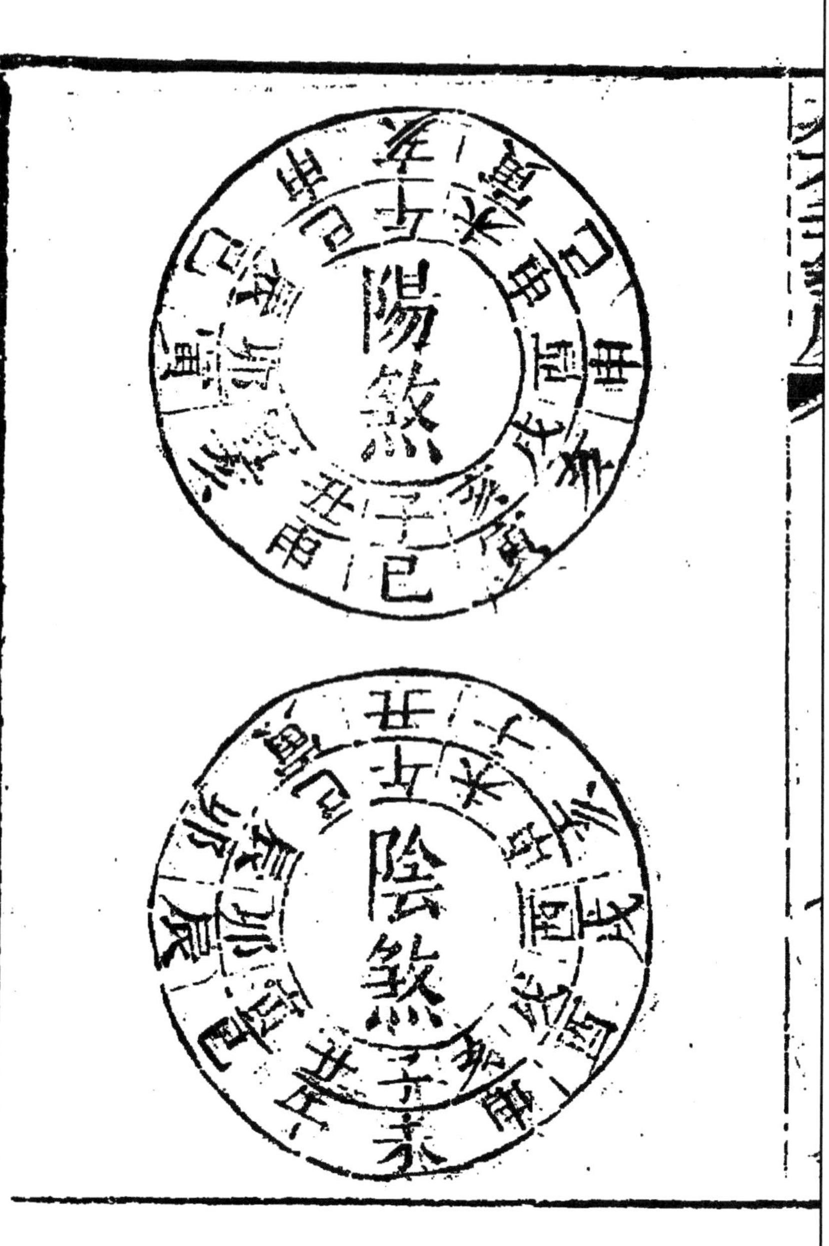
陽煞
陰煞

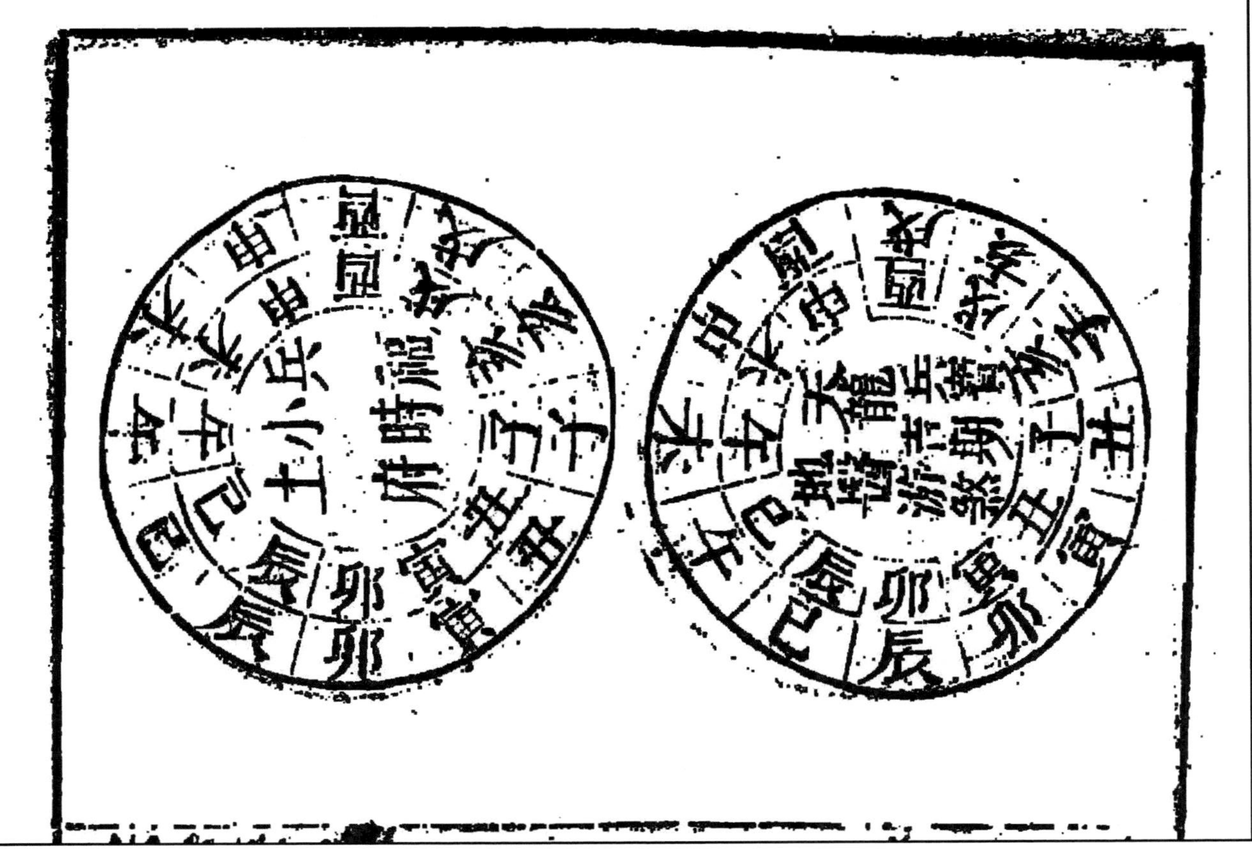

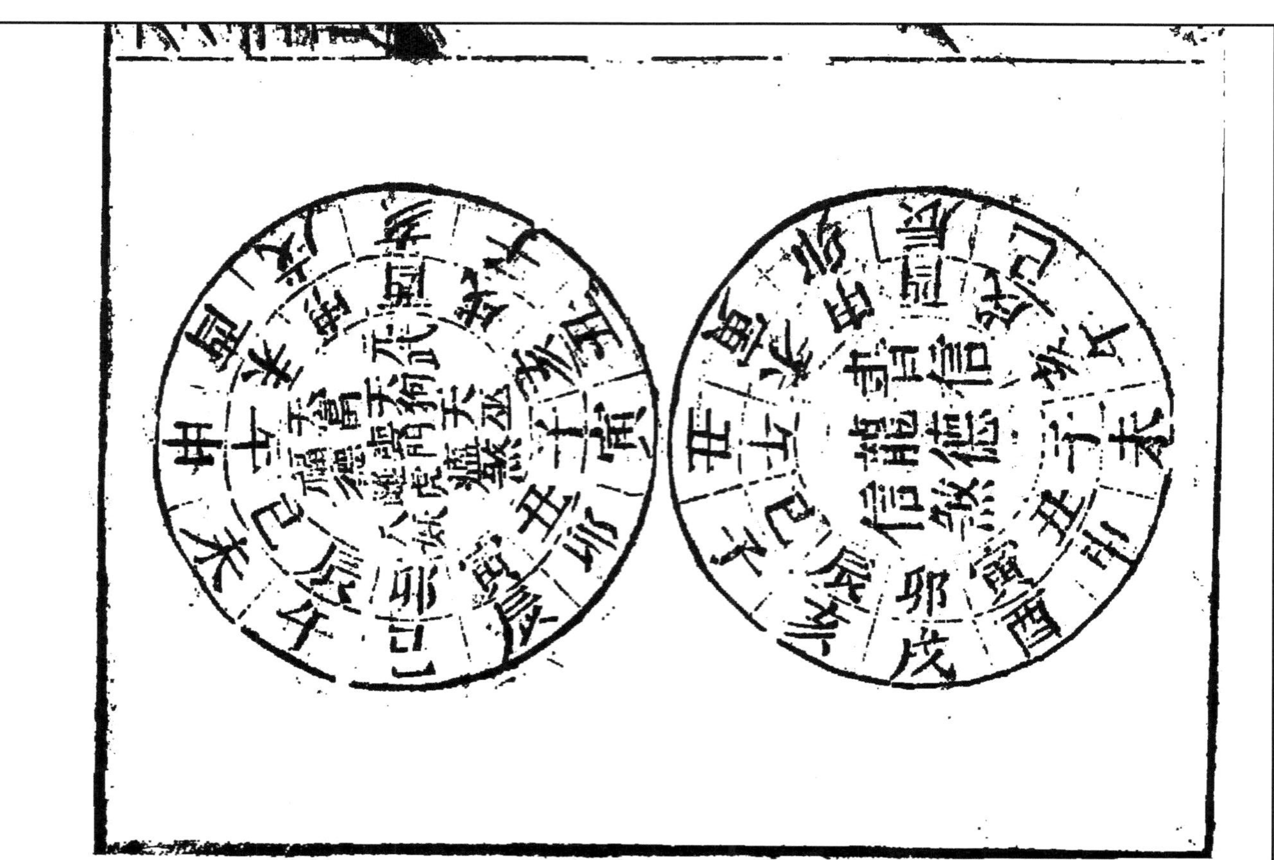

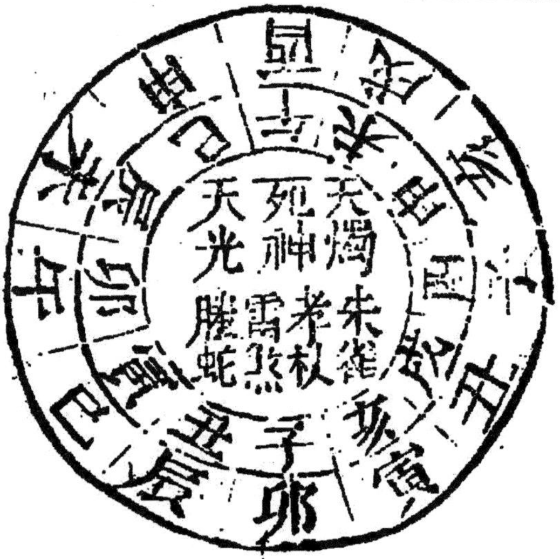
天光
死神
天燭
螣蛇
雷煞
孝杖
朱雀

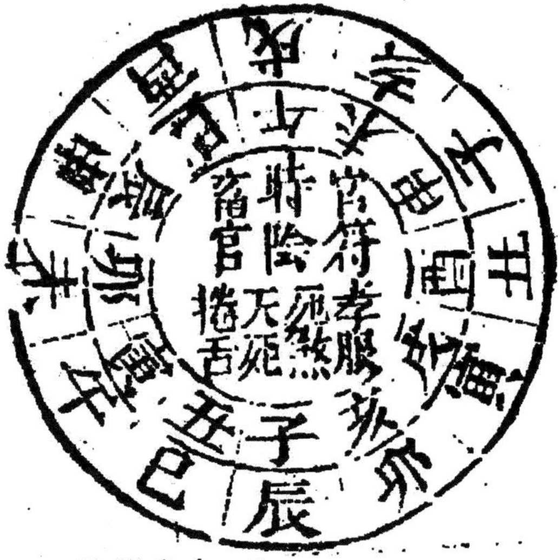
官符
孝服
捲舌

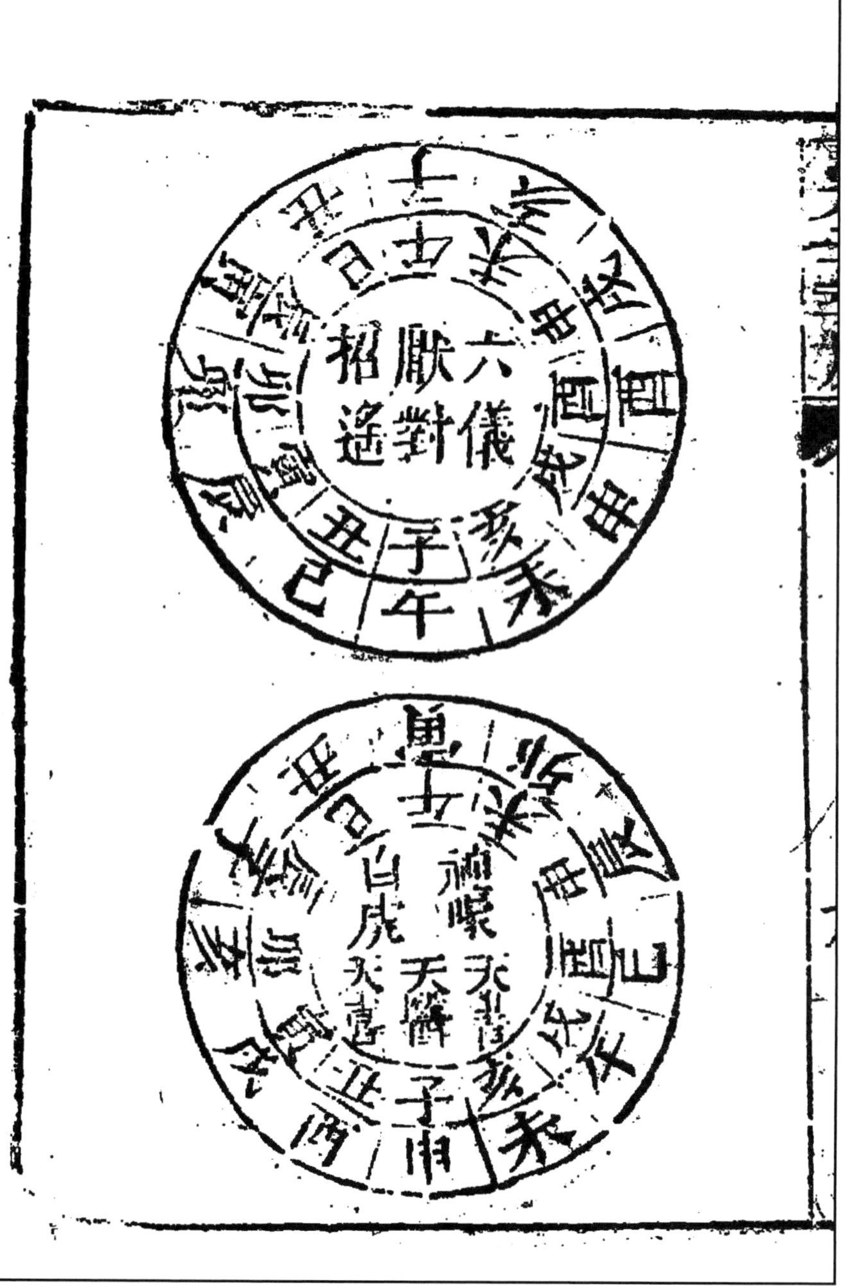
六儀
厭對
招遙

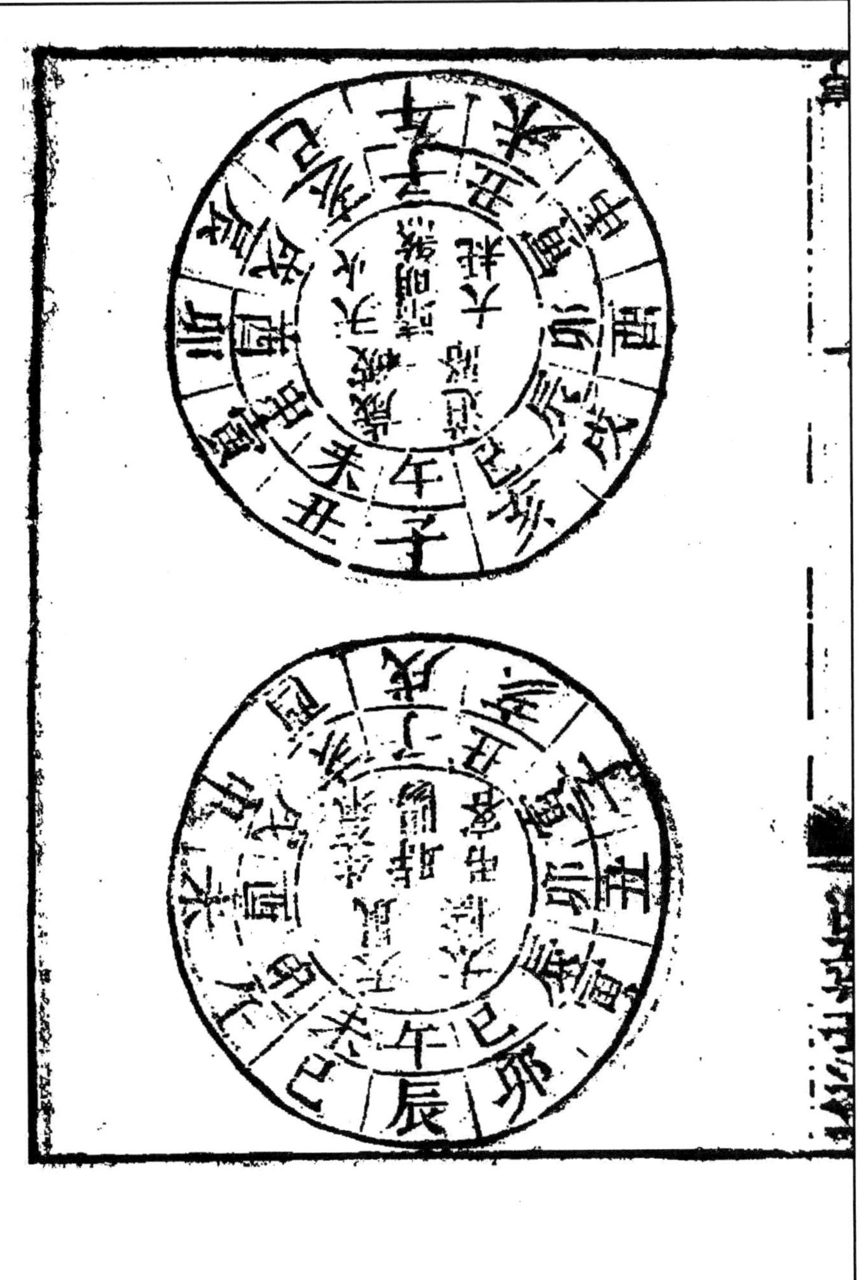

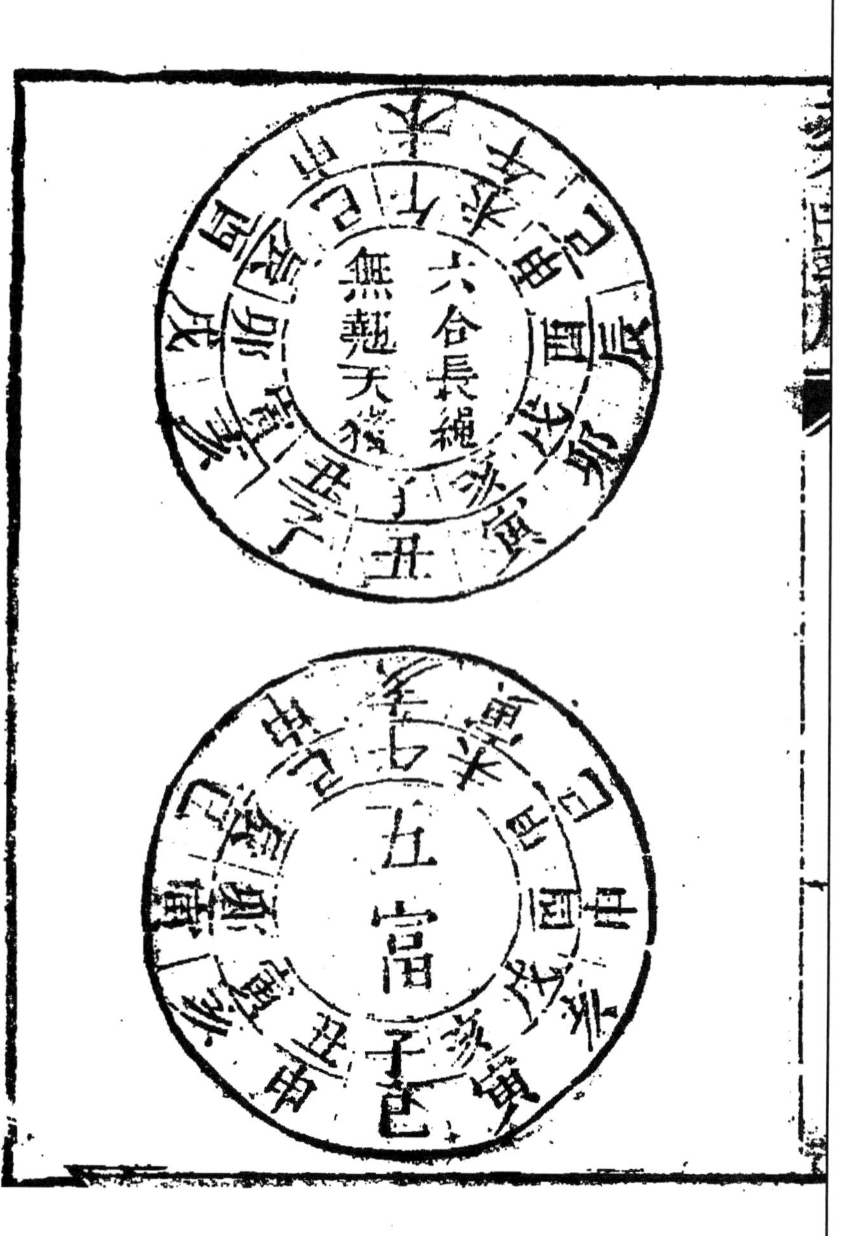
六合長繩
五富

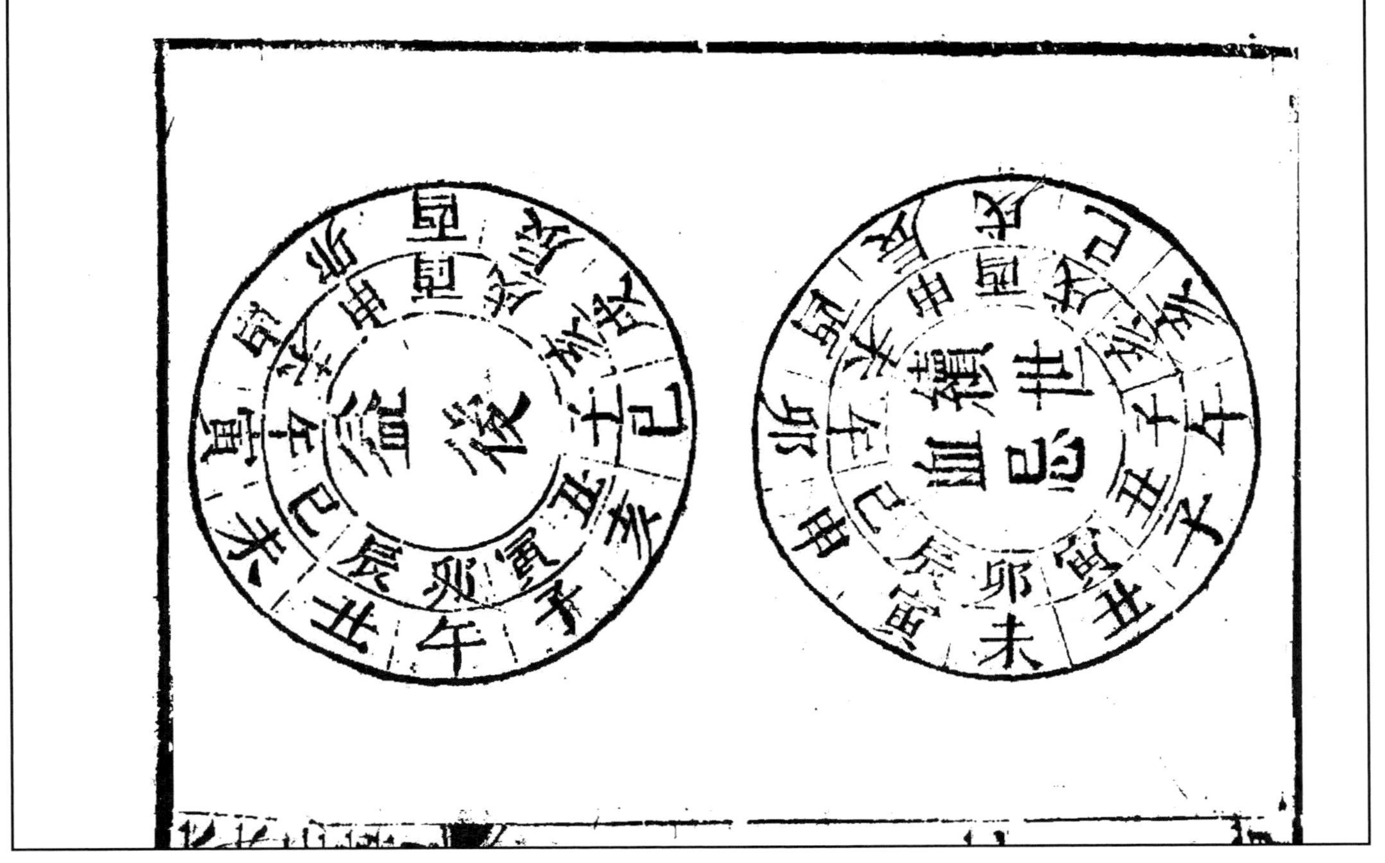
血忌

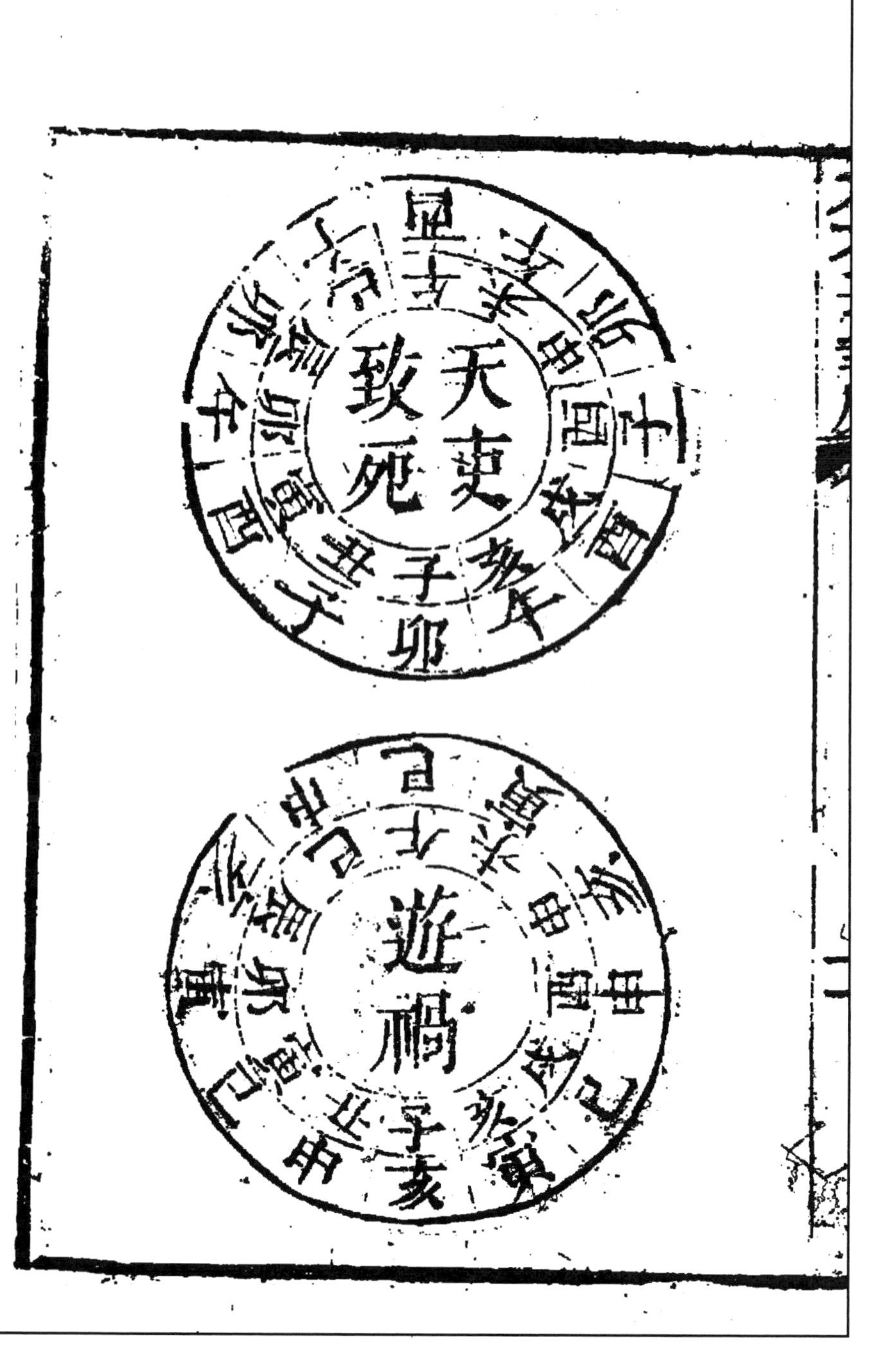
天吏致死
遊禍

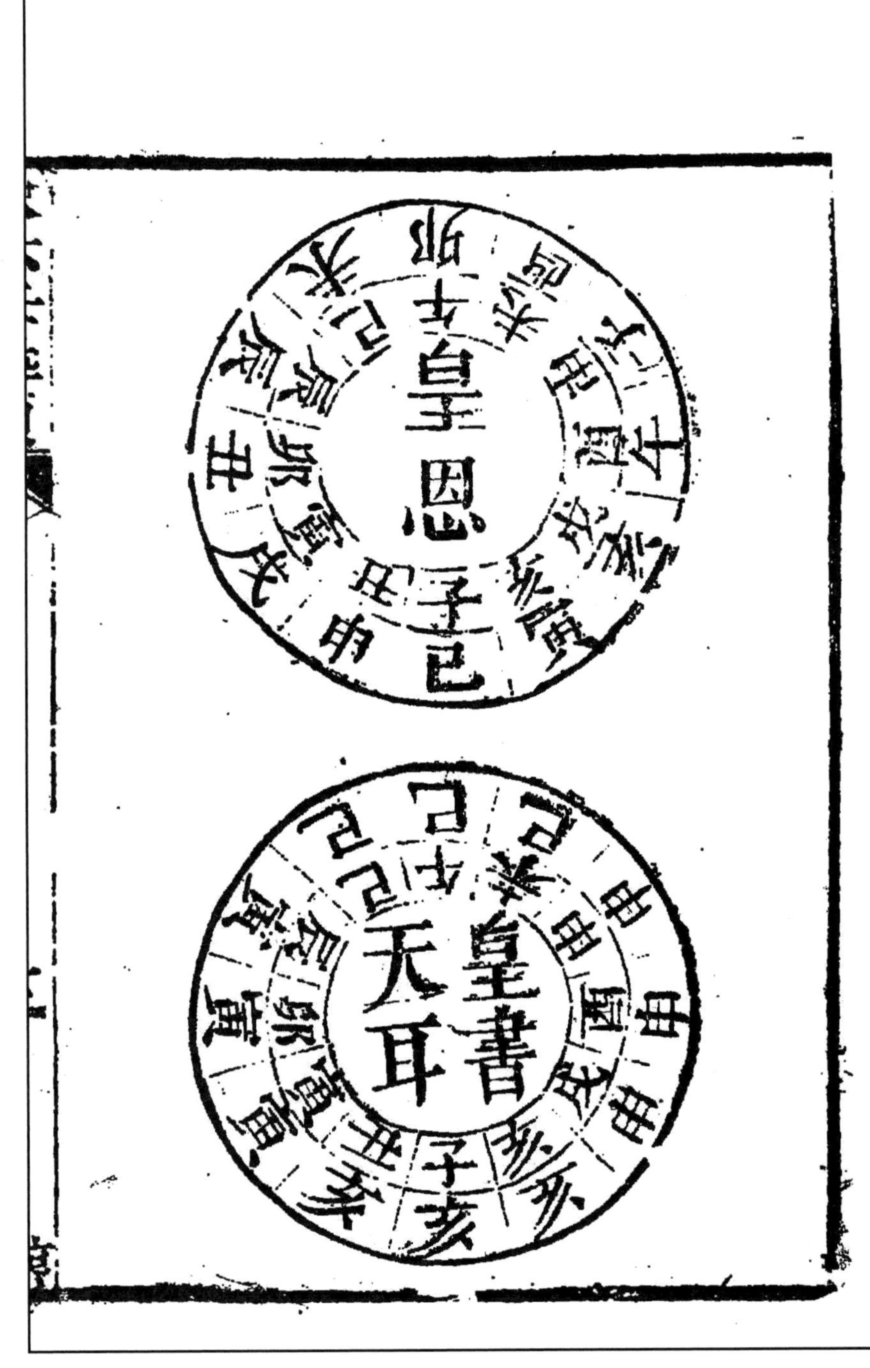
皇恩
皇書
天耳

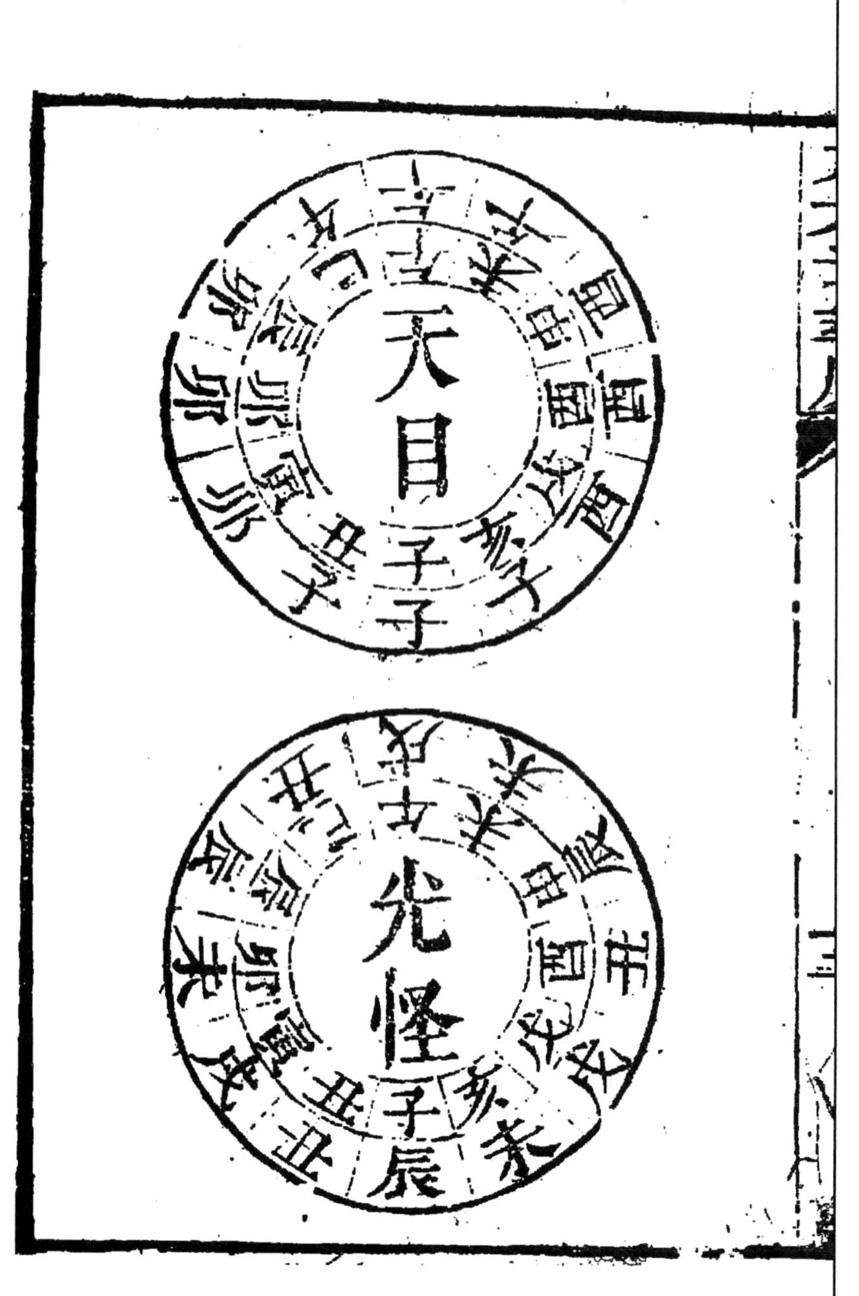
天目
光怪

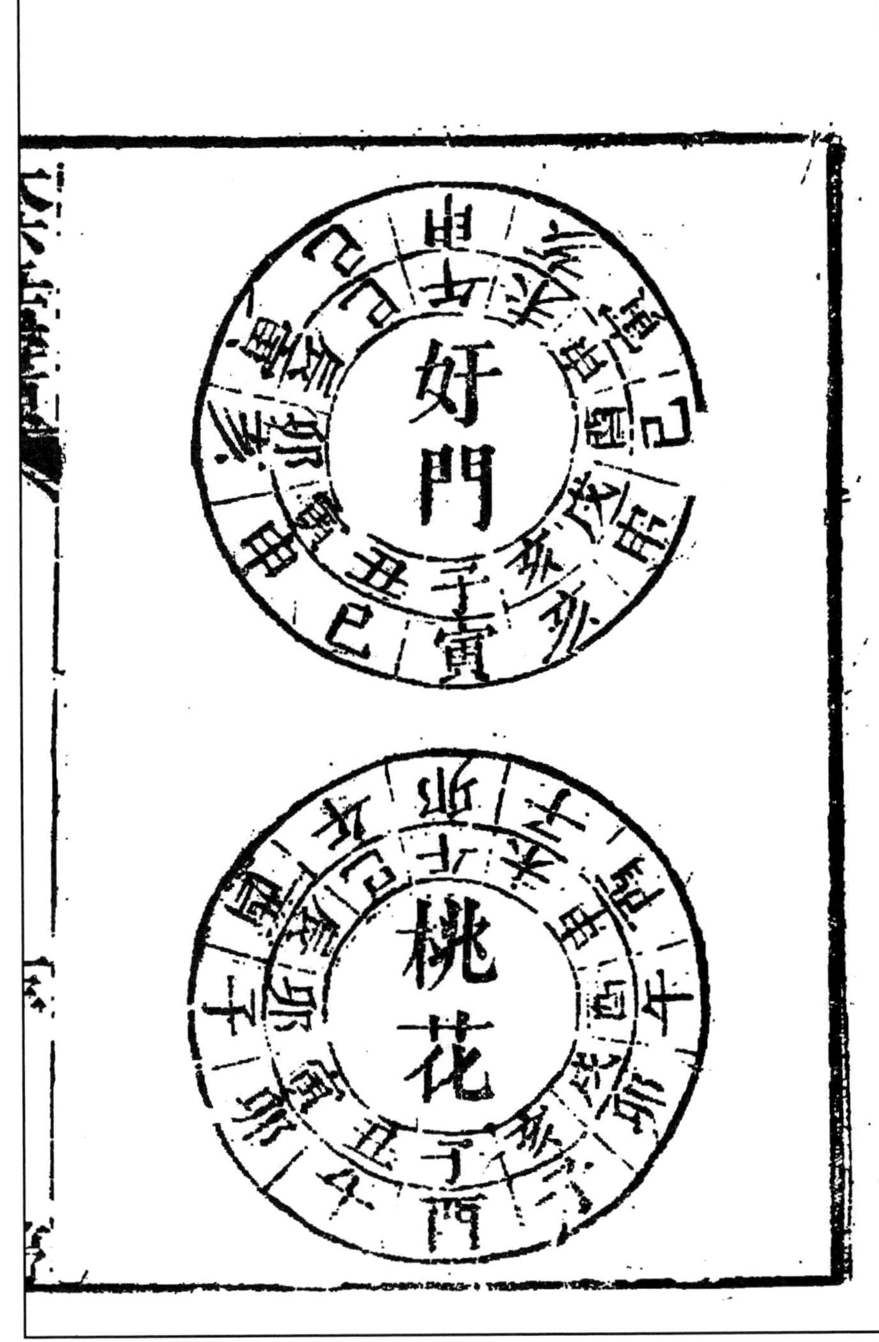
好門
桃花

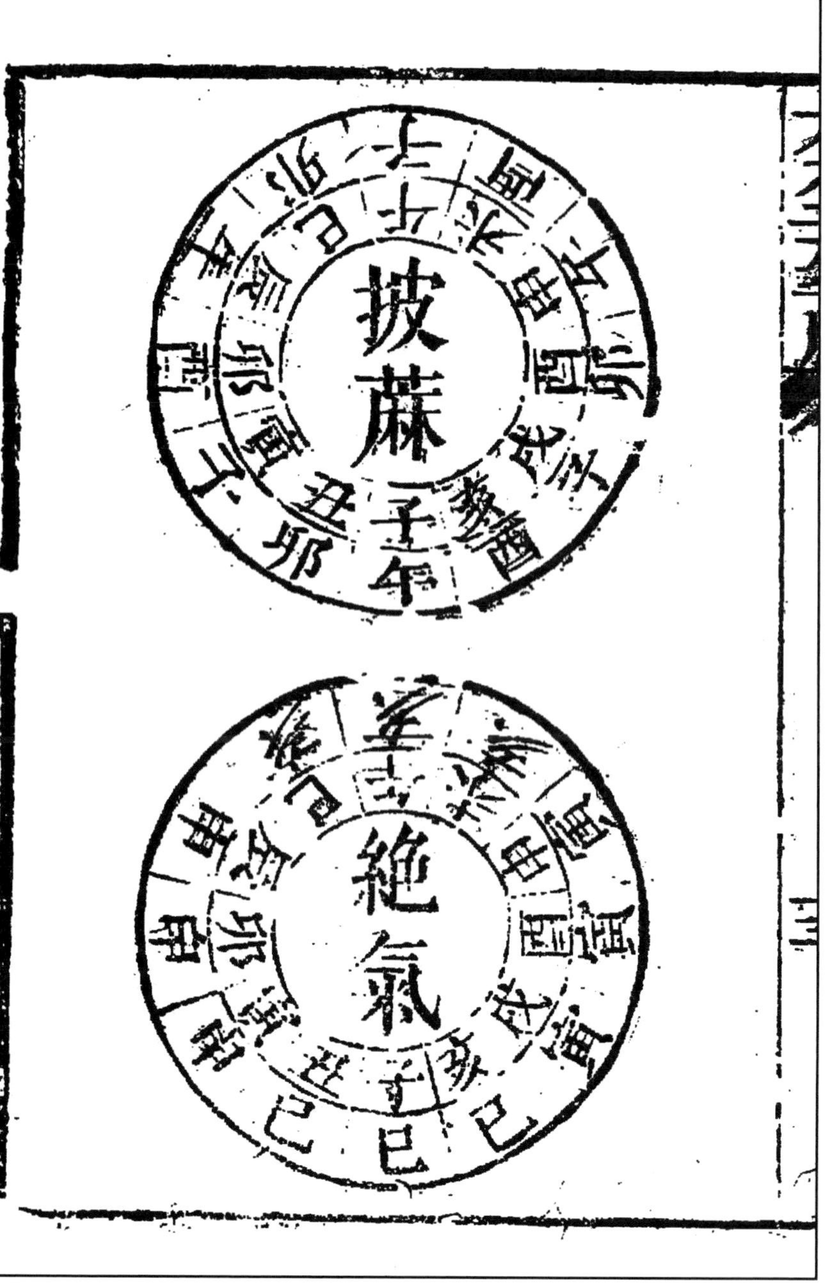

拔麻
絕氣

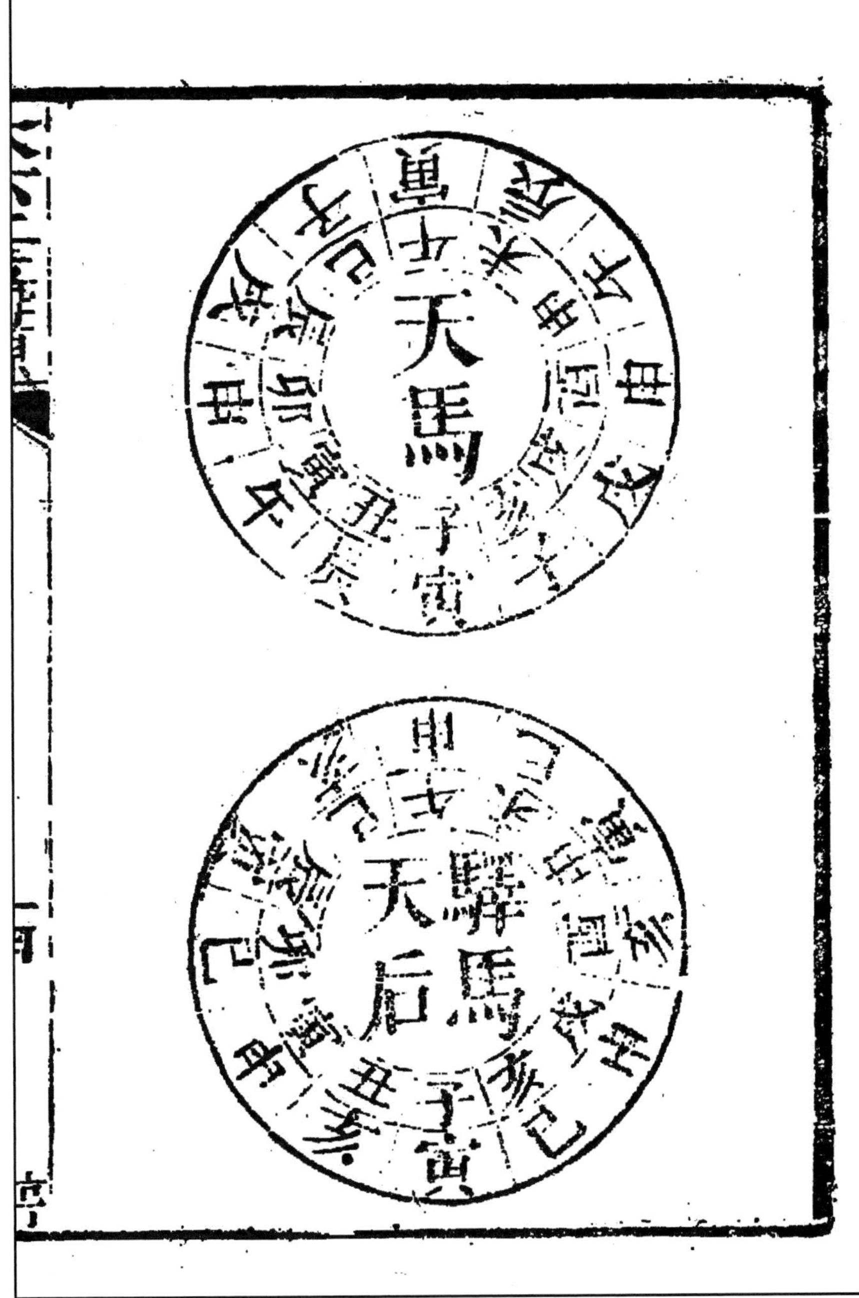

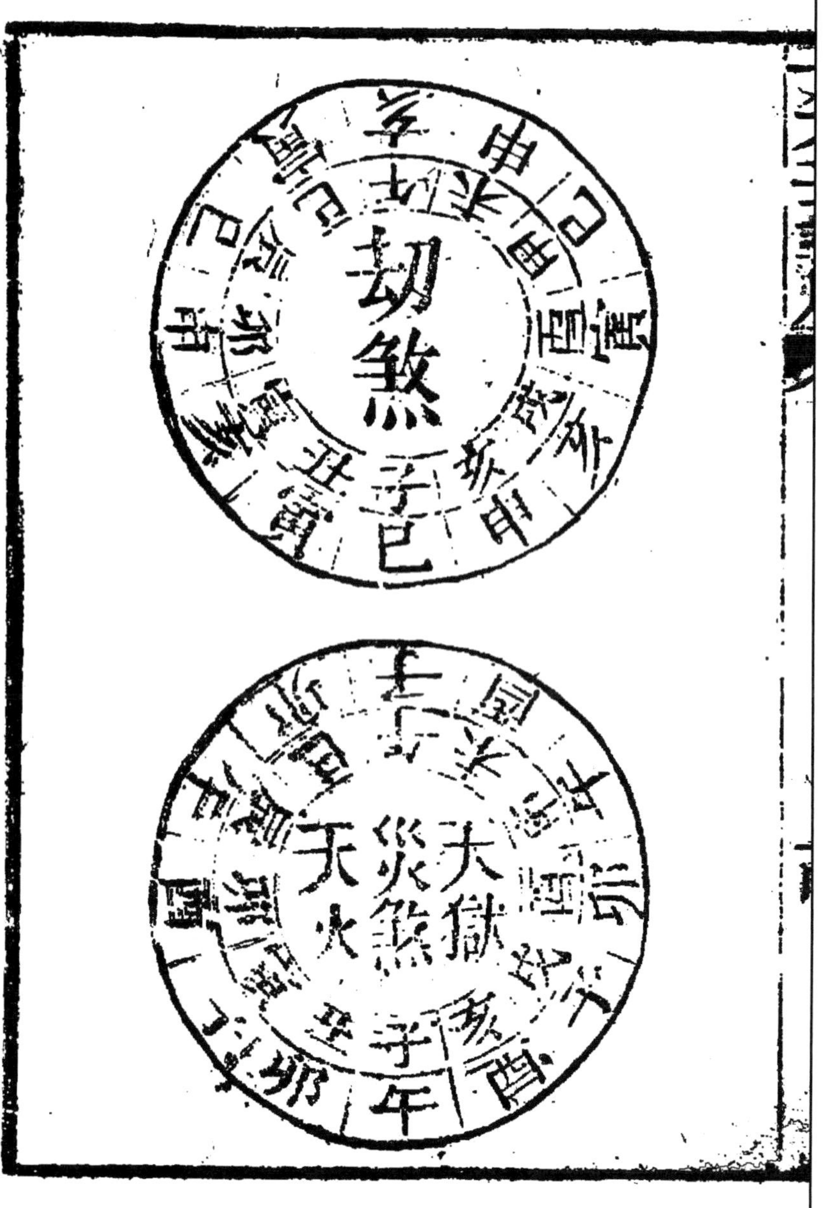
劫煞
天災大火煞獄煞

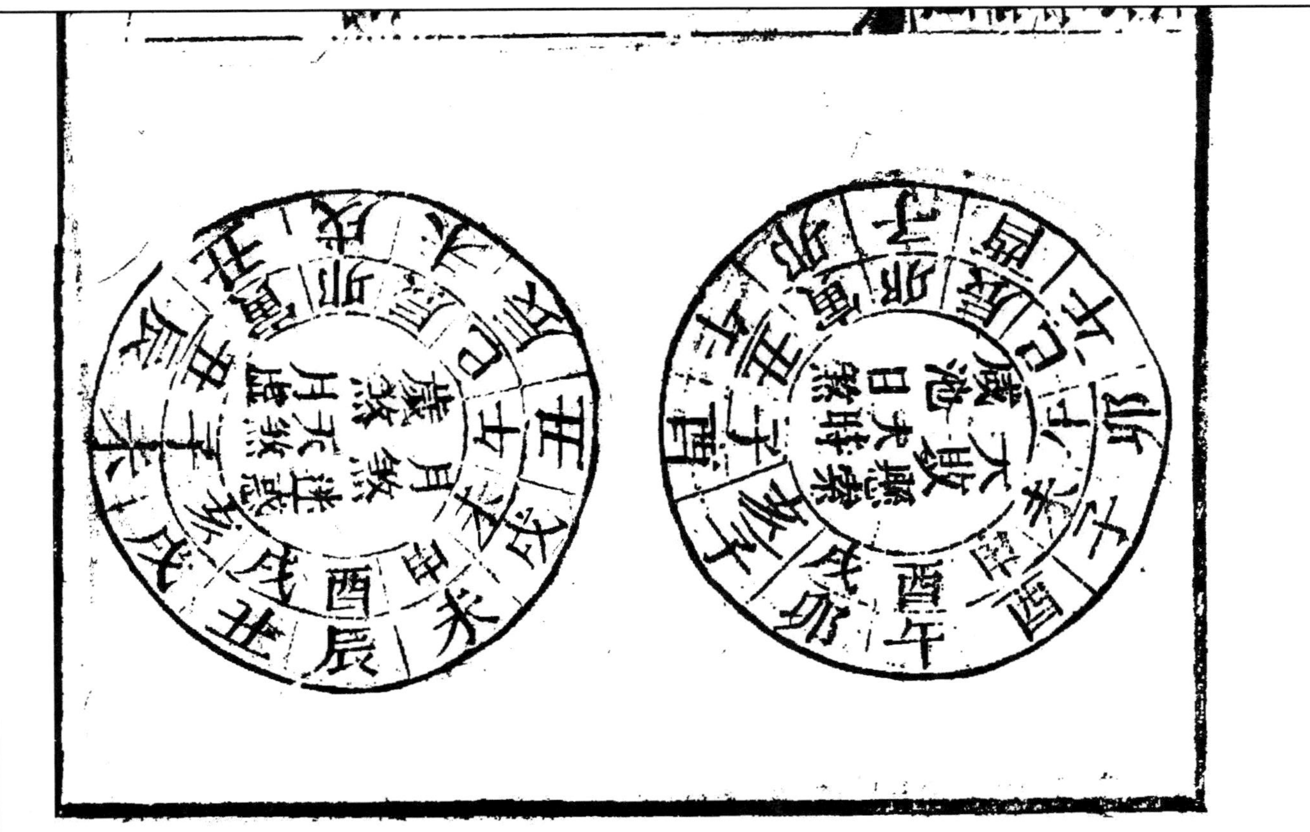

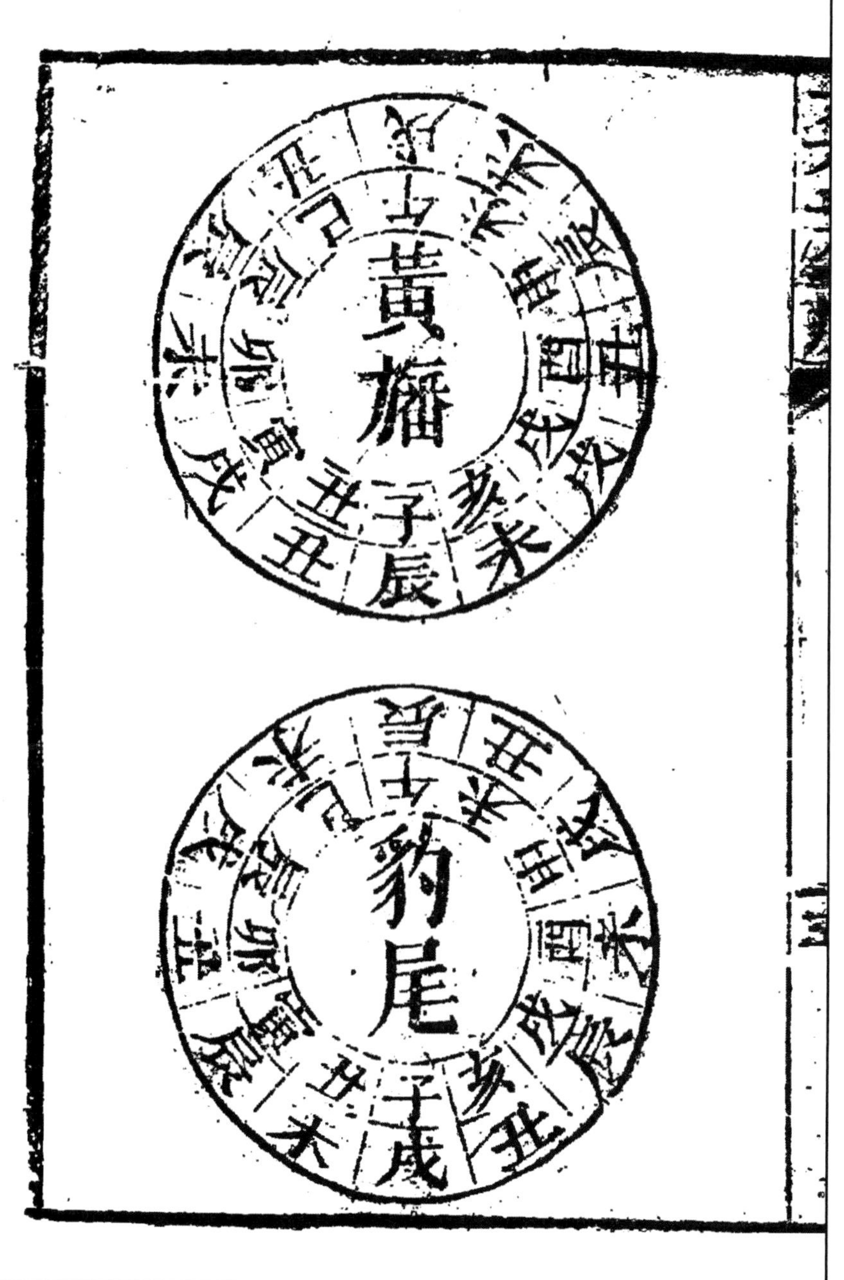
黃旛
豹尾

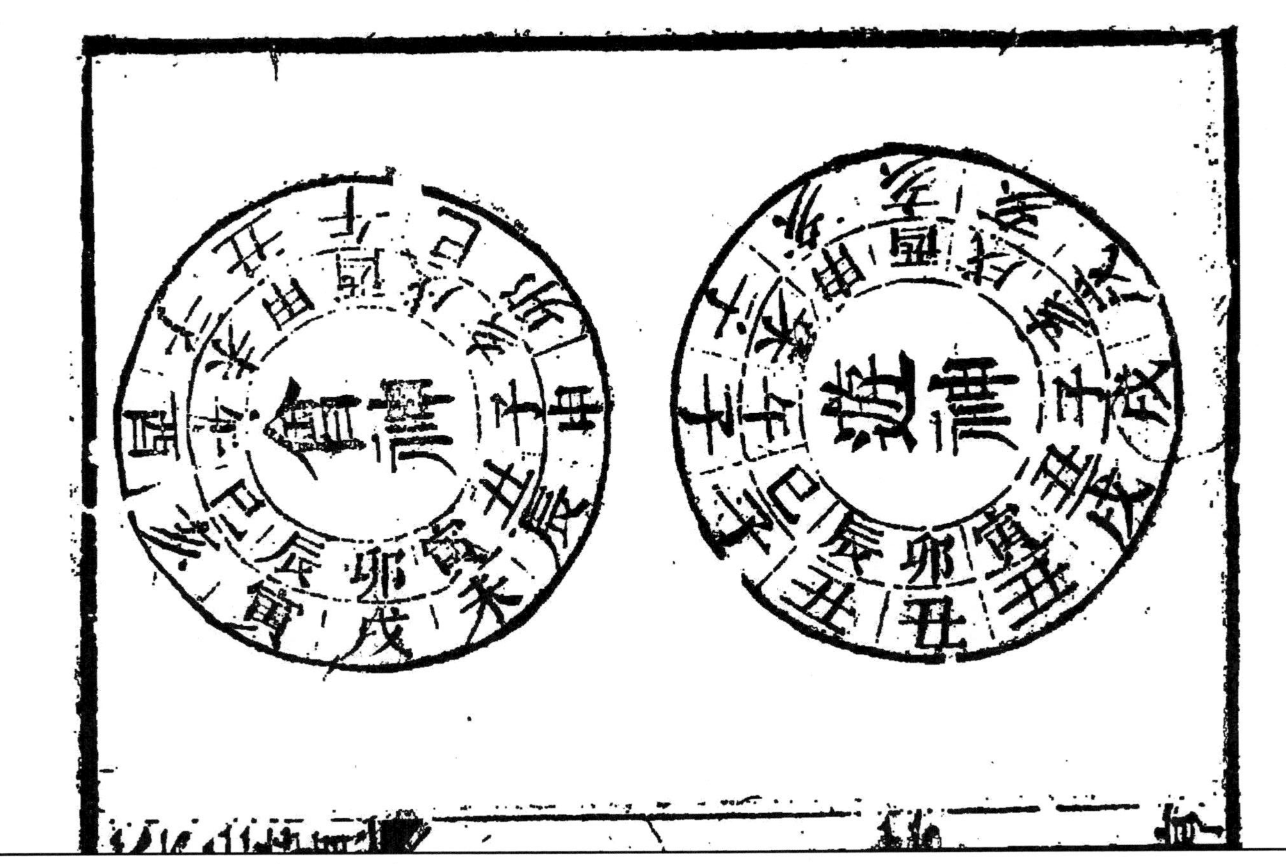

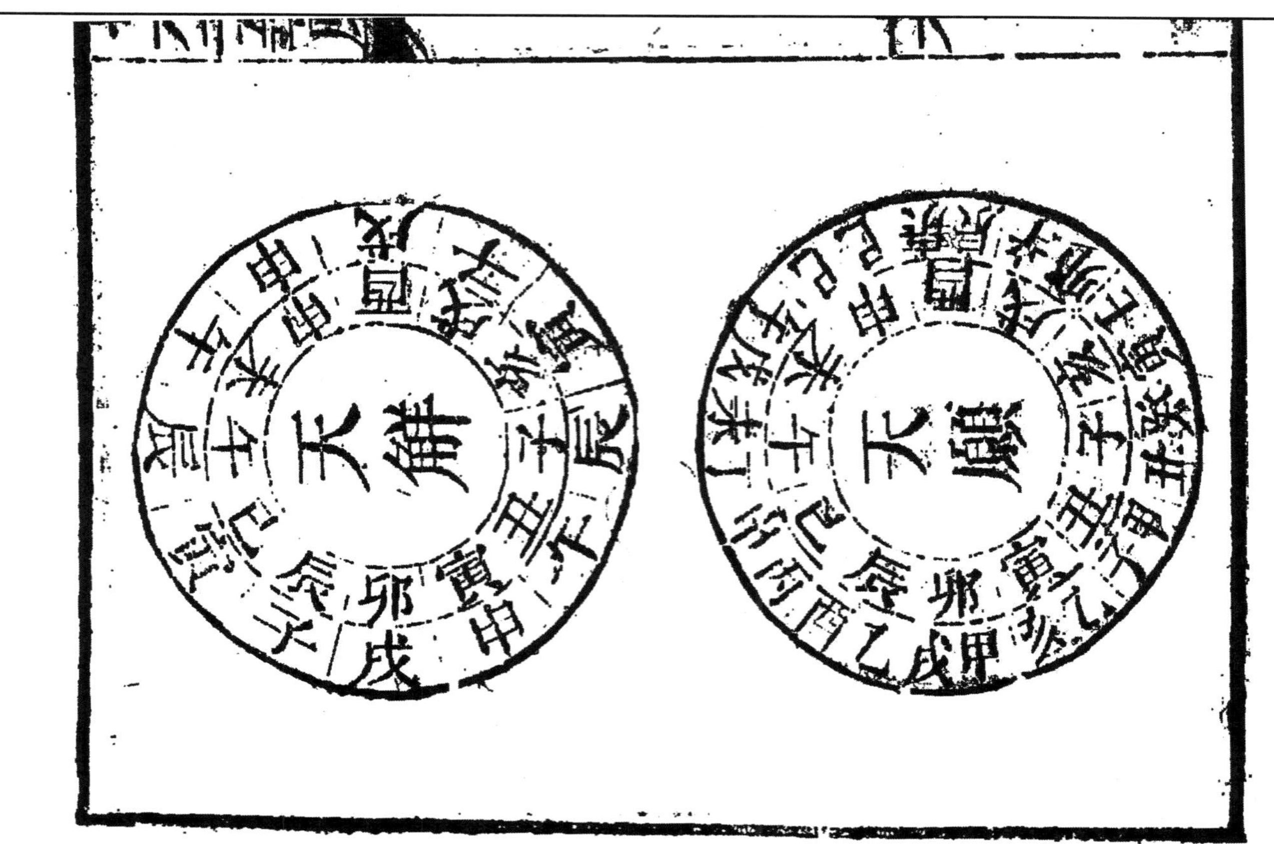
天輔
天顚

風伯
雨師

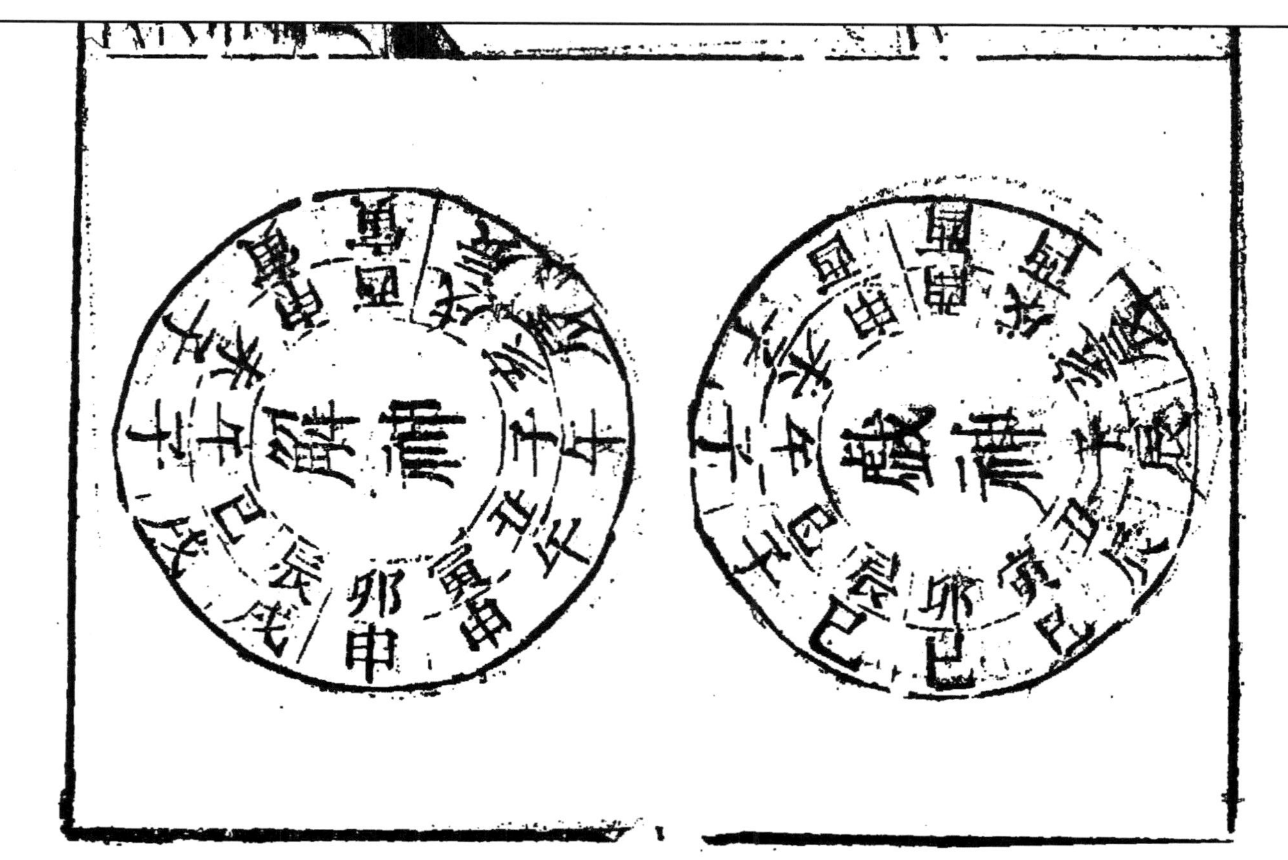

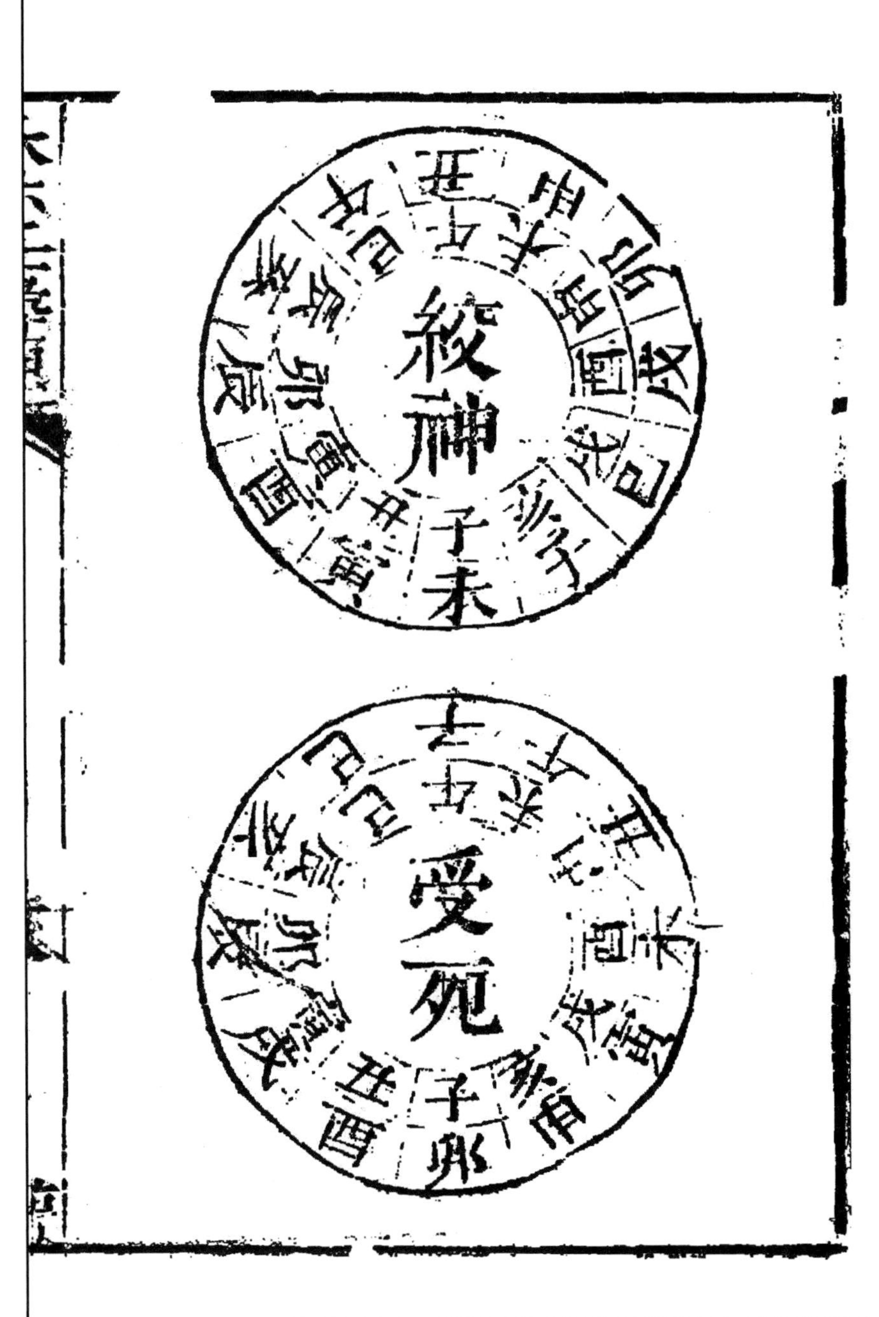
絞神
受死

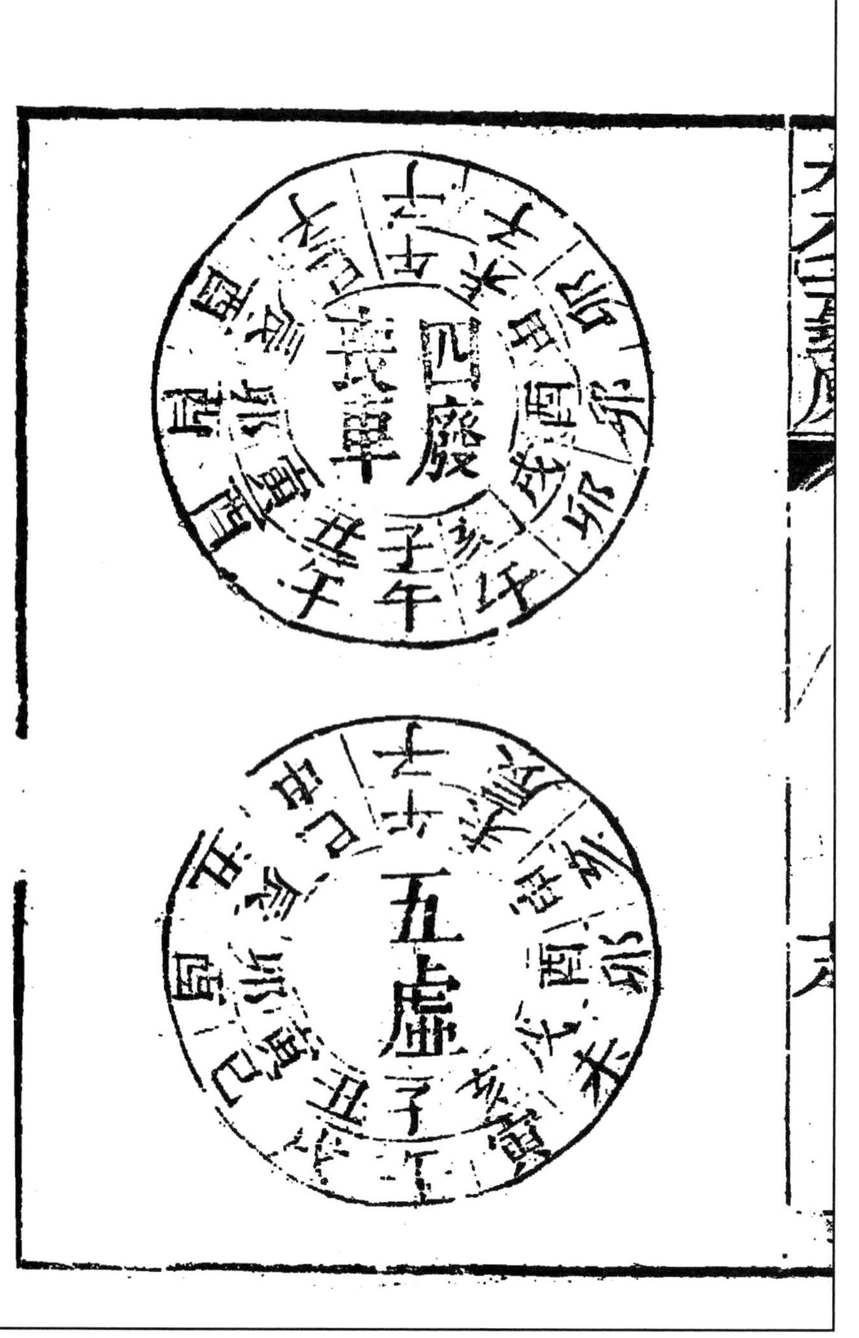
四廢
五虛

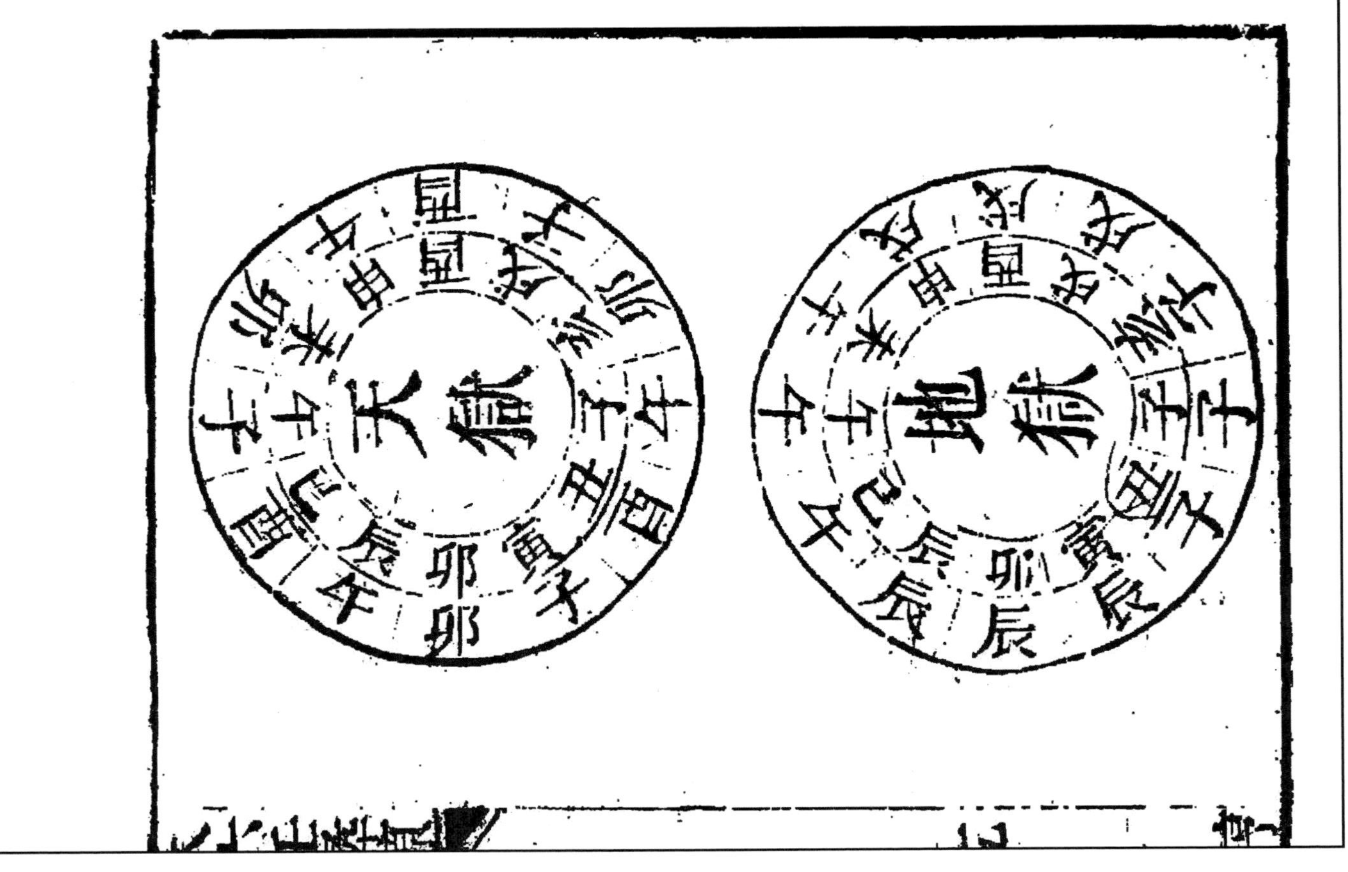
天獄
地獄

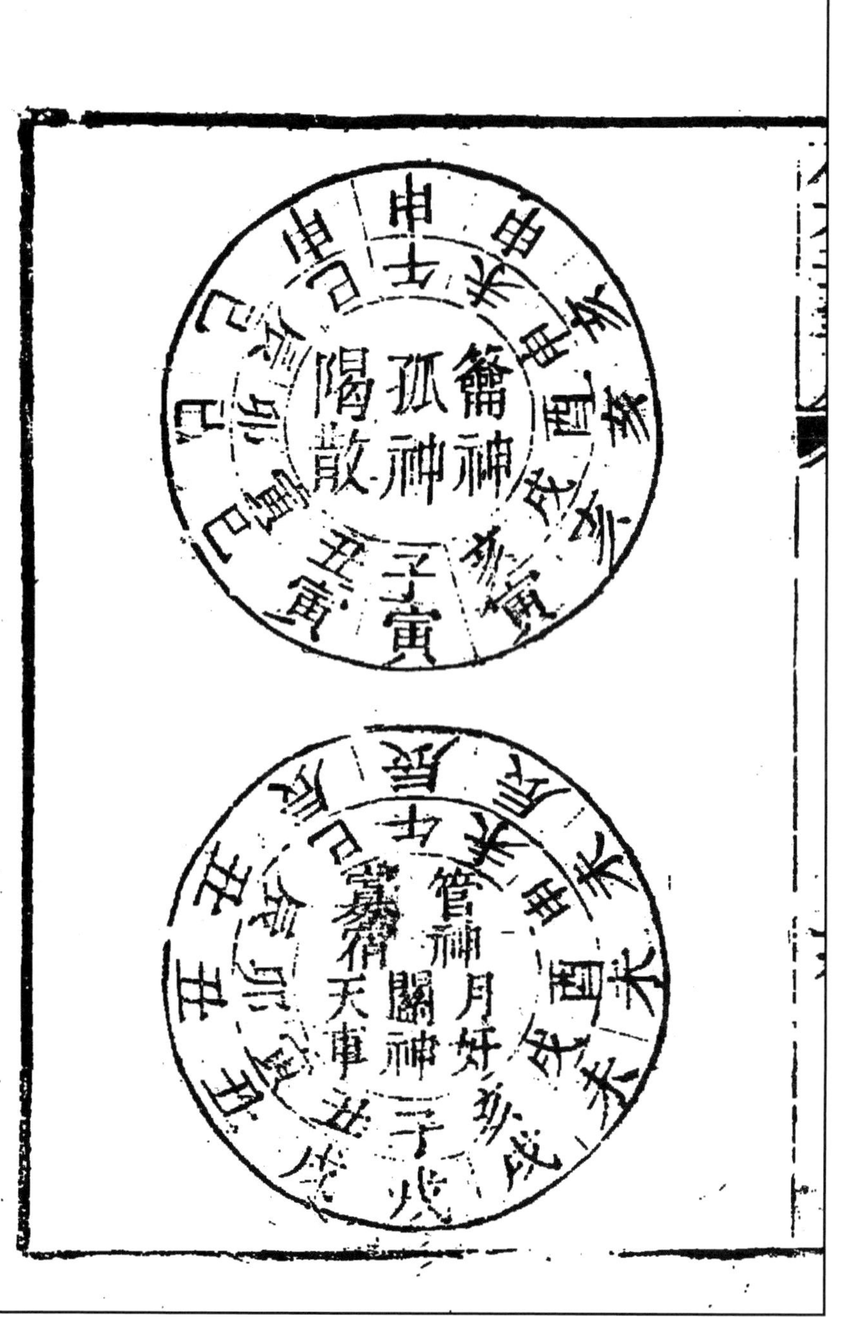
籥神
孤神
陽散
管神
月奸
關神
天車

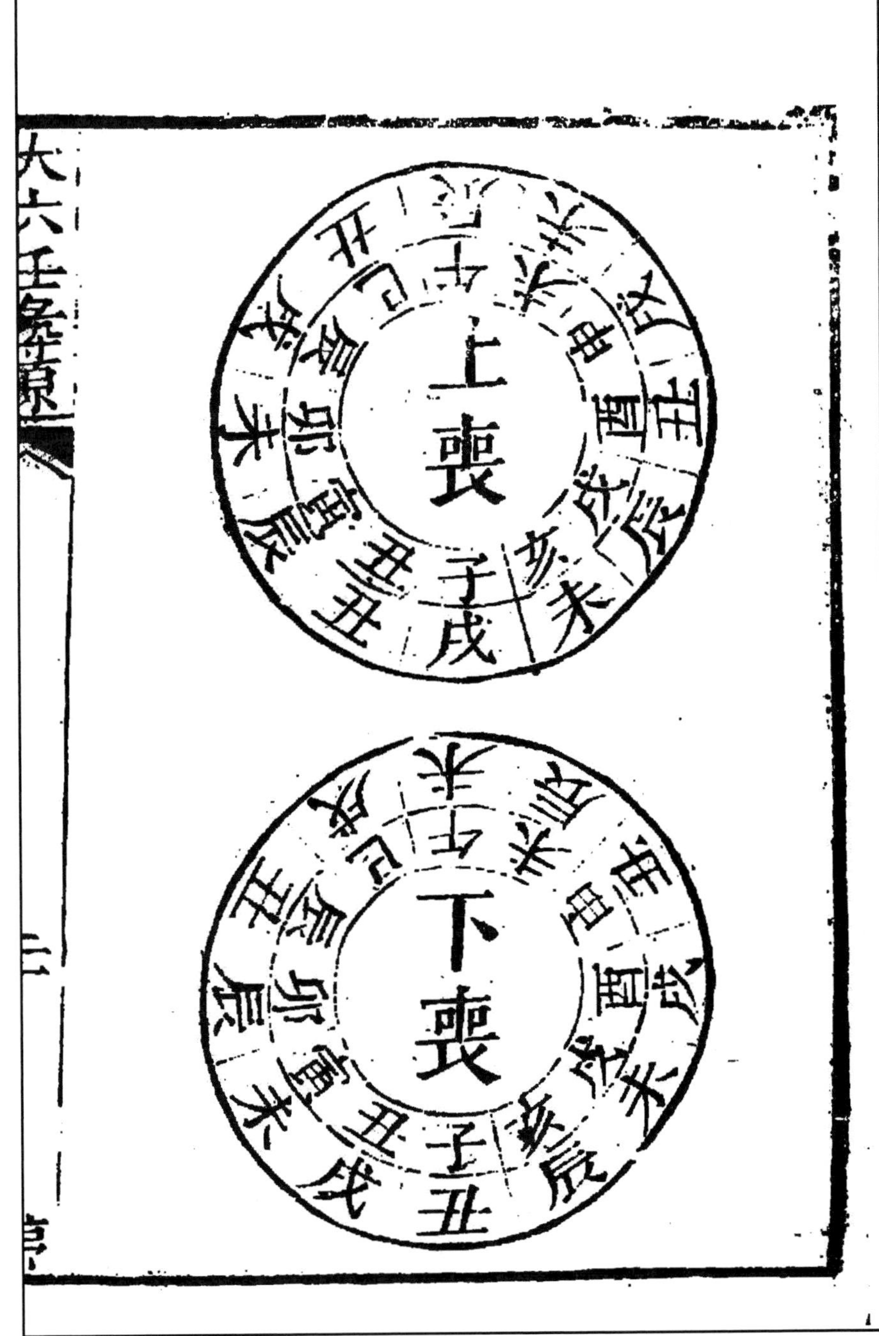
上喪
下喪

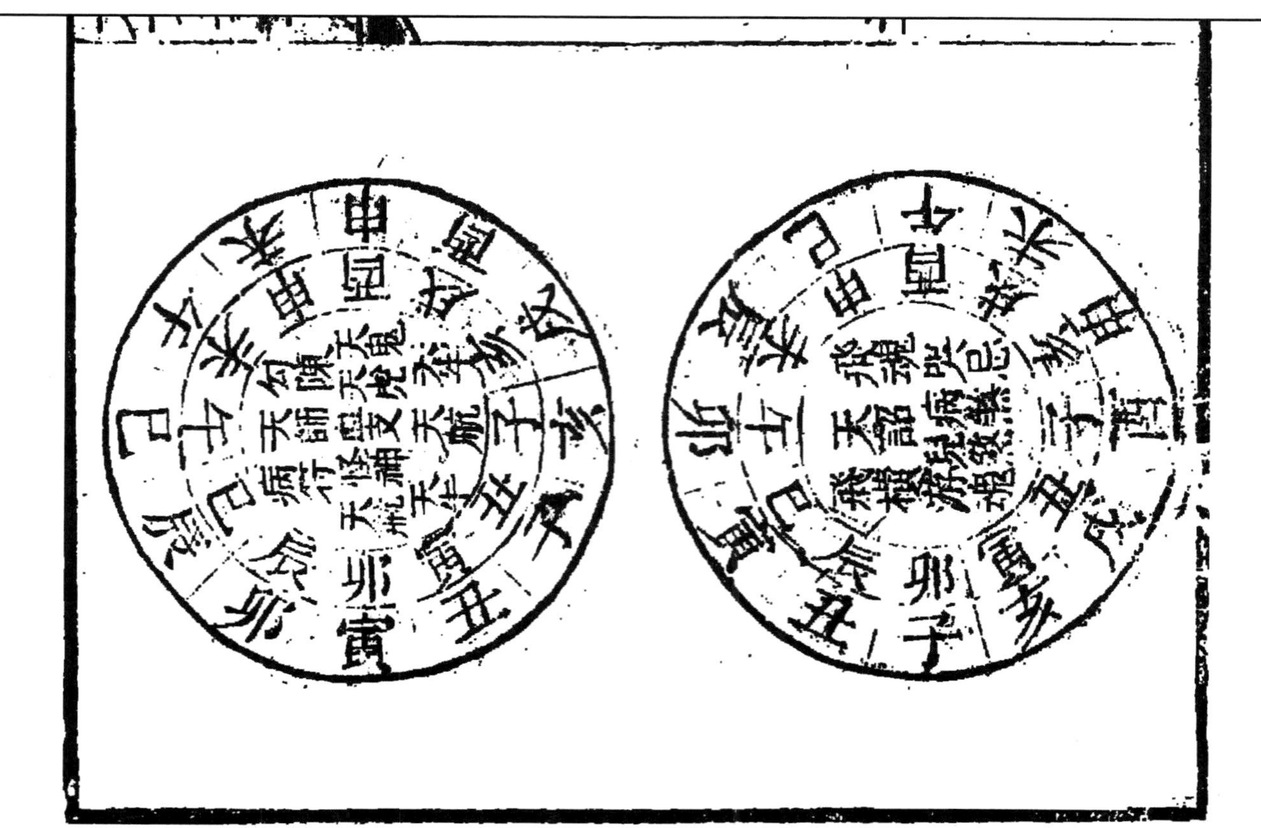

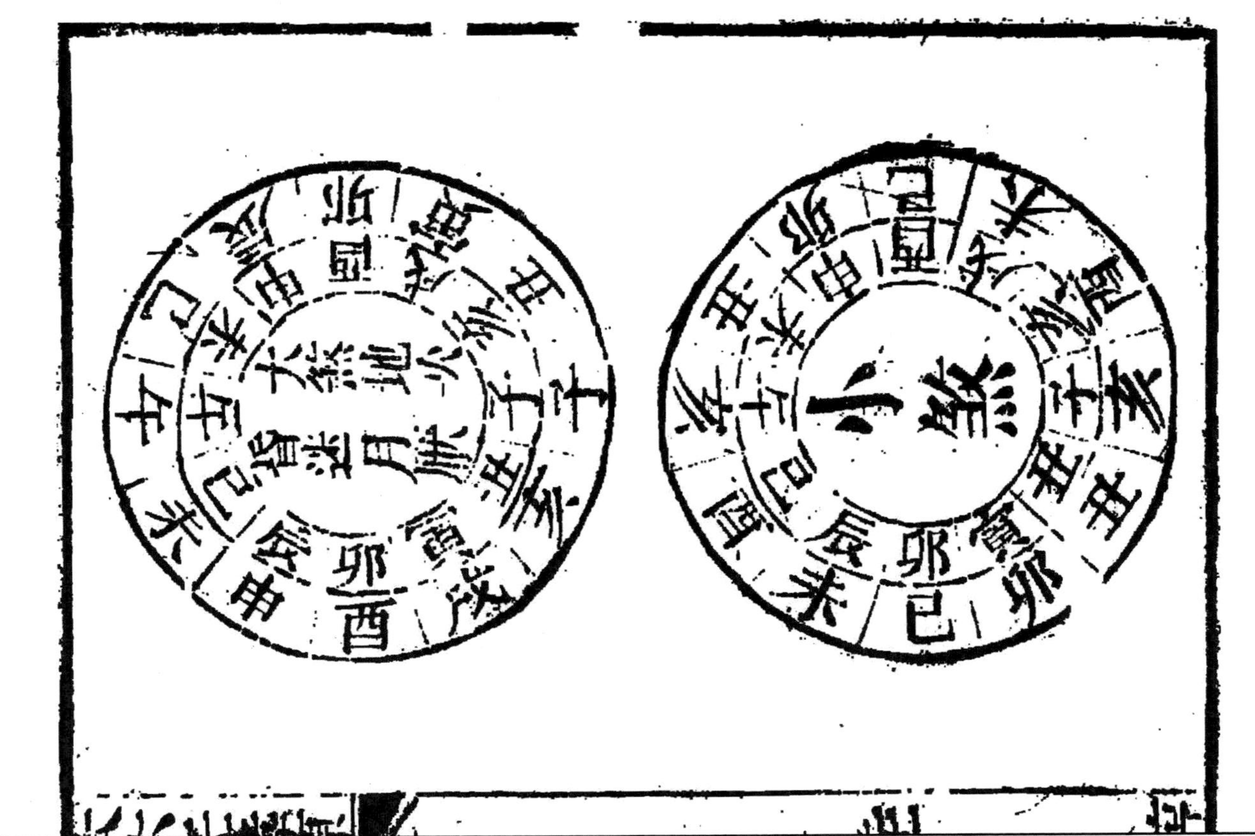

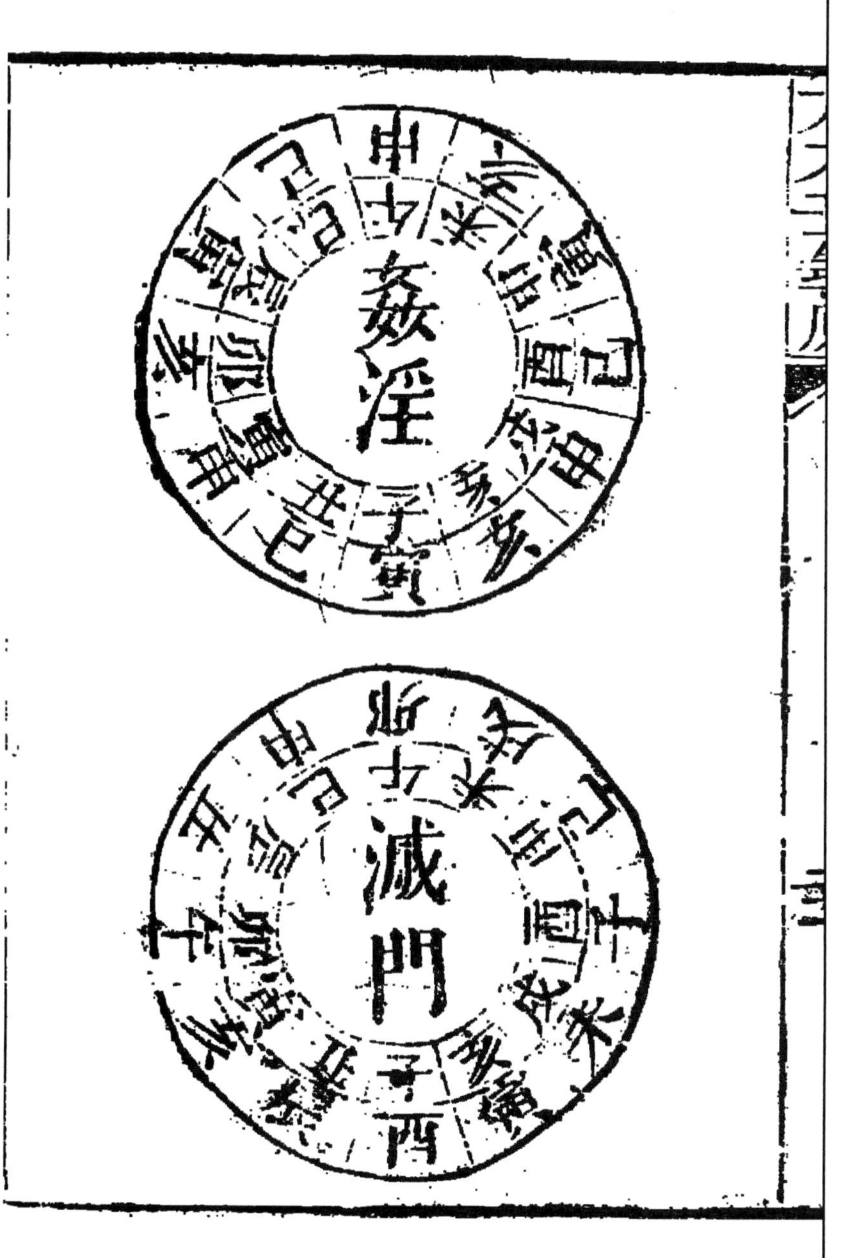
姦淫
滅門

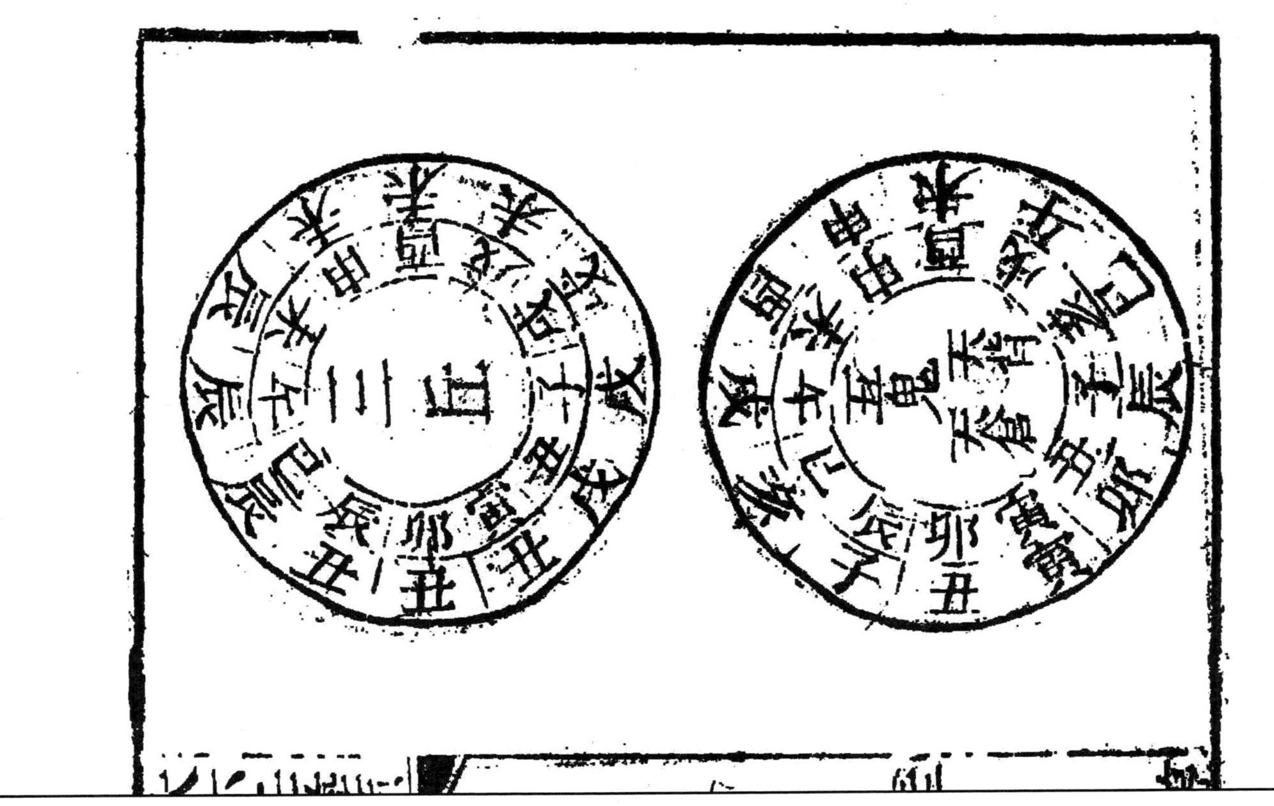
巳
三
鬼
天倉
天背

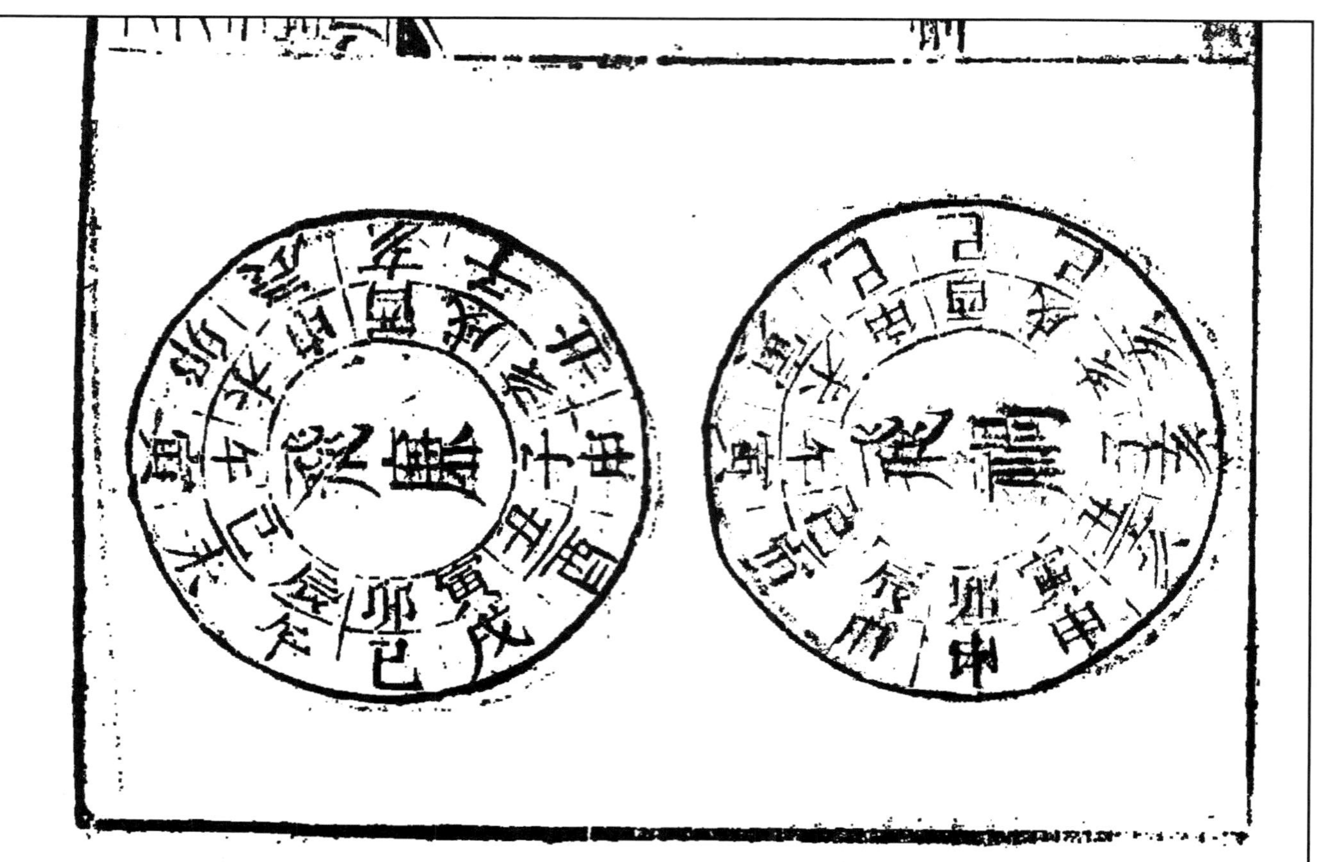
飛廉
飛禍

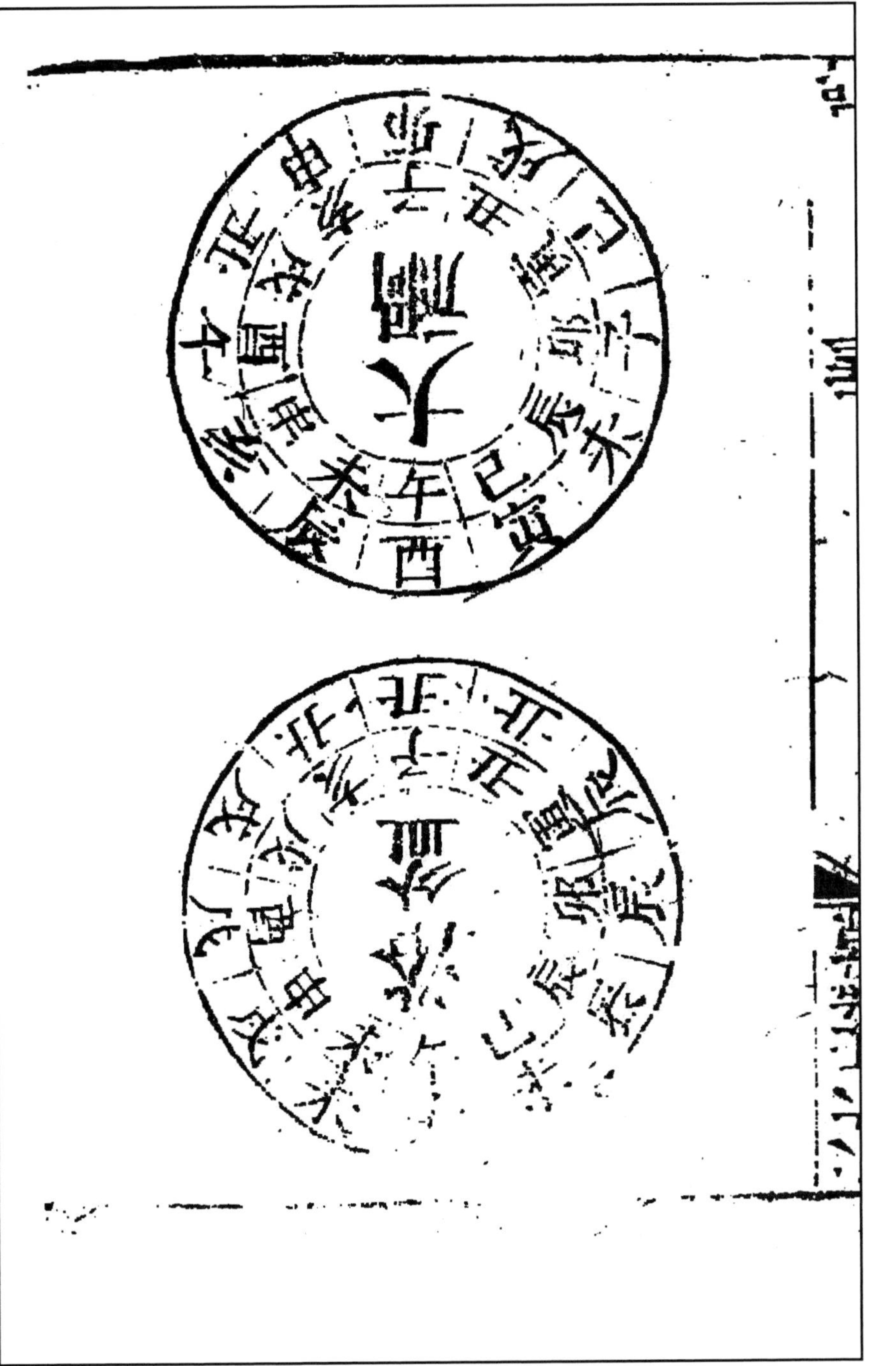

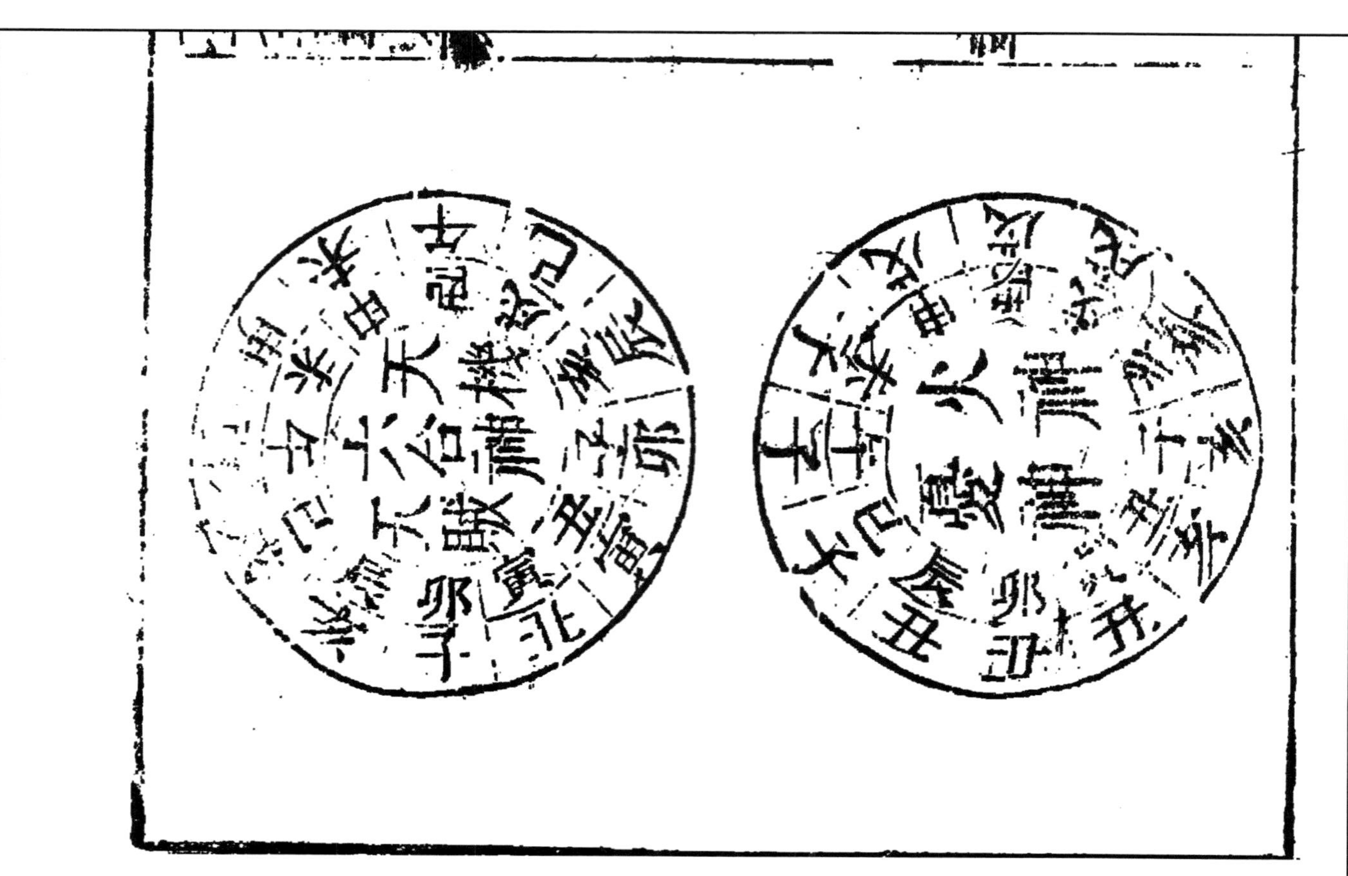

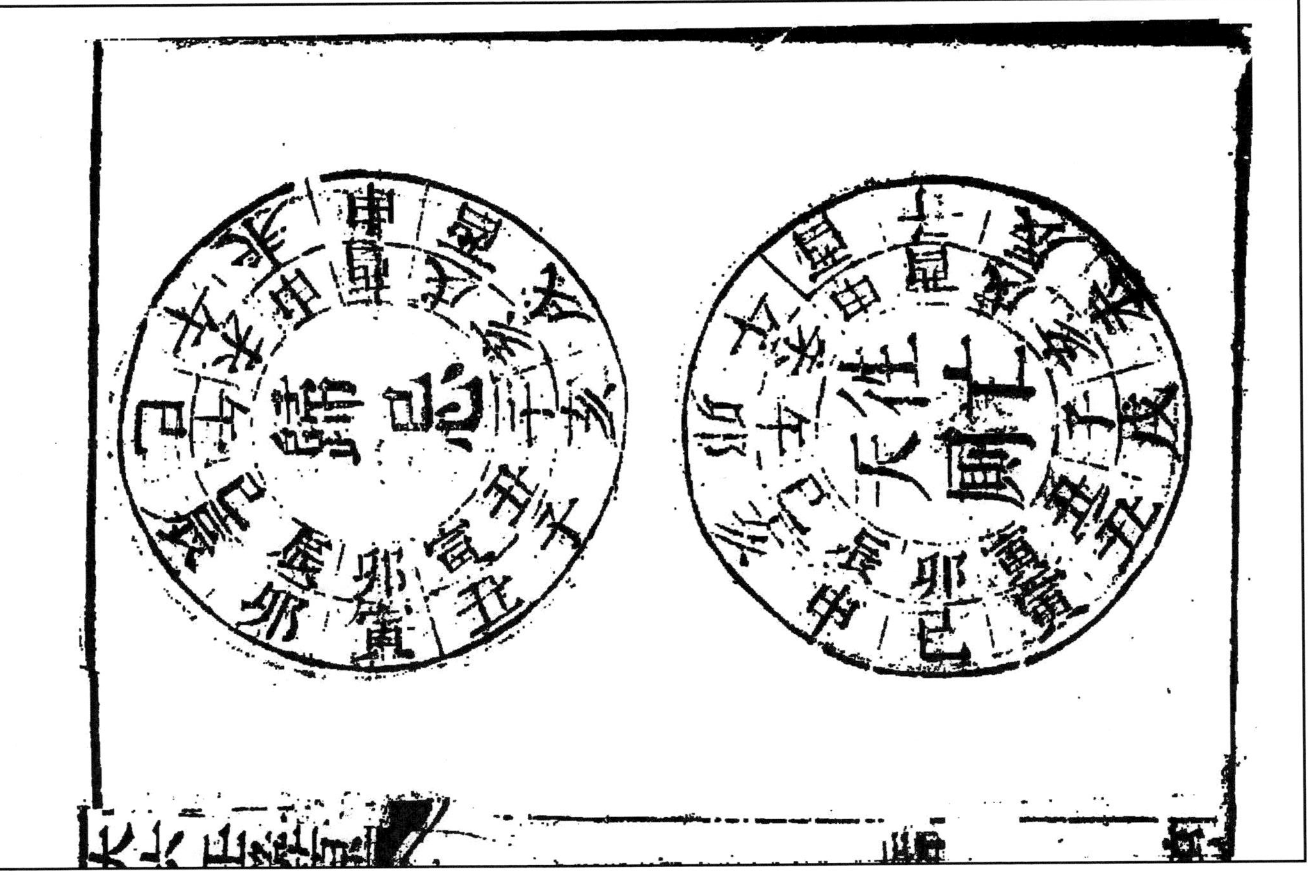

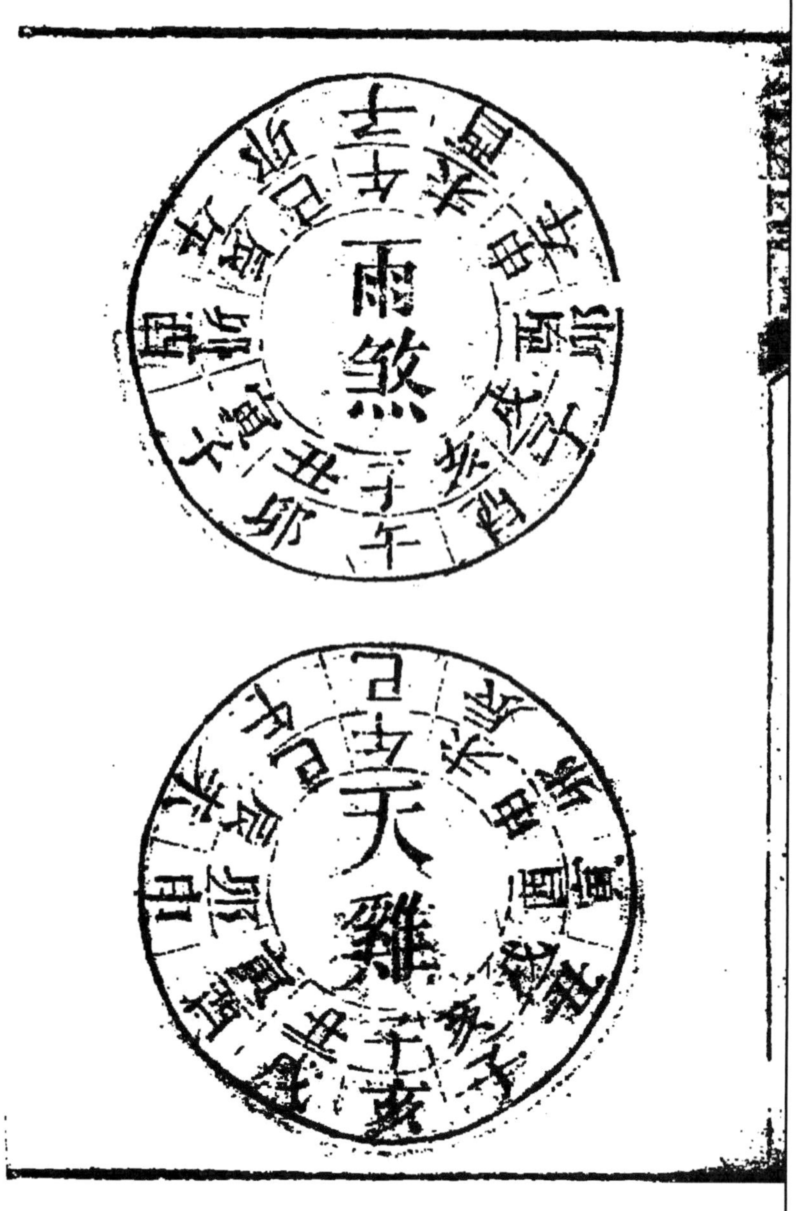
雨煞
天雞

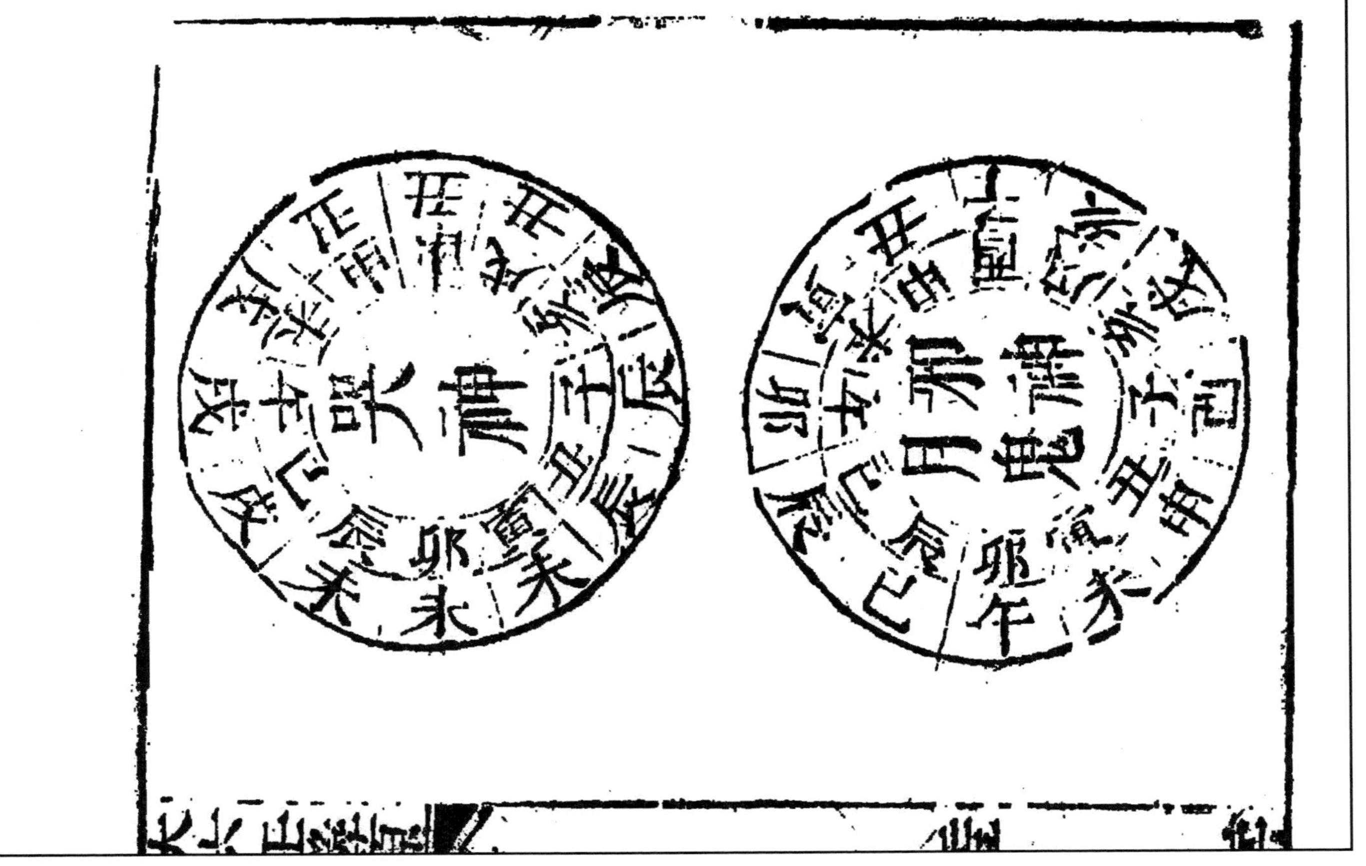

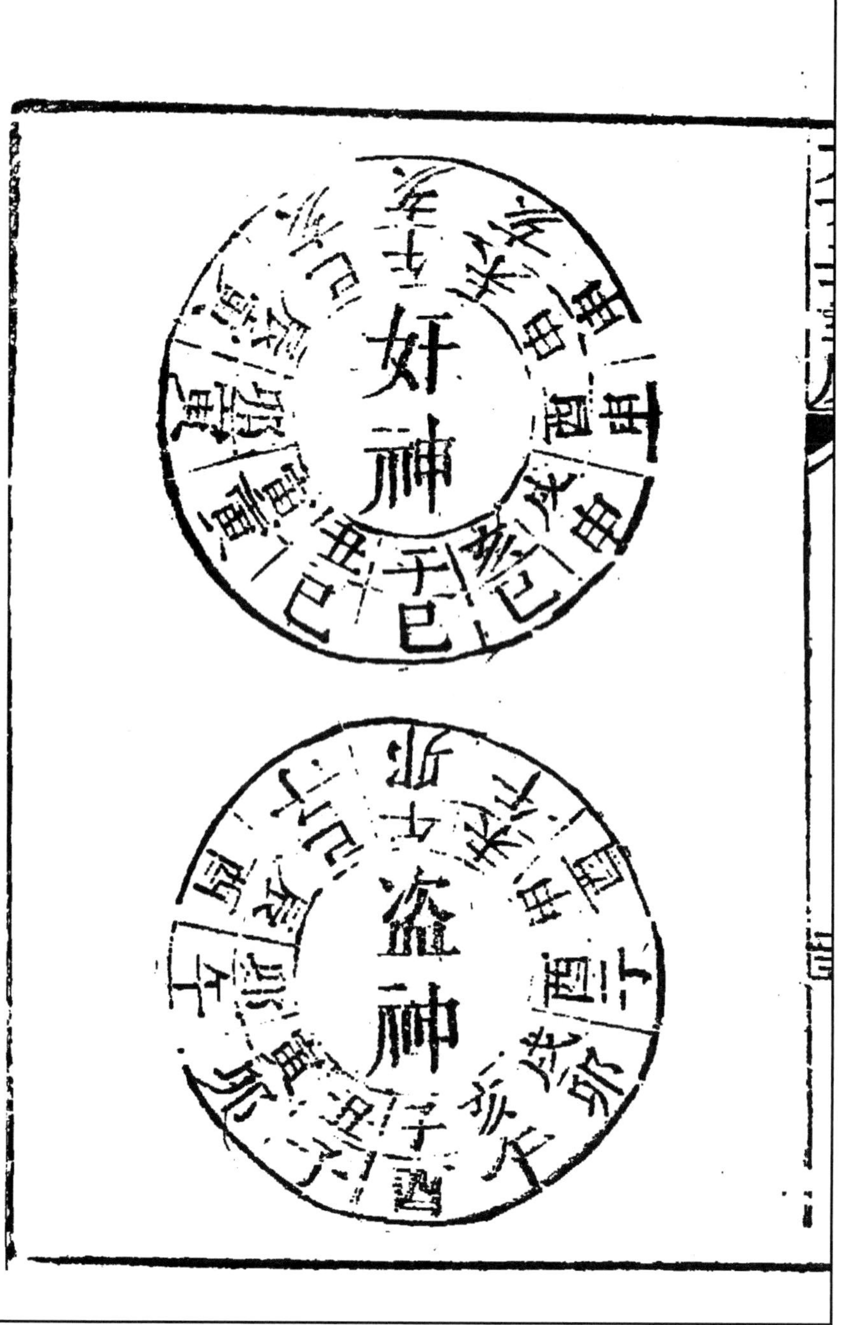
奸神
盜神

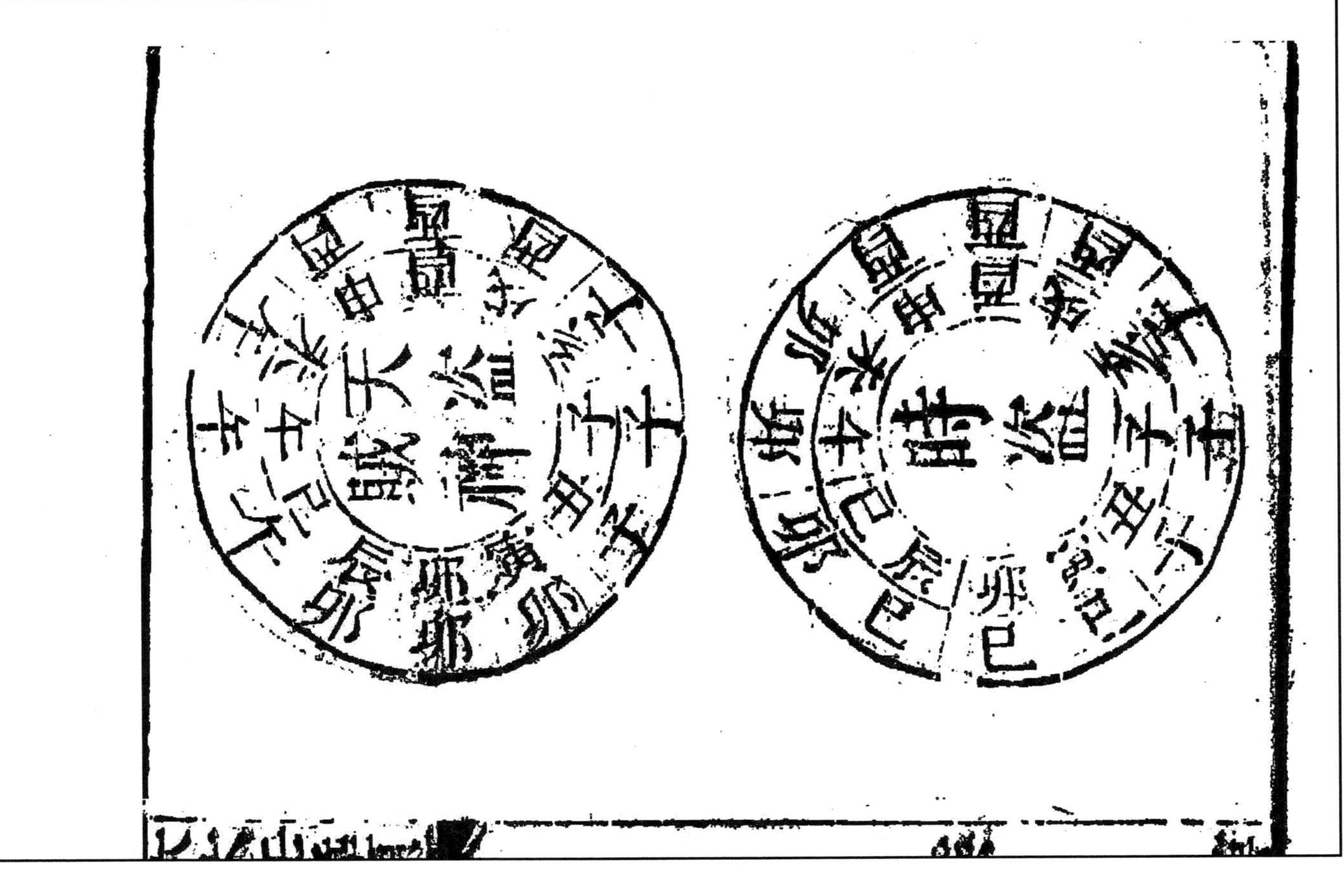

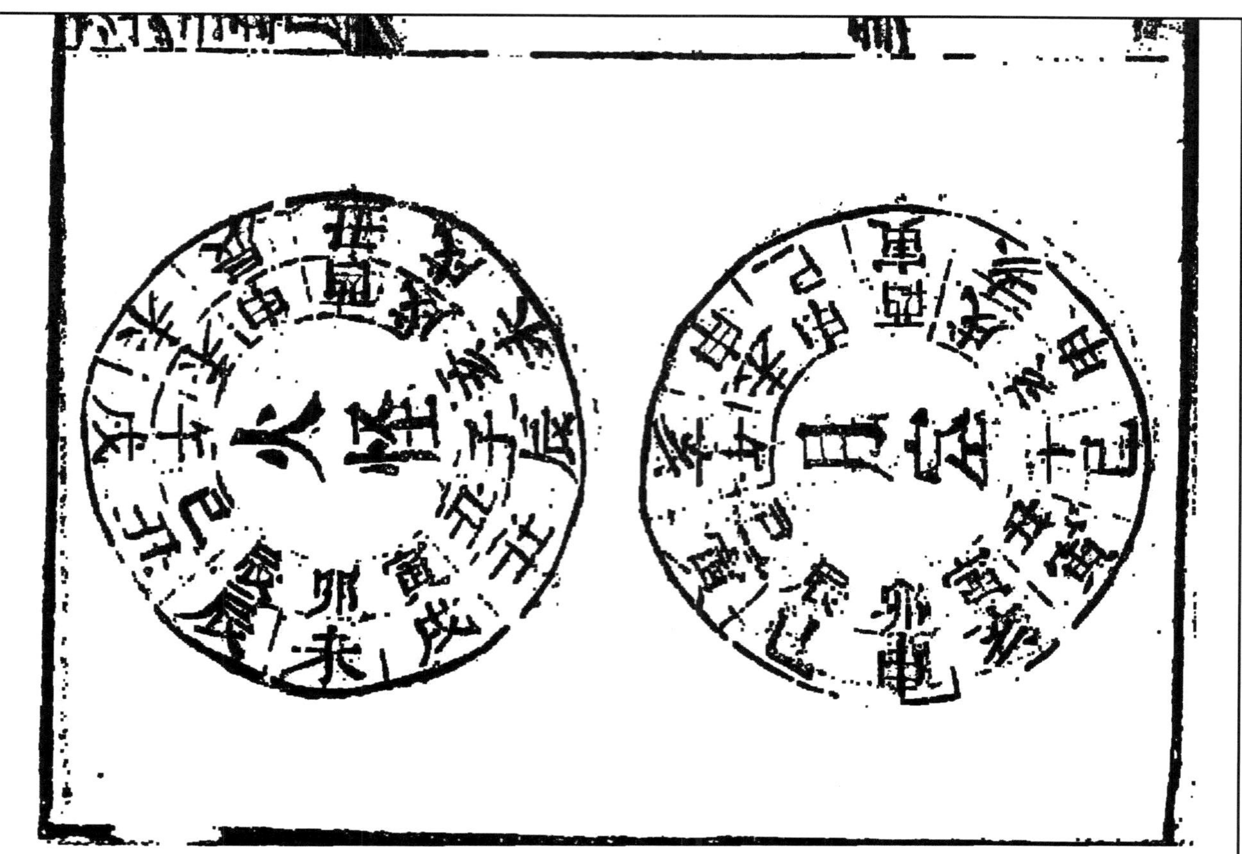
火怪
月厭

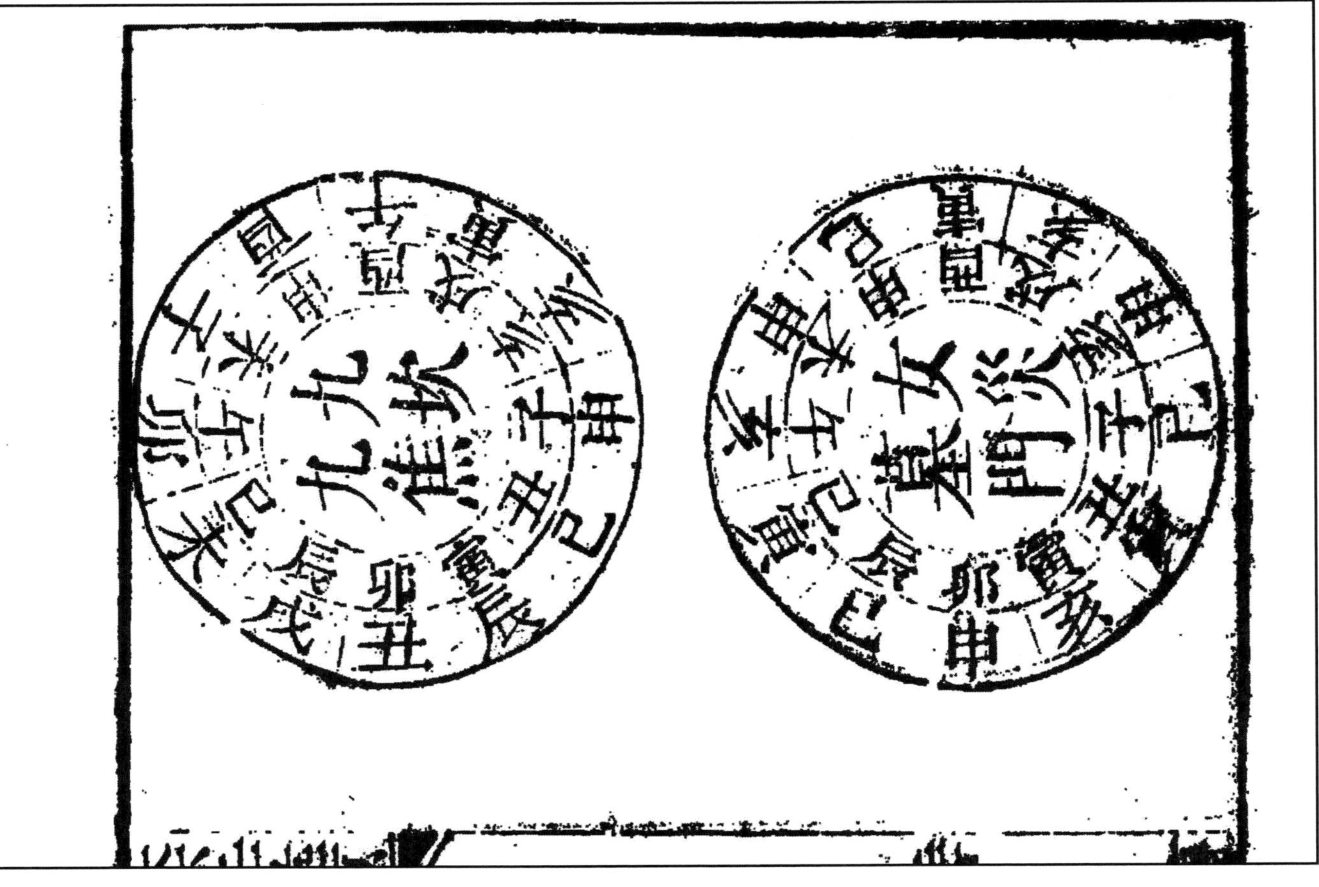

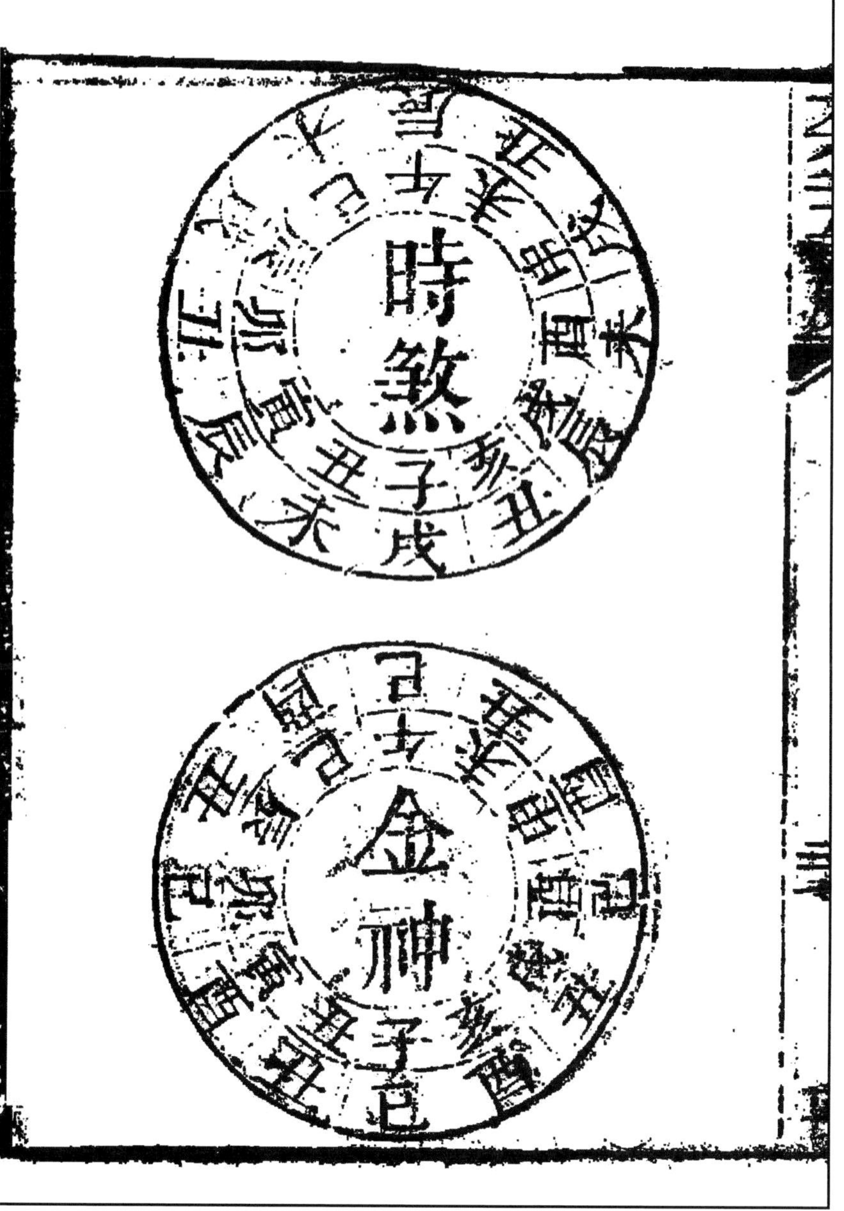
時煞
金神

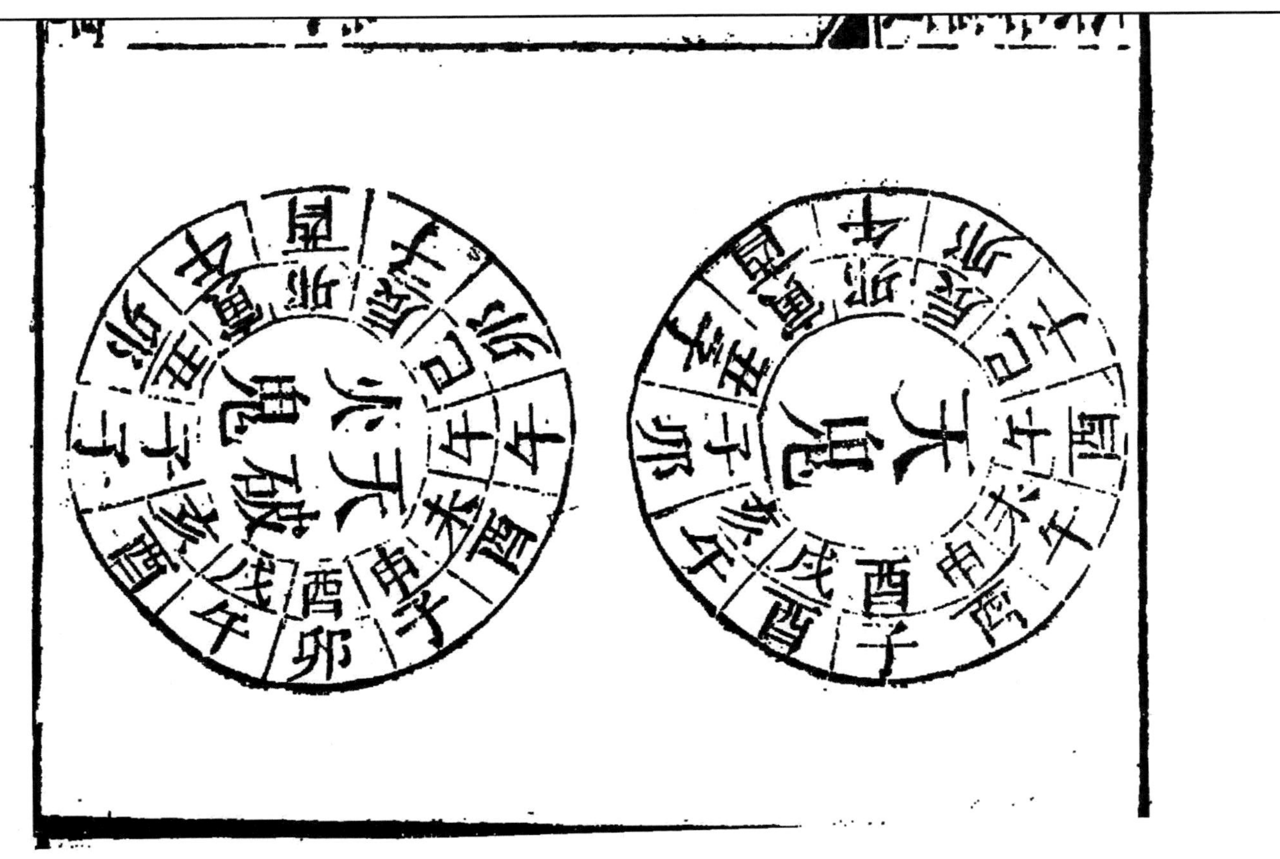
天鬼

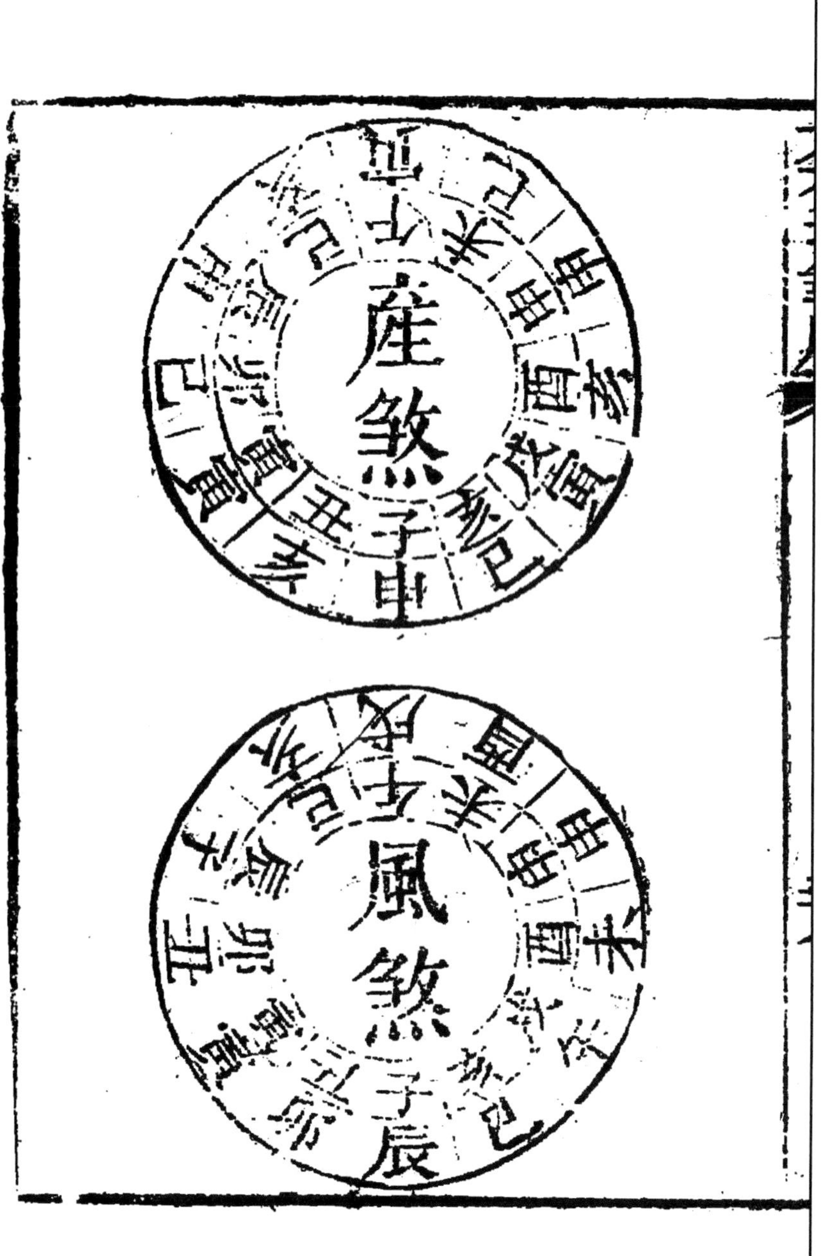
產煞
風煞

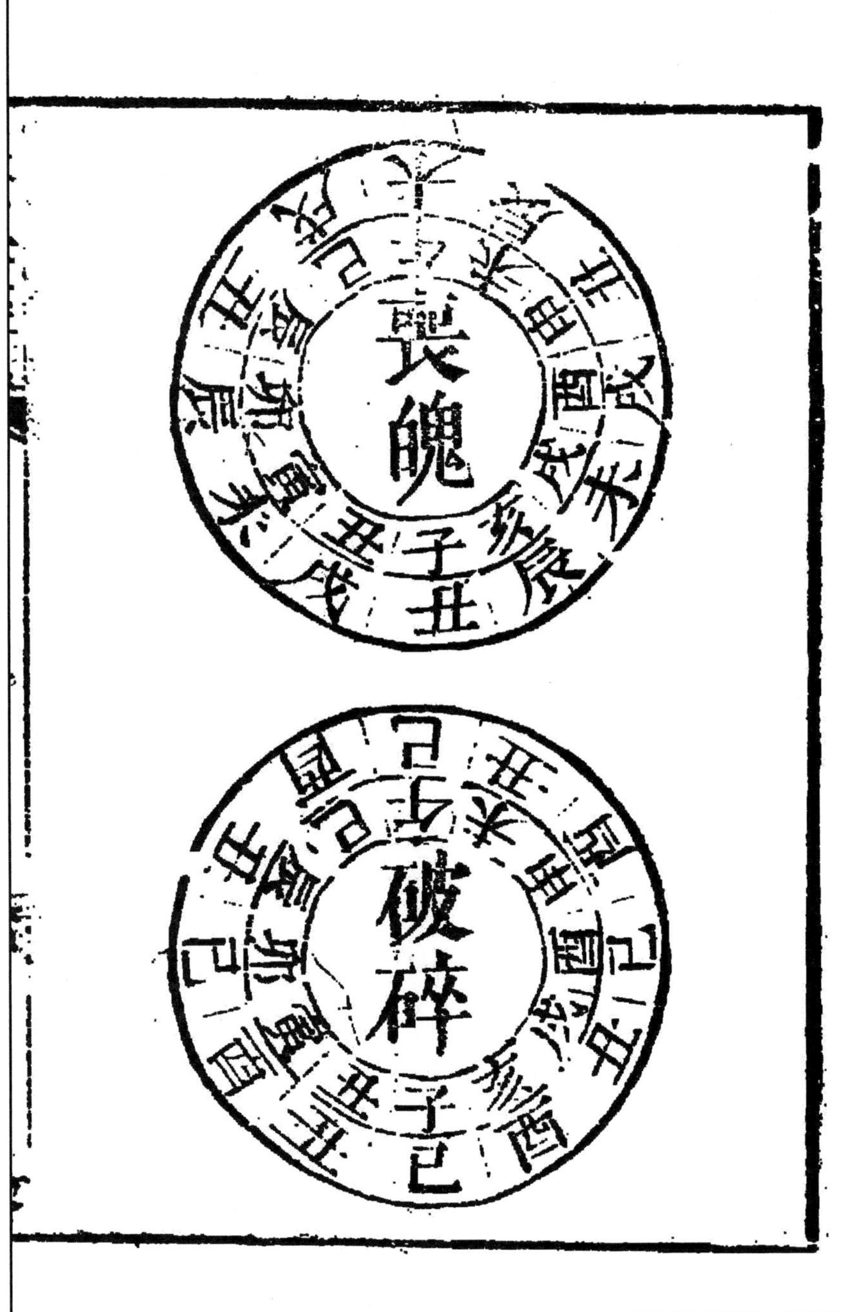
喪魄
破碎

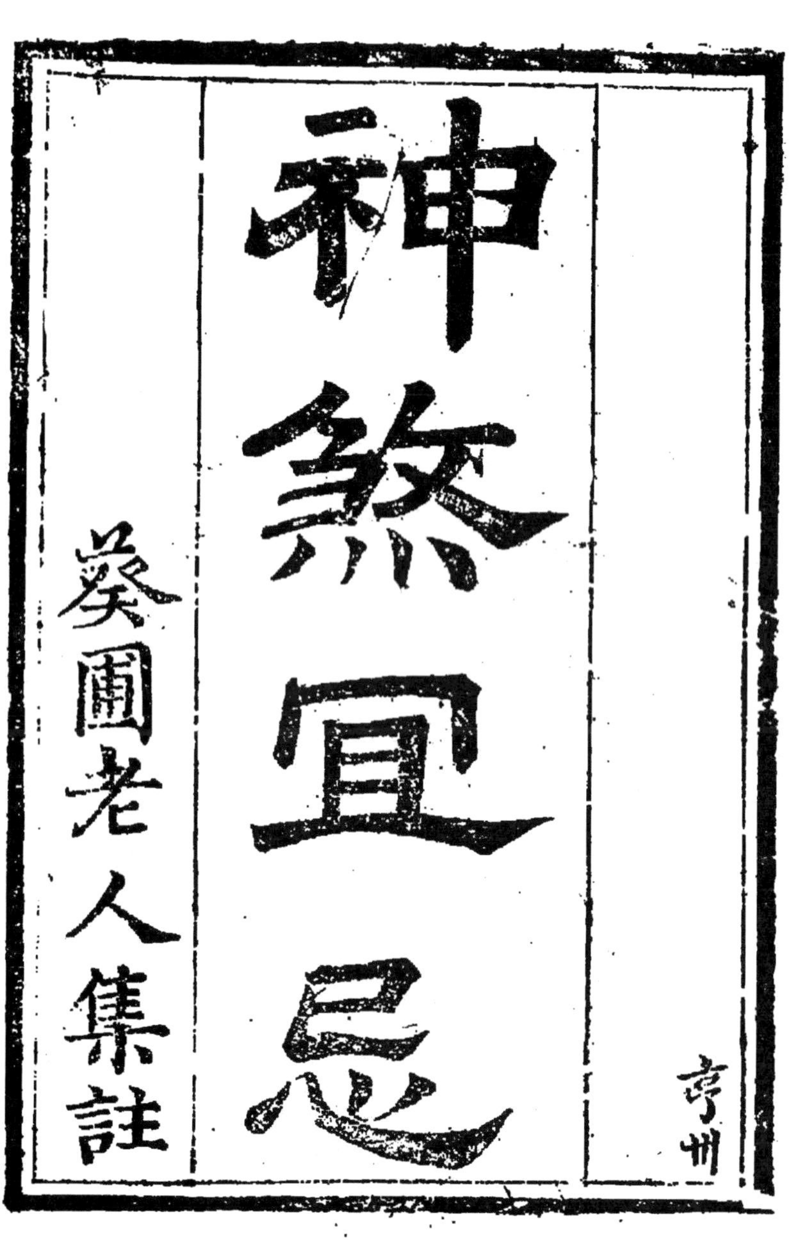
神煞宜忌
癸園老人集註
亭州

歲德　主集福除殃常臨剛位外事宜之

歲德合　吉同歲德常臨柔位內事宜之

歲祿　歲之福官方為歲祿諸事吉

太歲　主朝廷事所臨之方忌遷脩出師營造刑禁

喪門　主死喪哭泣盜賊遺亡占病凶

太陰

官符　主有官府詞訟

畜官　主養育孳畜犯之主損六畜

枝德

死符主有死亡不利營墓塚穿鑿

小耗不利興販經營主破耗財物

歲破主破耗財物及家長災

大耗主盜賊驚恐破財損物

朱雀主文書口舌官訟功名

白虎主有喪服內災血光驚恐

龍德

福德

弔客主疾病哀泣孝服見主骨肉災中未見主死喪

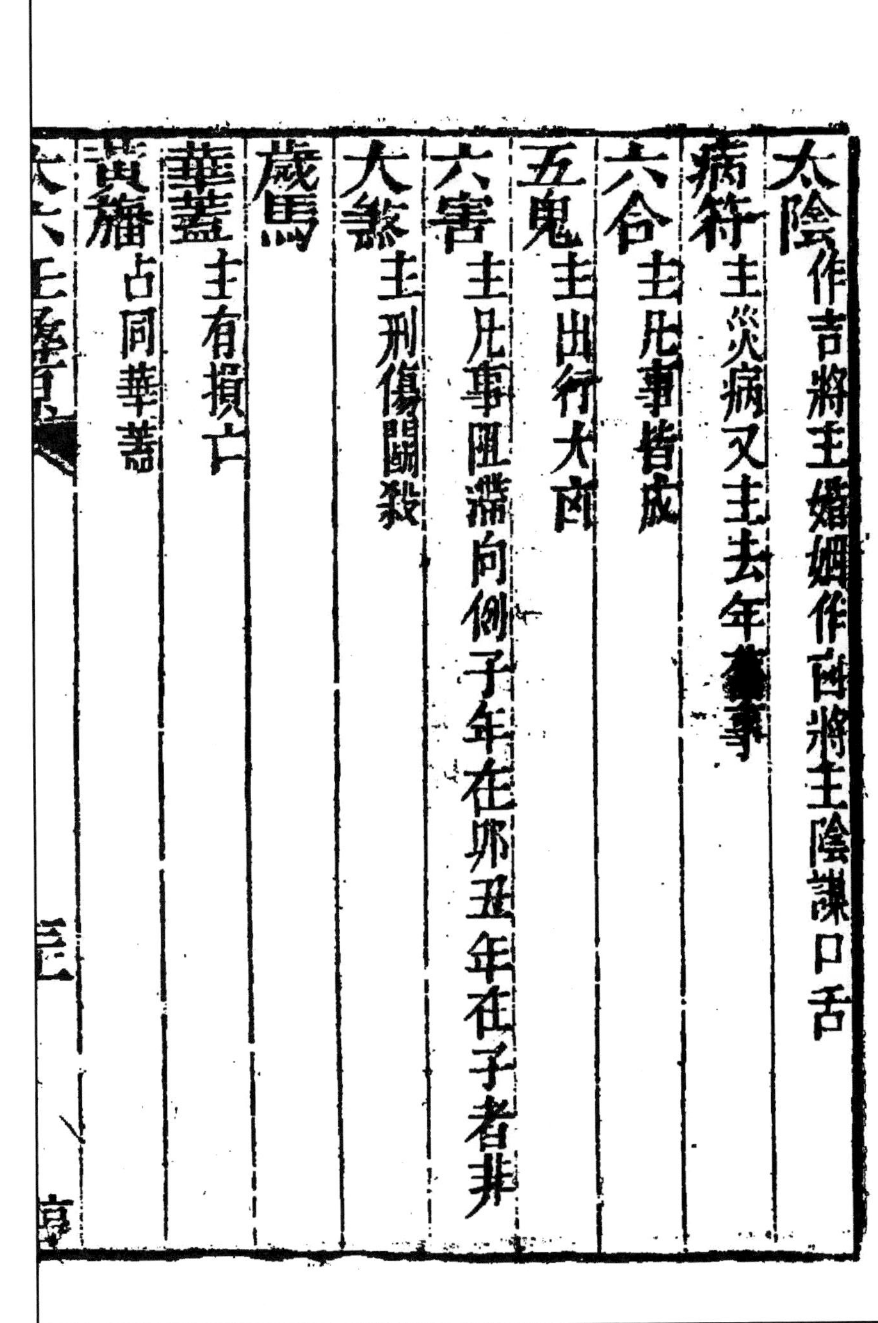

太陰作吉將主婚姻作凶將主陰謀口舌

病符主災病又主去年舊事

六合主凡事皆成

五鬼主出行大凶

六害主凡事阻滯向例子年在卯丑年在子者非

大煞主刑傷鬬殺

歲馬

華蓋主有損亡

黃旛占同華蓋

刼煞主有刼盜傷殺破財損口

災煞主災病疾厄横禍諸凶

歲煞主傷丁訟病諸凶三煞凶速諸占皆忌

天煞諸事皆忌

地煞占墳墓起造忌之諸事皆不吉

桃花主男女淫亂諸事亦忌

劫煞主破財物損小口

歲刑主官非刑責忌動土興丁諸宜避之

太歲諸事不可犯

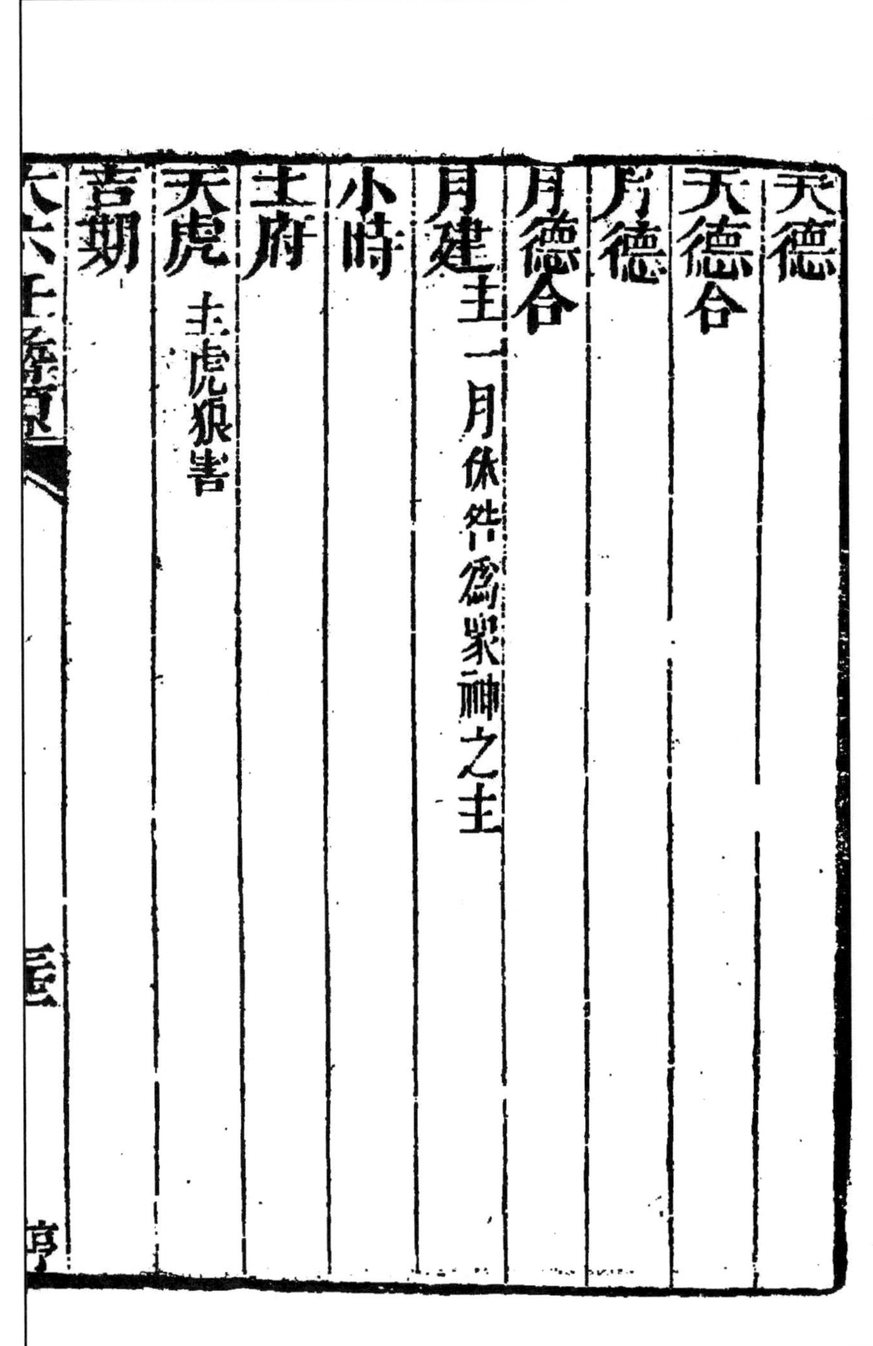

天德

天德合

月德

月德合

月建　主一月休咎衆神之主

小時

主府

天虎　主虎狼害

吉期

兵寶

遊繳　忌出行入傳見年命上主行動

雌虎　主虎狼災

瘟煞　主得瘟病

天巫　宜禱神祈福禳災

福德　宜作福祈禱諸事皆吉

孝杖　見子孫傳內者主有喪

死神

電煞　見課傳得烝者主有閃臨天門者更准

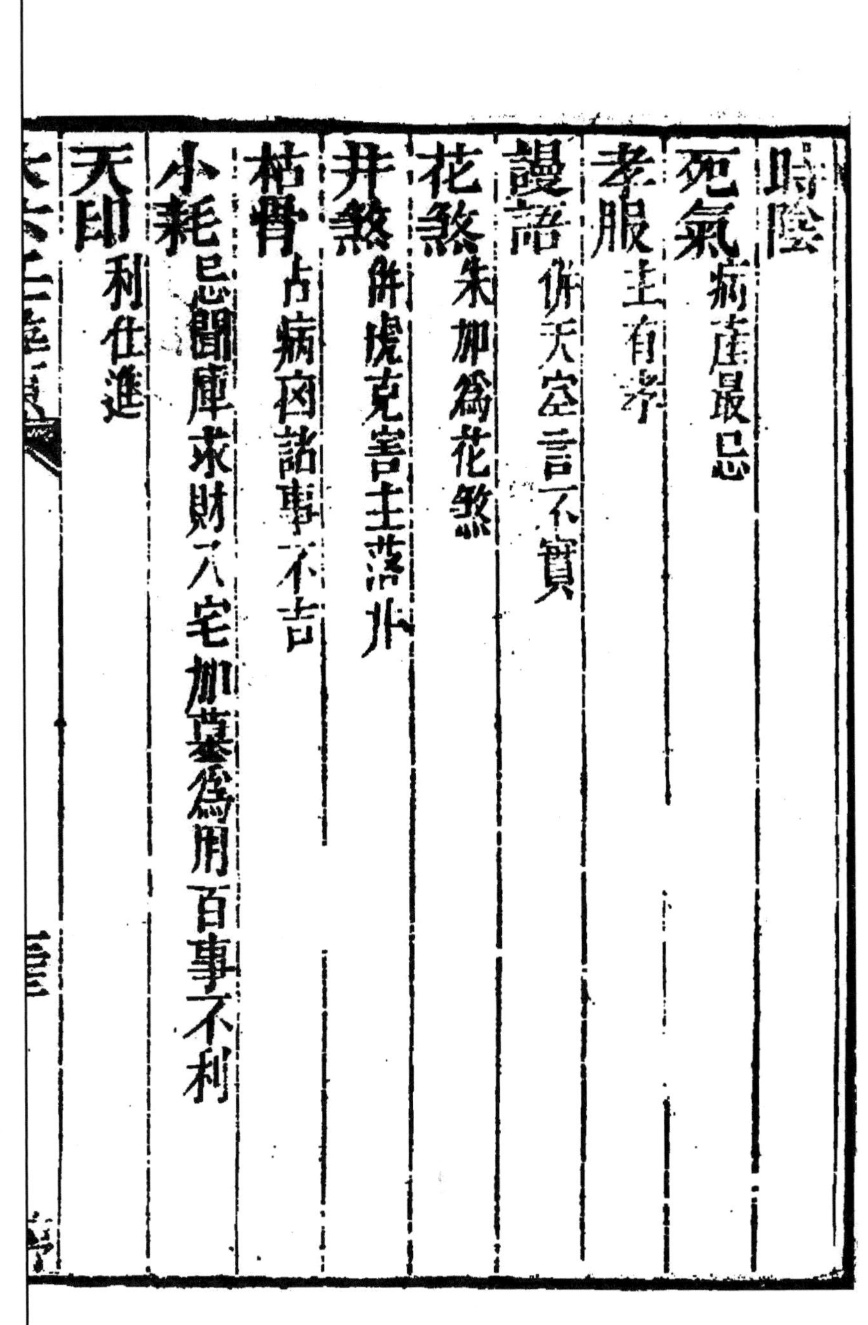

時陰
死氣 病產最忌
孝服 主有孝
謾語 係天空言不實
花煞 朱加爲花煞
井煞 係虎克害主落水
枯骨 占病因諸事不吉
小耗 忌鬪庫求財入宅加墓爲用百事不利
天印 利仕進

天羊　占羊

福神主吉

月破主破壞離散憂喜皆不成產易生婚娶忌

大耗主破耗財物

兵殺主兵事有凶

書信　併雀有信臨門併貴有喜音

天機主口舌是非

飛廉主吉凶皆速及不測事占行人立至

天書主官遷則喜

天喜 主喜慶恩澤官遷財喜

天醫

願神 主有願未還

地醫 占病見之主醫有效

飛魂 年命日辰或發用主魂蕩祟侵夜多凶夢

天詔 併二馬主受恩施

病煞 占病同墓虎者大凶

兒煞 主小兒災

哭忌 主有哭泣

時陽

生氣 主解凶增吉乗天后六合主孕乗龍主財婚

雨殺 加旺有雨

血支 主血光産孕病者忌針灸

天坑 忌出行主損蹄輪

天午 加六丁午怪病

月合 主有吉慶

天鼠 主鼠耗

天賊 主舉動招盜向涸 正月起辰行酉寅未子巳戌 卯申午亥者[illegible]

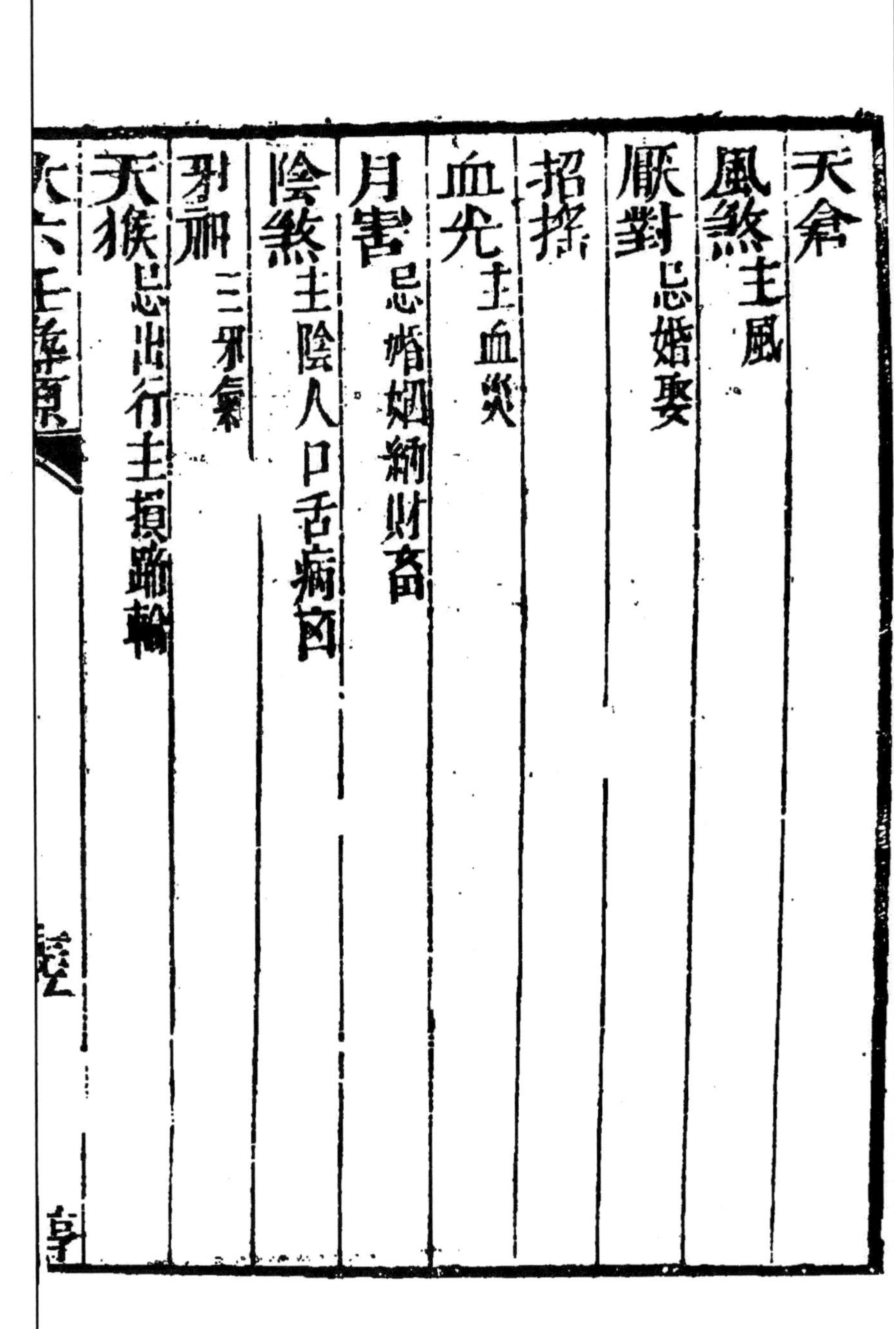

天倉

風煞　主風

厭對　忌婚娶

招搖

血光　主血災

月害　忌婚姻納財畜

陰煞　主陰人口舌病凶

刼刑　三邪氣

天猴　忌出行主損蹄輪

風伯主風

天解主化凶為吉

天雞主信息行人至

天狗孕產占之凶

月厭忌嫁娶百事不成加元盜賊加蛇怪夢加虎克日病死加朱勾憂驚作事忌向此方

地火

成神旺相生合百事皆吉

獄神占訟忌

奸門主奸淫

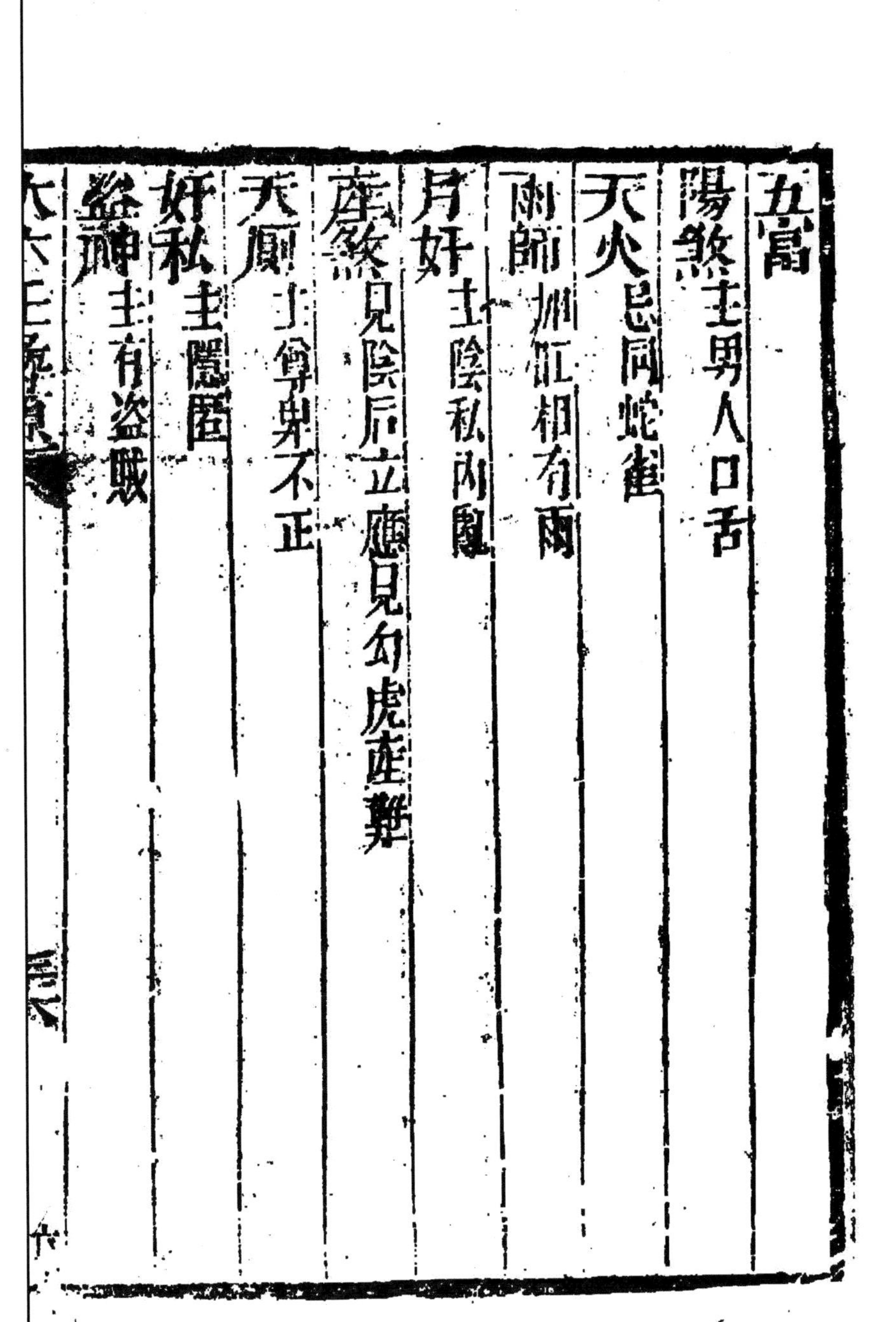

五富
陽煞主男人口舌
天火忌同蛇雀
雨師卅缸相有雨
月奸主陰私內亂
產煞見陰后立應見勾虎產難
天厲主尊卑不正
奸私主隱匿
盜神主有盜賊

上喪 主尊長喪服

驛馬 吉凶決於天 稱吉中末遇絕 驛馬臨初傳遇生旺主行人至久

天鬼 臨年命日辰發用為禍殃主兵亡產死病患

天吏 主有陰殘失財官非事

致死

長繩 兒鬼主縊死

黃幡 主覆門分人皆臨

火怪 主火燭怪異光影同

天獄 并朱勾主囚繫

墓門主墳動

天網宜捕獵餘事皆不利

女災主女人災厄

雷煞占同雷公

刼煞主有刼盜病內災連諸占不利士人應舉者吉

災煞主飛災囚速諸占不利

天火主火災何例正月起子順行四仲今較正逆行

披麻煞主孝服內喪

小修煞主小口災

天煞主禍來商速

迷惑煞主痴迷失誤

月煞忌移造病患

月虛

天盜主盜

咸池占同桃花煞主淫亂日吾

縣索見鬼有縊死鬼為禍占賊必自巳而下

大敗

大時忌出行

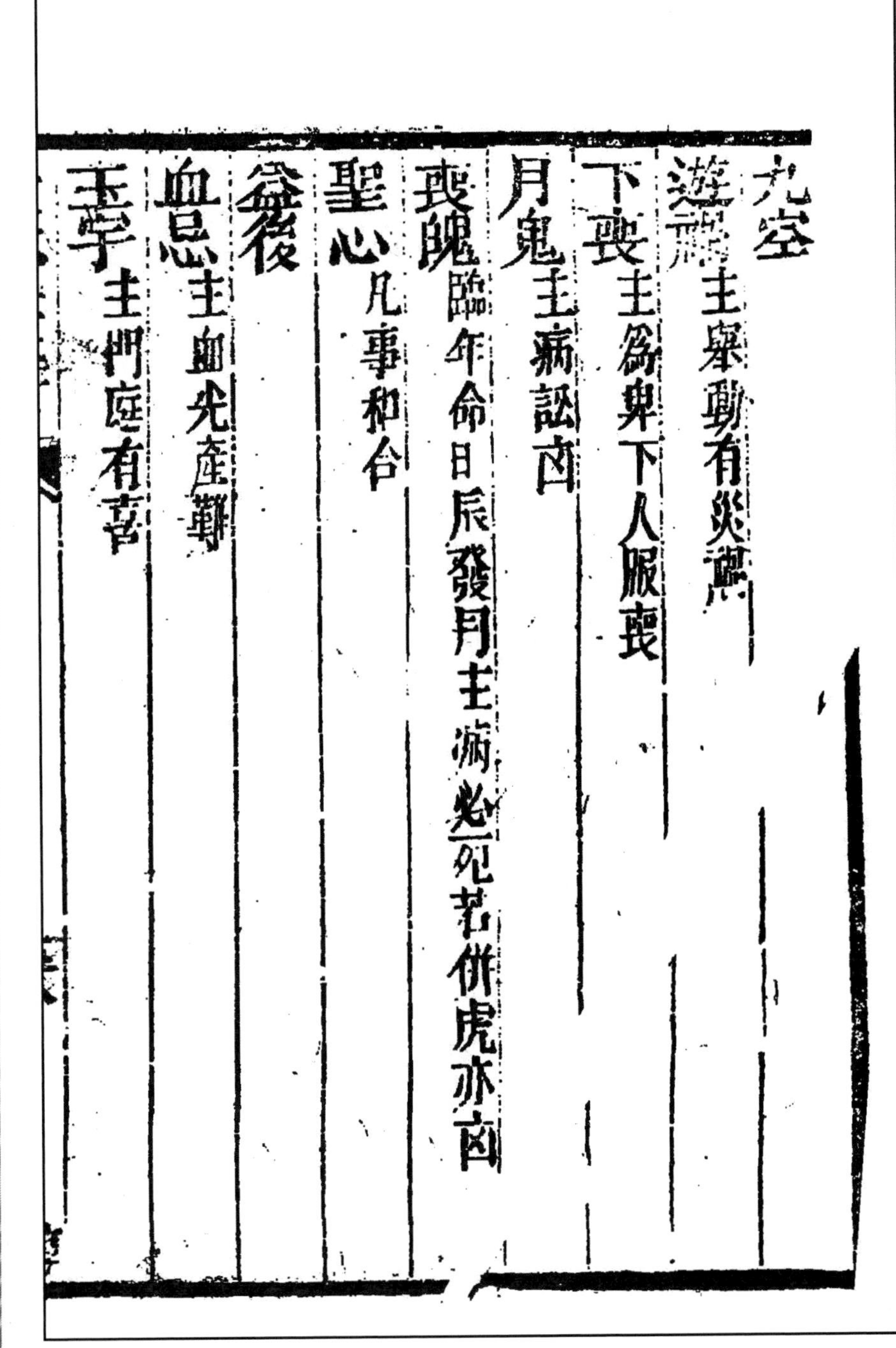

九空

遊禍 主舉動有災禍

下喪 主爲卑下人服喪

月鬼 主病訟凶

喪魄 臨年命日辰發用主病必死若併虎亦凶

聖心 凡事和合

益後

血忌 主血光產難

天喜 主門庭有喜

金堂　合日德主有貴喜

曾護

強生

受死　一切大凶

往亡　百事不利出行更忌向行午卯子酉者並

九坎　九焦同

大煞　主刑傷鬥殺向例正月午逆行四仲今改正

土符

月刑　諸占不利主有刑傷

天馬主朝廷印信加大煞尤速見傳送白虎必動兇
日主失物

陽德

天乙

元武

勾陳

青龍

朱雀

天財

陰德

三卯占病人墳墓內

信神

食辰

歸忌 主家神爲禍出行忌歸家

破碎 主財物損傷占墳井竈主凶

金神

解神 亦主解釋囚災

地解 主消災散解

兵禁

關神　動主災滯

管神　主訟遭禁鎖

寡宿　主信虛憂喜無成失亡婚姻忌

皇書　主拜命功名詞訟利

雄書　主職勝即職雄也

賊神　主有陰殘失財

奸盜　主奸私賊盜

轉煞　旺運天干爲天轉春乙卯夏丙午秋辛酉冬壬
子旺運納音爲地轉春辛卯夏戊午秋癸酉冬
丙子百事凶出行人忌惟利北朝

絲麻煞主縊殺

天目主鬼祟宜捕盜拿人

浴盆煞溺死主病凶產吉地盤乘亥子天盤乘辰主小兒

喝散主訟解散凡事見之亦能消凶

孤辰占婚姻者最忌

綸神主囚人釋放

火鬼乘蛇雀克支主火厄

哭神作虎有哭聲亥子上見為哭神下淚大凶

地獄併朱勾主囚繫

墓神主墳崩病凶

穢氣主病者大凶

踐雌主作事多敗

毀章魁日主病死

四慶主百事無成

天喜主喜慶恩澤官遷財喜

天耳主信息察探追補

返魂主病復生

奸神併合后主淫

飛禍百事皆忌

時德利上官陞遷求謁即天德也

天車忌出行

時盜

戲神占同遊神

遊神主行人加孟未來加仲在途加季即至

憂神主有憂事加季及旺相爲實加孟及休囚爲虛

天赦主解災諸凶皆觧

墓神

三奇 或發用或入傳者主逢凶化吉

六儀 旬首名六儀又名旬儀或發用或入傳亦主逢凶化吉惟克行年者凶

[illegible] 旬乙為盜神主盜賊

丁神 旬丁須視六親如壬癸日見丁爲主子動有財餘倣此

旬空 十干不到之地主失脫凡凶將宜空吉將忌空

日官 主功名喜

日祿 主食祿事

長生 主諸事吉

壬奇 主消凶增吉

日解 主解凶

日醫 占病見之主醫有效

福星 求望吉

文星 供龍加子大貴

進神 凡事宜進不宜退

退神 凡事宜退不宜進

日鬼 晝見鬼主公訟是非，夜見主神祇妖祟，受制陷空者無害，鬼空無制則大凶

日暴 主暗昧不逦，逢冲則吉，逢合則凶，若年命上遇能冲制亦可救

日刑 主人情不美

日冲主反覆不寧

飛符百事勿舉出行忌走避不可向如日德入傳㓙中生吉若併未勾㓙尤甚

羊刃主静占動㓙爻主血光

飛刃主血光㓙事

遊都主逢盜賊加犬煞來速占賊來路視之出行忌

魯都占賊去路視之出行亦忌

日賊主損耗

日盜主遺亡

日奸主奸私

日淫主淫泆

支德主解凶增吉

六合主和合事

三合臨日入傳和合成就惟占病訟者不宜

支儀主解凶增吉

支破主事多中敗不順占凶事主散占吉事不成

六害主暗相傷尅

三刑主見刑尅

支冲子午道路奔馳卯酉門户改易寅申人鬼傷殘巳亥反覆無實丑未兄弟相持辰戌奴婢離貫

冲日身動冲辰宅移

交亥主暗相傷尅

交墓主暗昧不通

死神占病凶

華蓋占事昏晦

晴朗主晴

悉依毛氏定本

課傳捜覽

葵圃老人校

亨四五

貴人主事

嗔怒神 游行暗水 遊途 官府俱不利 主字損損崩

視殿神 詞訟 列席 白衣受祿勝 人有慶喜十 戌午

上殿神 明堂 許訟 公廷 乘車 下支不吉有祿 奇保奏大吉爻 婚姻大利

治獄神 趨朝 到堂 受賀 官事有解

追喚神 入獄 訟有刑罰病 者憂虎吉

嗔怒舉 登車 神鷹 官有刑病 憂或入物

遷移官爵神 安兒較籍 有官未祿權 或有喜事

襲爵神 入廟 諸事美

玉功神 到房 升堂

功 進用 失印 貴人失印文字 掩動慶人損財

非所神 入宅 更移 家有暗事外有 勾連十歲午

游行 逵明神 注洪 能解救禍祟

沐浴 走失 奉德神 生事入傳必 凡事吉吉午 歲午

探多登天

亨

螣蛇主事

上計神

喞劍財氣纏

主不測之災　防猝死

夜素神

驚怪入林　恐遇夢

孕占病有鬼怪　家不寧　有求鬼作祟

乘霧追隨　怪夢

怪寢神

忌占訟

光怪神

飛天到房　怪異身凶

克支主產難　小兒夜啼

伏神

纏（蛇）到堂　古暗馬

露牙指牆　鹿

百事皆滯

血神

血光入墓

暗帳（人）

主破損傷

傘事

洩神

堕水虛驚

陰小有病

事不利

盜賊神

掩目沥水害

去怪異災害之事

伏鬧神

伏蛇尾　入陸游行

住宅恐有人之小利

杖神

捧象龜進化　憂疑自蠟

占訟財散占病不利

狂神

頭驚怪當門　孕生育梁損

凡事不利　有怪見

占病命益有　占財不如敵

朱雀主事

尸氣神
勵齒音聲
凝斯
主喪禍

嘉會神
飛星啄食
文字吉兇
主文獄牢

前踊神
羽出到房
屋角嘲符
主見怪異訟
事凶

金鳴神
翺翔盜囊
主怪異鬼祟
或有聞占官
有災

暗啞神
鵂鶹夜鳴
主有人物疾
如舞防不測

喧競神
無毛入網
哭泣
小人謟娼尊
撒詐百弊利

耿喞神
沐浴入水
沉尼
陰人口舌上下不
順去往退疑

失印神
投江損翼
主吉凶吳脫
百事不利

帶德神
掩目
主婆在官內
婚姻和合

通利神
交客嘲符
客泉游行
主文書占財遂
小兒疾牟

勿留神
欲翼投羅
口舌
主交字不明

媒妁神
坐林
婚姻生易
皆吉

六合主事

催生神　貴訐　拔髮　哽噎
宴樂神　隻書　朝會　游行　衣服　宴会和合
關報神　升堂合親　百事吉利
孝服神　毀罵　不語　韓書　病者凶

神　私竄　跣足　書亡羞　主婢逃竄　凡事先憂
復神　晴昧　逃亡　登途　主訴詐又姦逃
掩翳神　乘軺　升堂　待命　其支有咎
伽藍神　執笏　反目　癡聾　福
命神　受卧疾　凡事順行則吉利
家鳴神　持巾　凡事喧亂
和合神　到房　入室　扶持　訟有

勾陳主事

火理神：熱燥 升堂 升廷 占官 必 損身

天印神：訟入獄 畢吉 在獄 畢次

會遇神：辨明反目 主慶會禮義之事

血腥神：主陰有氣 捧印 麻癆 產病 血不祥

爭鬭神：佩劍 升堂 翻戶 主隱匿 兩

口嘴神：囚繫 嘲卹刀 詞 主爭競 日急

亂絲神：爭鬭 衣 冤 主家 克妻 最遠

守獄神：沉機 反目 遊行 主事 訟 不吉

舉訟神：受鉞 爭官 主吉 尤緊

開關神：連囚 失時 受制 百事 克妨

獄子神：小憎 到房 升廟 捕劍 家訟 主哭 若苦

關鎖神：入獄 血忌 枷棒 門災 百事不利

星

亭

青龍主事

蹶眺神　逆鱗　攫角陽
凡事先憂後喜　喜有驚恐
有解無命
送喜神　無鱗入墓　陸地
萬事皆看喜　百事相逢
騰舉神　遊行焚身
主冬吉喜慶
亥項神　升騰飛天　退伏
有重重之喜　占財必得
岸神　伏陸　青龍　食非　折足
語神　謾　繼雨登魁　損奴陷墓　主婚事不和
靜吉
到神　產生喜入水　占孕生子別　事凶
受擾神　戲水遊海　主婦人合吉
事
帶關神　蟠泥掩目　婢損　占官加職
喜神　引閉日　蟠泥　凡事吉　添田宅
射神　迎弄水　添人動喜　主婚姻事
憂神　雷奔聲　登魁　到房　主益　凡事見憂重重　財主減半

天空主事

汚後神　鼓舌　主家宅不寧　大小疾病

斷腸神　超進文書　井怪 憂疾　萬事不成

回絕神　伦　游行 識字　占捉盜 望夏　遠信

喜慶神　憂疑 捨古　愛辱 血災　占婚吉 占病　主腹痛

四殺神　出戶、　一切不利

欺詐神　巧說 犯上　到房居室　直事在虛

怒嚇神　凶惡　凡事有犯不順

假借神　逃亡　受制　出入不利占　謁貴 求財

啾唧神　儒冠早災　誣訟　占事不吉　詮卒

到退神　溺水　百事有憂占　病災退

捧印神　升堂　入變　侍側　仕子超擢　人亦發跡　被制

就臺神　垂戾　升堂 犯年　百事均可訪　謁不順

白虎主事

血光神：焚身　大凶　占孕吉常　占不利

信朕神：燒身　斷室　胎孕　孝服　埋葬不利常占多憂占病

爭戰神：登山　音至　口舌　不宜出入不占不利

行病神：到房　凡占百事不順見之凶

懸尸神：夜行　唯人　災病　遊行　如見占不利　蛤蟆病

五墓神：病符　伏尸　更改　主家宅興頑　不寧

伏連神：遊行　出林　架折　主家有虛氣　之八

淫亂神：聽野　墳墓　直視　口舌　仕人凶不順　農人飲食館

自傷神：升堂　渡江　斷路　凡事多疑有傷

病災神：眠睡　病寒　占病最忌

錯神：陰動　變　喋　圖進不利

空神：當路　落穽　大驚　鬬毆　虛聞目驚　道災

太常主事

旌露神 軒冕神 文信神 奏事神

遊音 首飾 捧爵 和 主交人有孕 為遠信至

竊戶 到房 在官除權 庶人得財

齊印 乘軺 占釜遷遂 信大吉

捧印 飲食 仕人得遷擢 常人發財

會神 薦 酒食 立券 占謙望求財 謁大吉

僕 馬神 主失僕馬占 病主散

受命 入獄 遣命

形神 二 佩印 荷項 主男女婚姻 百事虛耗

醴神 酒 暗 期 遊行 遺冠 失火及禮物 衰意

持 印神 升堂 聘召 日事皆利合 官有祿

隔 裁神 持印 荷項 百事阻

晏 樂神 列席 設席 飲食 受爵 百事順

賞 賜神 失時 側目 主鼓東爻 動

元武主事

破鏡神
持刀遊行
主驚憂不測

毒業神
朝天入城隍失
主事精細防不測

破頂神
提路失劍
耗索碍道
主事主散

隔礙神
跣足反顧勾迴
虛名廉利

偽詐神
持戈
主誑詞諂媚

凶神
盜傷五戰
私事凶危

氣女從火
事遭囚
主嚙倉災官
詈口舌是非凶

破暗神
頂冠伏莊
損失
凡事出病遲
明

盜賊神
盜過海
加陷到遂逢盜
散髮
主失財支
先的

無成神
立雲升堂
主路途不就

出暗神
披髮入林
凡事皆循求公
解病愈

枷棒神
入獄
升堂
失路
訟作遭別
憂吉凶甚

窺戶神
損失退財
凡事不利

太陰主事

隱遠神　主執政、法服、隱匿、陰私、令否、藏、明之

酒饌神　主婚聘、持上、和合、婚姻、喜慶、臨門事

蹉跎神　主口舌、披髮、身、撓亂、抛巾、心緒不寧、耗散

恍惚神　主爭訟、遊行、伏枕、之事、主繁、散擾

暗昧神　主理冠、遭逓、僕病、直事、藏伏、勾連、暗昧

風波神　陰私、行隱匿、私沐浴、主行不利、兼舟遠

馬蹶神　主跌足、家有不明事

逃避神　主奴、婢、逃亡、垂簾、遯避

障蔽神　主守局、顛心、有孕、鬼神、心不了

鎚鋑神　主入宫、陰私、閉户、到房、老陰、奴僕、陰人、損失、占病

漂流神　主殺、衆、災、破敗、陰人、賠損、百事吉

神　主盲、裸體、逃亡、姙娠、事、難明

天后主事

催生神 理妝脩容 占孕吉 養產

闘印神 婚娉遊行 沐浴 占婚吉 遊道

往抱神 姻期 伏枕 臥疾 百事不利

産到神 裸體 隱匿 淫亂 淫 占孕不利 怪夢不常

遊神 蹇 把鏡 倚戶 孕婚 家有私亂淫泆 相謀私奸之事

虎神 孕 雜 逃遁 淫 占病 百事 凶 占產者速生

胎神 墮 毀妝 占孕不育 女人血光

照神 不升堂 遊娘 倚門 淫泆 事 婚 血光 破敗

翳神 厭 遁 爭 到房 虛詐 占逃者 遲 滯

暗昧神 口舌 盜賊 守困 暗疾 百事暗昧 支 口舌

受恩神 出局 偷 說 僧道 偷 姦 君子 吉 小人 有害

結果神 私合 結髮 占婚 吉 事 喜 美

寅巳申
寅甲
寅寅
子子
子子
丑甲
子亥戌
子丑
亥子
戌亥
子甲
戌子
戌子
甲戌
戌申午
亥甲
申亥
酉子
午酉
午卯子

辰巳午
卯甲
辰卯
丑子
寅丑
辰午申
辰甲
午辰
寅子
辰寅
申亥寅

甲干　天乙丑未多丑
貴符巳官酉　刑申　鬼申
墓未　⊢合未奇午　冲甲
兼與戌進子午退丑未
子亥
六合丑　三合申辰文儀午納音金
鬼辰戌　華蓋辰
辰申子
子巳戌

戌午寅
戌甲
午戌
申子
辰申
寅酉辰
酉甲
辰酉
未子
寅未
寅申寅

巳甲
申巳
卯子
午卯
午甲
戌午
辰子
申辰
未甲
子未
巳子
戌巳
甲甲
寅申
午干
子午

大六壬尋原　甲子日　三　亨

酉丑巳
申乙 子申 巳丑 酉巳

未戌丑
未乙 戌未 辰丑 未辰

甲
戌子
午乙 申午 卯丑 巳卯

寅卯辰
巳乙 午巳 寅丑 卯寅

寅未子
酉乙 寅酉 午丑 亥午

乙午 貴臣申子
直符辰 合申 刃辰 墓戌
官申 刑酉 鬼酉 冲未
破辰 進子午 退丑未 奇巳
丑支 墓辰 三合巳酉 亥孛
鬼門
支儀丑 納音金 華蓋丑

辰丑戌
辰乙 辰辰 丑丑 丑丑

戌辰戌
戌乙 辰戌 未丑 丑未

子亥戌
卯乙 寅卯 子丑 亥子

卯戌巳
亥乙 午亥 申丑 卯申

巳丑酉
子乙 申子 酉丑 巳酉

丑戌未
丑乙 戌丑 戌丑 未戌

亥酉未
寅乙 子寅 亥丑 酉亥

丙寅日

申亥寅
申丙 亥申 巳寅 申巳

辰午申
未丙 酉未 辰寅 午辰

辰巳午
午丙 未午 卯寅 辰卯

巳申寅
巳丙 巳巳 寅寅 寅寅

酉丑巳
酉丙 丑酉 午寅 戌午

丙午 貴宜酉亥
官亥 鬼子 墓戌
合戌 刑申 奇辰
祿驛申 進子午 退丑未
寅支
鬼申 墓未 六合亥
儀辰 納音火 華蓋戌

子亥戌
辰丙 卯辰 丑寅 子丑

子巳戌
戌丙 卯戌 未寅 子未

直符卯 沖申

三奇戌

丑亥酉
卯丙 丑卯 子寅 戌子

寅申寅
亥丙 巳亥 申寅 寅[illegible]

子未寅
子[illegible] 未[illegible] 酉[illegible] 辰[illegible]

戌午寅
丑[illegible] 酉丑 戌寅 午戌

亥申巳
寅丙 亥寅 亥寅 申亥

大六壬

丁卯日

辰巳午

申丁 酉申 辰卯 巳辰

酉亥丑

酉丁 亥酉 巳卯 未巳

戌丁 丑戌 午卯 酉午

未亥卯

亥丁 卯亥 未卯 亥未

卯子午

未丁 未未 卯卯 卯卯

丁干 貴丑亥 名酉
合亥 官亥 奇卯 進神午
遁干 鬼子 墓丑 刑丑
沖丑 羊刃未 飛刃丑 絶神亥
支 支
六合巳 三合亥未 儀酉 鬼午
華蓋辰 納音火

巳戌卯

子丁 巳子 申卯 丑申

丑子亥

午丁 巳午 寅卯 丑寅

卯酉卯

丑丁 未丑 酉卯 卯酉

丑亥酉

巳丁 卯巳 丑卯 亥丑

子酉午

辰丁 丑辰 子卯 酉子

未卯亥

卯丁 亥卯 亥卯 未亥

戌巳子

寅丁 酉寅 戌卯 巳戌

一亥寅巳
申戌子
寅午午
巳申寅巳

申戌　亥申　未辰　戌未　未戌　酉未　午辰　甲午　午戌　未午　巳辰　午巳　巳戌　巳巳　辰辰　辰辰

子辰申
酉戌　丑酉　申辰　子申
寅未子
戌戌　卯戌　酉辰　寅酉
巳亥巳

午戌寅丘丑夕未
合丑　官卯　奇寅
退神丑未寅　墓戌　刑申　進神子午
羊刃午　飛刃子　魯都寅
辰支
六合酉　三合申子　儀寅　鬼寅
華蓋辰　納音木
子未寅
子申辰

卯寅丑
辰戌　卯辰　卯辰　寅卯
丑亥酉
卯戌　丑卯　寅辰　子寅
寅亥申

亥戌　巳亥　戌辰　辰戌　子戌　未子　亥辰　午亥　丑戌　酉丑　子辰　申子　寅戌　亥寅　丑辰　戌壬

巳巳日

申申午
巳申寅
卯寅丑
丑亥酉

申巳 酉申 午巳 未午 未巳 未未 巳巳 巳巳 午巳 巳午 辰巳 卯辰 巳巳 卯巳 卯巳 丑卯

亥丑卯
酉巳 亥酉 未巳
酉未
申亥寅
戌巳 丑戌 申巳
亥申
酉丑巳

旦午 貴旦子夜甲
合寅 寅官 奇丑
退神辰 戌鬼卯 墓丑
進神卯酉
害丑
冲丑 羊刃未 飛刃丑
德都未
巳支
六合申 三合酉丑 稼穡丑
鬼亥
華蓋丑 納音才

巳戌卯
巳亥巳

寅亥申
辰巳 丑辰 寅巳
亥寅
卯亥未
卯巳 亥卯 丑巳
酉丑
酉辰亥

亥巳 卯亥 酉巳 丑酉 子巳 巳子 戌巳 卯戌 丑巳 未丑 亥巳 巳亥 寅巳 酉寅 子巳 未子

申寅[illegible]
申庚 寅丙 午午 午午
未庚 午未 巳午 辰巳

午巳辰
午庚 辰午 辰午 寅辰

午辰寅
巳庚 寅巳 卯午 子卯

巳寅亥

戌未酉
酉庚 戌酉 未午 申未
申戌子
戌庚 子戌 申午 戌申
酉子卯
亥庚 寅亥 酉午 子酉

德午 貴日丑夜未
合辰 官午 奇未
退神辰戌 宅巳 墓丑 刑寅
進神卯酉
冲寅 羊刃酉 飛刃卯 魚都午
午支
六合未 三合寅戌 儀未 鬼子
華蓋戌 變星土

辰申子
子庚 辰子 戌午 寅戌

辰酉寅
丑庚 午丑 亥午 辰亥

戌午寅
辰庚 子辰 寅午 戌寅

戌巳子
卯庚 戌卯 丑午 申丑

寅寅寅
寅庚 申寅 子午 午子

亨

午辰寅
亥未未
卯亥未
酉辰亥

申辛　午申　巳未　卯巳　未辛　辰未　辰未　巳辰　巳辛　寅午　卯未　亥卯　巳辛　子巳　寅未　酉寅

巳辰卯　巳午
酉辛　申酉　午未
未丑戌　未未
戌辛　戌戌　未未
申亥申

辛干　貴旦宿夕午
合巳　官巳　奇申　進納卯酉
退神辰戊鬼午　墓辰　刑木
沖辰　羊刃戌　飛刃辰　合都申
未支
三合亥卯　六合午　儀申　鬼卯
華蓋未　納音土

寅辰午
亥丑丑

巳丑辰
辰辛　戌辰　往未　未丑
巳戊卯
卯辛　申卯　子未　巳子
亥卯未

亥辛　子亥　申未　酉申　子辛　寅丁　酉未　亥酉　丑辛　辰丑　戌未　丑戌　寅辛　午寅　亥未　卯亥

巳寅亥
申壬　巳申　巳申　寅巳

午辰寅
酉壬　未酉　午申　辰午

戌酉申
戌壬　酉戌　未申　午未

亥申寅
亥　亥亥　申申　申申

子申辰
未壬　卯未　辰申　子辰

壬寄亥　貴巳卯亥　巳
合未　官未丑　奇酉寅　進神卯酉
退神辰戌　鬼辰戌　墓辰　刑亥
沖巳　羊刃子　飛刃午　絕都亥
沖支
六合巳　三合辰　儀酉　鬼午
納音金

丑寅卯
子壬　丑子　酉申　戌酉

午丑申
午壬　丑午　卯申　戌卯

子寅辰
丑壬　卯丑　戌申　子戌

寅申寅
巳壬　亥巳　寅申　申寅

辰酉寅
辰壬　酉辰　丑申　午丑

未亥卯
卯壬　未卯　子申　辰子

巳申亥
寅壬　巳寅　亥申　寅亥

六壬… 癸酉日 三

卯戌巳
申癸 卯申 辰酉 亥辰

卯酉卯
未癸 丑未 卯酉 酉卯

亥子巳
午癸 亥午 寅酉 未寅

酉丑巳
巳癸 酉巳 丑酉 巳丑

巳酉丑
酉癸 巳酉 巳酉 丑巳

癸日 貴巳夕卯
合巳 官鬼戌 奇戌
退神辰戌 鬼墓丑 墓未 刑戌
沖未 羊刃丑 飛刃未 魯都寅
酉支
六合辰 三合巳 華蓋戌 鬼巳
華蓋丑 納音金

辰未戌
辰癸 未辰 子酉 卯子

午卯子
戌癸 未戌 午酉 卯午

進神卯酉

丑卯巳
卯癸 巳卯 亥酉 丑亥

未巳卯
亥癸 酉亥 未酉 巳未

未午巳
子癸 亥子 申酉 未申

丑戌未
丑癸 丑丑 酉酉 酉酉

亥子丑
寅癸 卯寅 戌酉 亥戌

申申　寅申　寅寅寅辰戌　戌辰　未甲　子未　子巳戌卯戌　申卯　午申　戌午　寅午戌寅戌　午寅　巳甲　申亥寅申巳　丑戌　辰丑

子未寅　中手　合未　退神君　旦冲申　戌支　六合卯　藥義戊　辰午申

酉申　辰酉　巳戌　子巳　貴具未合丑　官酉　日鬼申　飛刃巳　三交寅　綸音火　辰甲　午辰　子戌　寅子

戊午寅　奇午　旦羣未　美卯　儀亥　辰巳午

戊甲　午戌　午戌　寅午　進神卒　日刑巳　曾孫未　鬼寅　卯甲　辰卯　亥戌　子亥

甲巳寅　午辰寅　子亥戌　寅巳申

亥甲　申亥　未戌　辰未　子甲　戌子　申戌　午申　丑甲　子丑　酉亥　申酉　寅甲　寅寅　戌戌　戌戌

未亥卯 申乙 子申 卯亥 未卯
未戌丑 未乙 戌未 寅亥 巳寅
申戌子 午乙 申午 丑亥 卯丑
丑寅卯 巳乙 午巳 子亥 丑子

寅未子 酉乙 寅酉 辰亥 酉辰

乙干 貴人日申 夜子
合申 官申 德巳 進神子午
退神丑未 鬼酉 墓戌 刑辰
冲戌 羊刃辰 羊刃戌 魯都午
亥支
六合寅 三合卯 太歲子 鬼丑未
華蓋未 納音火

辰亥巳 辰乙 辰辰 亥亥 亥亥

巳亥巳 戌乙 辰戌 巳亥 亥巳
未亥卯
丑戌未
戌酉申 卯乙 寅卯 戌亥 酉戌

午丑巳 亥乙 午亥 丑午 子乙
甲子 未亥 卯未 丑亥
戌丑 申亥 巳申 寅乙
酉未巳 子寅 酉亥 未酉

申亥寅　辰午申　寅卯辰　巳申寅

申丙　亥申　卯子　午卯　未丙　酉未　寅子　辰寅　午丙　未午　丑子　寅丑　巳丙　巳巳　子子　子子

酉丑巳　辰子巳　戌卯　午子午

酉丙　丑酉　申辰　戌丙　巳子　戌巳

丙午　貞亘酉多亥　合戌　官子　奇辰　進子午　退丑未　鬼酉　墓戌　刑申　冲亥　羊午　飛子　魯都申　子支　六合丑　三奇山辰儀午　鬼辰戌　華蓋辰　納音水

子未寅　申辰子

戌酉山　卯辰丑亥酉　午卯子

辰丙　亥子　戌亥　卯丙　丑卯　戌子　申戌

亥丙　巳亥　午子　子午　子丙　未子　未子　寅未　丑丙　酉丑　申子　辰申　寅丙　亥寅　酉子　午酉

六壬尋原　丁丑日

申酉戌
申丁　酉申　寅丑　卯寅

丑戌未
未丁　未未　丑丑　丑丑

子亥戌
午丁　巳午　子丑　亥子

亥酉未
巳丁　卯巳　亥丑　酉亥

酉亥丑
酉丁　亥酉　卯丑　巳卯

午戌辰

丁干　貴亥酉
合亥　宮亥　奇卯　進神午
退神未　鬼子　墓丑　刑午
冲丑　勞未　飛丑　魯都巳
芝
六合子　丟含巳酉　儀巳　鬼卯
華蓋丑　納音水

子辰戌
辰丁　丑辰　戌丑　未戌

戌子　丑戌　辰丑　未辰

酉丑巳

巳戌卯

亥未丑

巳丑酉
卯丁　亥卯　酉丑　巳酉

卯戌巳

亥丁　卯亥　巳丑　酉巳
子子　巳子　午丑　亥午
丑丁　未丑　未丑　丑未
寅丁　酉寅　申丑　卯申

申戌　亥申　巳寅　申巳
申亥寅

未戌　酉未　辰寅　午辰
辰午申

午戌　未午　卯寅　辰卯
辰巳午

巳戊　巳巳　寅寅　寅寅
巳申寅

酉戌　丑酉　午寅　戌午
丑午酉

辰戌　卯辰　丑寅　子丑
子亥戌

戌干貴人丑未
金堂丑　宮卯　奇寅　進神子午
退神未　鬼寅　墓戌　刑申
咸池亥　生氣卯　飛刃子　德祿寅
寅支
六合亥　三合午戌　儀辰　鬼申
華蓋戌　納音土

戌戌　卯戌　未寅　子未
子巳戌

卯戌　丑卯　子寅　戌子
丑亥酉

亥戌　巳亥　申寅　寅申
寅申寅

子戌　未子　酉寅　辰酉
子未寅

丑戌　酉丑　戌寅　午戌
戌午寅

寅戌　亥寅　亥寅　申亥
寅亥申

辰巳午
申巳　酉申　辰卯　巳辰

卯子午
未巳　未未　卯卯　卯卯

丑子亥
午巳　巳午　寅卯　丑寅

卯亥酉
巳巳　卯巳　丑卯　亥丑

亥丑卯
酉巳　亥酉　巳卯　未巳

巳干　貴人子申
合寅　官寅　奇丑　進神子午
退神巳卯　墓丑　刑丑
冲丑　羊刃未　飛刃丑　德祿未
卯支
六合戌　三合亥未　儀卯　鬼酉
華蓋未　納音

子酉午
辰巳　丑辰　子卯　酉子

酉子卯
戌巳　丑戌　午卯　酉午

未卯亥
卯巳　亥卯　亥卯　未亥

未亥卯
亥巳　卯亥　未卯　亥未

巳戌卯
子巳　巳子　申卯　丑申

卯酉卯
丑巳　未丑　酉卯　卯酉

戌巳子
寅巳　酉寅　戌卯　巳戌

申庚　酉庚　戌庚　亥庚

[illegible]寅巳　申申　辰辰　午未申　戌酉　巳辰　申戌子　子戌　午辰　寅巳申　寅亥　未辰

辰辰　午巳　申午　戌未

未庚　庚午　貴丑　丑冬未　子庚

午未　食辰　寅午　奇未　進神　[illegible]　辰申子　辰子

卯辰　退神　辰戊　鬼巳　墓丑　刑寅　申辰

卯寅丑　寅卯　冲寅　羊刃酉　飛刃卯　德神午　子申

午庚　辰支　丑庚

午辰寅　辰午　六合酉　天乙貴申子　儀寅　鬼寅　午丑

寅辰　華蓋辰　[illegible]　寅未子　酉辰

子寅　寅酉

巳庚　辰庚　卯庚　寅庚

巳寅亥　寅巳　子申辰　子辰　午丑申　戌卯　寅申寅　申寅

丑辰　子辰　亥辰　戌辰

戌丑　申子　午亥　辰戌

大六壬金口？

辛巳日

申辛　酉辛　戌辛　亥子

丑亥酉　午卯　卯巳　卯寅丑　辰巳　申酉　巳申寅　巳巳　戌戌　午未申　午巳　子亥

丑卯　卯辰　巳巳　未午　未辛

未辛　子辛

辛手　貴亥寅午　合巳　官巳　奇申　進神巳酉　寅辰午　子巳　寅子

辰未　退神辰戌　鬼午　墓辰　刑未　未巳　酉未

寅亥申　寅巳　冲辰　羊刃戌　飛刃辰　會都申　丑辛

亥寅　巳支　六合申　三合酉丑　儀丑　丙鬼亥　辰丑

午辛　華蓋丑　納音　申亥寅　申巳

寅午　亥申

午寅戌　丑巳　寅辛

酉丑　午寅

巳辛　辰辛　卯辛

子巳　戌辰　申卯

未寅酉　子巳　巳亥巳　亥巳　卯申丑　戌巳酉丑巳　酉巳

未子　巳亥　卯戌　丑酉

壬午日

巳寅亥　申壬　巳申　卯午　子卯

戌午寅　未壬　卯未　寅午　戌寅

午丑申　午壬　丑午　丑午　申丑

午子午　巳壬　亥巳　子午　午子

寅子戌　酉壬　未酉　辰午　寅辰

壬午　貴丑卯巳　合未　官未丑　奇酉寅　進神卯酉

退神辰戌　鬼辰戌　墓辰　刑亥

冲巳　羊刃子　飛刃午　會都亥

午支　六合未　三合寅戌　儀未　鬼子

華蓋戌　納音

辰酉寅　辰壬　酉辰　亥午　辰亥

戌酉申　戌壬　酉戌　巳午　辰巳

未亥申　卯壬　未卯　戌午　寅戌

亥午子　亥壬　亥亥　午午　子午

丑寅卯　丑子　未午　申未　丑壬

申戌子　卯丑　申午　戌申　寅壬

酉子卯　巳寅　酉午　子酉

亭

癸未日

卯戌巳
申癸　卯申　寅未　酉寅

未丑未
未癸　丑未　丑未　未丑

巳戌卯
午癸　亥午　子未　巳子

酉丑巳
巳癸　酉巳　亥未　卯亥

癸子　合巳　退神辰戌　冲未　未支　六合午　華蓋未

貴且多巳卯　官辰戌　鬼丑未　羊刃丑　奇戌　華蓋未　飛刃未　三奇亥卯　儀申　絕首

進神卯酉　刑戌　德祿寅　鬼卯

巳丑酉
酉癸　巳酉　卯未　亥卯

戌未辰
戌癸　未戌　辰未　丑辰

辰未戌
辰癸　未辰　戌未　丑戌

未酉
卯癸　巳卯　酉未　亥酉

巳卯丑
亥癸　酉亥　巳未　卯巳

巳辰卯
子癸　亥子　午未　巳午

丑戌未
丑癸　丑丑　未未　未未

酉申寅申
寅癸　卯寅　申未　酉申

寅申寅
申申 寅申 寅申 申寅 未甲

子巳戌
子未 丑申 午丑

辰申子
午甲 戌午 子申 辰子

申亥寅
巳申 申巳 亥申 寅亥

戌巳子
酉申 辰酉 卯申 戌卯
戌午寅
戌甲 午戌 辰甲 子辰

辰午申
辰甲 午辰 戌申 子戌
辰巳午
卯甲 辰卯 酉申 戌酉

甲干 貴丑未 夕丑
合未 官酉 奇午
進神子 平午
退神丑 鬼申 墓未 刑巳
沖申 羊刃卯 飛刃酉 德都未
申支
六合巳 三合子辰 儀酉 鬼午
華蓋辰 納音

巳寅亥
亥甲 申亥 巳申 寅巳

午辰寅
子申 戌子 午申 辰午

子亥戌
丑甲 子丑 未申 午未

寅巳申
寅甲 寅寅 申申 申申

申乙　子申　丑酉　巳丑　未乙　戌未　子酉　卯子　午乙　申午　亥酉　丑亥　巳乙　午巳　戌酉　亥戌

申子辰　未子巳　未寅

未戌丑

申戌子

亥子丑　辰酉卯

酉乙　寅酉　寅酉　卯酉　卯酉　辰乙　辰辰　西西　酉酉　申未午

乙干貴日申夕子　合申　官申　奇巳　進神子午

進神丑未鬼酉　墓戌　刑辰

沖戌　羊刃辰　飛刃戌　會酉　都午

酉支

六合辰　三合巳丑　儀戌　鬼巳

華蓋丑　納音

戌巳　辰戌　卯酉　酉卯　亥午　丑

巳丑酉

丑戌未

卯乙　寅卯　申酉　未申　未巳卯

亥乙　午亥　辰酉　亥辰　子乙　申子　巳酉　丑巳　丑乙　戌丑　午酉　卯午　寅乙　子寅　未酉　巳未

申亥寅
申丙 亥申 丑戌 辰丑
酉丑巳
酉丙 丑酉 寅戌 午寅
申丑午
戌丙 卯戌 卯戌 申卯
巳亥巳
亥丙 巳亥 辰戌 戌辰

子寅辰
未丙 酉未 子戌 寅子
丙午 貴旦酉夕亥
合戌 官子 奇辰 進神子午
退神丑 鬼亥 墓戌 刑申
沖亥 羊刃午 飛子 魯都申
戌支
六合卯 三合寅午 儀亥 鬼寅
華蓋戌 納音
子未寅
子丙 未子 巳戌 子巳

亥子丑
午丙 未午 亥戌 子亥
酉巳丑
丑丙 酉丑 午戌 寅午

巳申寅
巳丙 巳巳 戌戌 戌戌
卯寅丑
辰丙 卯辰 酉戌 申酉
丑亥酉
卯丙 丑卯 申戌 午申
亥申巳
寅丙 亥寅 未戌 辰未

丙戌日 ……第

丁亥日

申酉戌

申 酉 子 丑
丁 申 亥 子

亥未丑

未 未 亥 亥
丁 未 亥 亥

戌酉申

午 巳 戌 酉
丁 午 亥 戌

酉未巳

巳 卯 酉 未
丁 巳 亥 酉

酉亥丑

酉 亥 丑 卯
丁 酉 亥 丑

丁干 貴旦亥夕酉 合亥 官亥 奇卯 進神子午 退神丑未 鬼子 墓丑 刑丑 冲丑 羊刃未 飛刃丑 𡚁都亥

亥支 六合寅 三合卯未 儀子 鬼 墓 華蓋 納音

巳寅亥

辰 丑 申 巳
丁 辰 亥 申

午寅戌

戌 丑 寅 巳
丁 戌 亥 寅

未卯亥

卯 亥 未 卯
丁 卯 亥 未

未亥卯

亥 卯 卯 未
丁 亥 亥 卯

巳戌卯

子 巳 辰 酉
丁 子 亥 辰

巳亥巳

丑 未 巳 亥
丁 丑 亥 巳

午丑申

寅 酉 子 丑
丁 寅 亥 午

卯午酉　辰午申　寅卯辰　巳申寅

申戌　亥申　卯子　午卯　六戌　酉未　寅子　辰寅　午戌　未午　丑子　寅丑　巳戌　巳巳　子子　子子

辰申子　酉戌　丑酉　辰子　申辰　巳戌卯　戊戌　卯戌　巳子　戊巳

戊干貴丑丑夕未
合丑　宮卯　爵寅　進神午
退神丑　桑鬼寅　墓戌　刑申
冲亥　羊刃午　飛刃子　金神寅
子支
六合丑　合宮辰　儀卯　鬼辰戌
華蓋辰　納音

戊酉申　辰戌　卯辰　亥子　戌亥

丑亥酉　卯戌　丑卯　戌子　申戌

子未寅　巳申丑　寅亥申

亥戌　巳亥　午子　子丑　子戌　未子　未子　寅未　丑戌　酉丑　甲子　辰申　寅戌　亥寅　酉子　午酉

寅卯辰
申巳　酉申　寅丑　卯寅

卯巳未
酉巳　亥酉　卯丑　巳卯

午戌辰
戌巳　丑戌　辰丑　未辰

酉丑巳
亥巳　卯亥　巳丑　酉巳

丑戌未
未巳　未未　丑丑　丑丑

巳干貴旦子夕申
合寅　官寅　奇丑　進神子午
退神丑未鬼卯　墓丑　刑丑
冲丑　生刃未　飛刃丑　魯都未

巳戌卯
子巳　巳子　午丑　亥午

子亥戌
午巳　巳午　子丑　亥子

丑支
六合子　三合巳酉　儀巳　鬼卯
華蓋子　納音

亥未丑
丑巳　未丑　未丑　丑未

亥酉未
巳巳　卯巳　亥丑　酉亥

子辰戌
辰巳　丑辰　戌丑　未戌

巳丑酉
卯巳　亥卯　酉丑　巳酉

卯戌巳
寅巳　酉寅　申丑　卯申

申寅巳　申庚　申申寅寅　寅寅
子亥戌　未庚　午未　丑寅　子丑
午辰寅　午庚　辰午　子寅　戌子
巳寅亥　巳庚　寅巳　亥寅　申亥

辰巳午　酉庚　戌酉　卯寅　辰卯
辰午申　戌庚　子戌　辰寅　午辰
申亥寅

庚干　貴丑未
合辰　官午　奇未
退神辰戌　鬼巳　墓丑　進神卯酉　辰申子
冲戌　羊刃酉　飛刃卯　丁寅　德午
寅支
六合亥　三合午戌　儀辰　馬申
墓戌　納音
子巳申

戌午寅　辰庚　子辰　戌寅　午戌
戌巳子　卯庚　戌卯　酉寅　辰酉
寅申寅

亥庚　寅亥　巳寅　申巳　子庚　辰子　午寅　戌午　丑庚　午丑　未寅　子未　寅庚　申寅　申寅　寅申

大六壬全卷之 辛卯日

丑亥酉
申辛 午申 丑卯 亥丑
未辛 辰未 子卯 酉子
水卯亥
午辛 寅午 亥卯 未亥
戌巳子
巳辛 子巳 戌卯 巳戌

酉辛 申酉 寅卯 丑寅
卯子午
戌辛 戌戌 卯卯 卯卯

辛干 晝貴寅夜午
合巳 宮巳 奇申 進神卯酉
退神辰戌 鬼午 墓辰 刑未
冲辰 羊刃戌 飛刃辰 爵祿申
卯支
六合戌 三合亥未 儀卯 鬼酉
華蓋未 納音

卯酉卯
辰辛 戌辰 酉卯 卯酉
卯申丑
卯辛 申卯 申卯 丑申

辰巳午
亥辛 子亥 辰卯 巳辰
巳未酉
子辛 寅子 巳卯 未巳
酉子卯
丑辛 辰丑 午卯 酉午
未亥卯
寅辛 午寅 未卯 亥未

壬辰日

巳寅亥　　子申辰　　午丑申　　巳亥巳

申巳丑戌　未卯子申　午丑亥午　巳亥戌辰
壬申辰丑　壬未辰子　壬午辰亥　壬巳辰戌

寅子戌　　　　　　　　　　　　寅未子

酉未寅子　　　　　　　　　　　辰酉酉寅
壬酉辰寅　　　　　　　　　　　壬辰辰酉

壬干貴、旦卯夕巳　合未　退神辰　沖巳　辰支　六合酉　華蓋辰
官鬼丑　魁戌　羊刃子　三合申子　網酉
奇酉寅　墓辰　飛刃午　儀寅
進神酉　刑亥　會都亥　[illegible]寅

戌酉申　　　　　　　　　　　　未亥卯

戌酉卯寅　　　　　　　　　　　卯未申子
壬戌辰卯　　　　　　　　　　　壬卯辰申

亥辰戌　　丑寅卯　　申戌子　　戌丑辰

亥亥辰辰　子丑巳午　丑卯午申　寅巳未戌
壬亥辰辰　壬子辰巳　壬丑辰午　壬寅辰未

大六壬…… 癸巳日

卯戌巳
申癸 卯申 子巳 未子

巳亥巳
未癸 丑未 亥巳 巳亥

午亥辰
午癸 亥午 戌巳 卯戌

酉丑巳
巳癸 酉巳 酉巳 丑酉

巳丑酉
酉癸 巳酉 丑巳 酉丑

癸干寄丑多卯
合巳 官辰次寄戌 進神卯酉
退神辰 寅兔業未 忠業 刑戌
冲未 羊刃丑 飛刃未 德神寅
巳亡
三合酉丑 六合申 儀丑 鬼亥
華蓋丑 [illegible]

申亥寅
辰癸 未辰 申巳 亥申

戌未辰
戌癸 未戌 寅巳 亥寅

未酉亥
卯癸 巳卯 未巳 酉未

丑亥酉
亥癸 酉亥 卯巳 丑卯

卯寅丑
子癸 亥子 辰巳 卯辰

丑戌未
丑癸 丑丑 巳巳 巳巳

未申酉
寅癸 卯寅 午巳 未午

丙甲　寅申寅　子午　寅戌　午子　未卯

子未　亥午　子巳戌　辰亥　午卯

戌午　戌午　寅午戌　寅戌　己甲

申巳　酉午　申亥寅　子酉

酉辰亥　申丑　辰酉　丑午

甲干　貴　未　多　丑

合未　官酉　前午

從神　天鬼申　墓未　進神　丁午

沖申　羲卯　飛符酉　刑巳

午支　六合子　玄武寅　戌儀未　鬼未

華蓋戌　納　音

辰甲　午辰　申午　戊申

酉甲　戌午寅午　寅午戌　戊寅

戌午　寅午戌　戊申午

辰巳午　卯甲　辰卯　未午　申未

戊甲　申巳寅　子亥戌

寅巳申

亥甲　申亥　卯午　子卯　子甲　戌子　辰午　寅辰　丑甲　子丑　巳午　辰巳　寅甲　寅寅　午午　午午

亥卯未
申乙　子申　亥未　卯亥
巳戌卯
酉乙　寅酉　子未　巳子
戌辰戌
戌乙　丑辰　未戌　未丑
午丑申
亥乙　午亥　寅未　酉寅

未戌丑
未乙　戌未　戌未　丑戌
乙干　奇咢　貴申夕子
合中　宮中　寄巳
進神子午
退神丑未　鬼酉　墓戌　刑辰
沖戌　羞刃辰　飛刃戌　德祿午
卯亥未
子乙　申子　卯未　亥卯

申戌子
午乙　申午　酉未　亥酉
未支
六合午　三合亥卯
華蓋未　納音
鼎卯
子戌未
丑乙　戌丑　辰未　丑辰

酉戌亥
酉乙　午巳　申未　酉申
辰未丑
辰乙　辰辰　未未　未未
戌卯午
卯乙　亥卯　午未　巳午
亥寅巳
寅乙　子寅　巳戌　卯巳

申亥寅　子寅辰　酉戌亥　巳申寅

申丙　亥申　亥申　寅亥　未丙　酉未　戌申　子戌　午丙　未午　酉申　戌酉　巳丙　巳巳　申申　申申

酉丑巳　辰子　酉丙　丑酉　子申　卯申丑　午丑　戌丙　卯戌　丑申　寅申寅

丙干　貴宜酉夕亥
合戌　寡子　六辰
退神　乘鬼亥　墓戌　刑申
冲亥　劳午　飛刃子　進神　截路（？）
申支
六合巳　太合子辰　儀酉
華蓋辰　納（？）
鬼（？）

戌巳子　子申辰

卯寅丑　辰丙　卯辰　未申　午未　丑亥酉　卯丙　丑卯　午申　辰午　巳寅亥

亥丙　巳亥　寅申　申寅　子丙　未子　卯申　戌卯　丑丙　酉丑　辰申　子辰　寅丙　亥寅　巳申　寅巳

亨

亥子丑　酉未丑　申未午　丑巳巳

申酉戌亥未未酉酉午巳申未巳

丁申酉戌丁未酉酉丁午酉申丁巳酉未

酉亥丑　　午卯子

酉亥亥丑　　辰丑午卯
丁酉酉亥　　丁辰酉午

丁干　貴亥　多酉
合亥　官亥　六合卯　進神子午
退神丑未　鬼子　墓丑　刑丑
冲丑　羊刃未　飛刃丑　德神亥
酉支
三合巳丑　六合辰　儀戌　鬼巳一
華蓋丑　納音

子卯午　　巳丑酉

戌丑子卯　　卯亥巳丑
丁戌酉子　　丁卯酉巳

亥卯未　未子巳　卯酉卯　亥午丑

亥卯丑巳子巳寅未丑未卯酉寅酉辰亥

丁亥酉丑丁子酉寅丁丑酉卯丁寅酉辰

大六壬尋原卷 戊戌日

亥寅巳　子寅辰　亥子丑　巳申寅

亥　丑戌　辰丑　未戌　酉未　子戌　寅子　午戌　未午　亥戌　子亥　巳戌　巳巳　戌戌　戌戌

寅午戌
酉戌　丑酉　寅戌　午寅
申丑午
戊戌　卯戌　卯戌　申卯
巳亥巳

戊午　貴丑亥未
合丑　官卯　奇寅　進神子午
退神丑未　鬼寅　墓辰　刑申
兆寅　羊刃午　飛孚　會都寅
戌支
太陰卯　三奇寅午儀戌　鬼寅
華蓋戌　納甲

卯寅丑
辰戌　卯辰　酉戌　申酉
丑亥酉
卯戌　丑卯　申戌　午申
寅亥申

子未寅　寅戌午

亥戌　巳亥　辰戌　戌辰　子戌　未子　巳戌　子巳　丑戌　酉丑　午戌　寅午　寅戌　亥寅　未戌　辰未

丑寅卯
申巳
酉申
子亥
丑子
未巳
未未
亥未丑
亥亥
亥亥
午巳
巳午
戌亥
戌酉申
酉戌
巳巳
卯巳
酉亥
卯丑亥
未酉

丑卯巳
酉巳
亥酉
丑亥
卯丑
巳干貴其孚命
合寅　官寅　奇丑
退神辰戌鬼卯　墓丑
中丑　羊刃未飛刃丑
亥支
六合寅　三合卯未義孛鬼
華蓋寅　納音
巳寅亥
辰巳
丑辰
申亥
巳申

寅巳申
戌巳
丑戌
寅亥
巳寅
進神卯酉
刑丑
魯都未
未卯亥
卯巳
亥卯
未亥
卯未

未亥卯
巳戌卯
巳亥巳
午丑甫

癸巳
卯亥
卯亥
未卯
子巳
巳子
辰亥
酉辰
丑巳
未丑
巳亥
亥巳
寅巳
酉寅
午亥
丑午

大六壬尋源 庚子日

甲寅巳　戌酉申　午辰寅　午卯子

申庚　申申　子子　子亥　未庚　巳未　亥子　戌亥　午庚　辰午　戌子　申戌　巳庚　寅巳　酉子　午酉

寅卯辰　酉辰　戌酉　丑子　寅丑

庚干　貴旦丑夕未
合辰　官午　背未
退神辰戌　鬼巳　墓丑　進神卯酉
沖寅　害酉　刑卯　刑寅　祿申　德午
子支
三合申辰　六合丑　儀午　魁辰戌
華蓋辰　納音

子申辰　辰庚　子辰　申子　辰申

戌巳子　卯庚　戌卯　未子　寅亥

辰午申　戌庚　子戌　寅子　辰寅

午酉子　辰申子　巳戌卯　寅申寅

亥庚　寅亥　卯子　午卯　子庚　辰子　辰子　申辰　丑庚　午丑　巳子　戌巳　寅庚　申寅　午子　子午　亥

天□□辛丑日

亥酉未
甲辛
午酉
亥丑
酉亥

巳未未
未辛
辰未
戌丑
未戌

巳丑酉
午辛
寅午
酉丑
巳酉

卯戌巳
巳辛
子巳
卯丑
卯申

丑戌未
酉辛
申酉
子丑
亥子

干午 貴其寅冬午
會巳 官巳
退神辰戌鬼午
沖辰 羊刃戌
丑支
六合子 長生巳酉義巳
華蓋丑 納音

命申
墓辰 刑未
飛刃辰 [illegible]
鬼卯
進神卯酉

亥未辰
辰辛
戌辰
未丑
丑未

寅卯辰
亥辛
子亥
寅丑
卯寅

卯申丑
卯辛
申卯
午丑
亥午

巳未卯
巳丑丑
酉丑巳

亥辛
子亥
寅丑
卯寅
子辛
寅子
卯丑
巳卯
丑辛
辰丑
辰丑
未辰
寅辛
午寅
巳丑
酉巳

申壬　酉壬　戌壬　亥壬

巳寅亥　亥巳　申申　戌申午　未酉　子寅　子亥戌　酉戌　丑寅　亥寅巳　亥亥　寅寅

戌子　子丑　子丑　寅寅

申亥　未壬

戌午寅　卯未　戌寅　辰巳午　卯寅　丑子

午戌　丑壬　辰卯

壬午　貴丑卯夕巳

合未　寅未丑　蔣酉寅　進神酉卯

退神辰戌　鬼戌　蓋辰　刑亥

冲巳　羊刃子　飛刃午　德祿亥

寅支

六合亥　二合午戌　儀辰　鬼申

華蓋戌　納音

午丑申　酉寅　丑午　午壬　辰午申　卯丑

辰西　巳壬　辰壬　卯壬　寅壬　午辰　辰寅

寅申寅　亥巳　申寅　子巳戌　酉辰　未寅　未亥卯　未卯　午寅　申亥寅　巳寅　寅寅

寅申　子未　戌午　申巳

癸卯日

卯戌巳
申癸　卯申　戌卯　巳戌

卯酉卯
未癸　丑未　酉卯　卯酉

午亥辰
午癸　亥午　申卯　丑申

酉丑巳
巳癸　酉巳　未卯　亥未

未卯亥
酉癸　巳酉　亥卯　未亥

癸干　貴丑巳夕卯
合巳　宮辰戌　奇戌　進神卯酉
退神辰戌　鬼未　墓未　刑戌
冲未　羊刃丑　飛刃未　會都寅
卯支
六合戌　三合亥未　儀卯　鬼酉
華蓋未　納音

酉子卯
辰癸　未辰　午卯　酉午

戌未辰
戌癸　未戌　子卯　酉子

未酉亥
卯癸　巳卯　巳卯　未巳

丑亥酉
亥癸　酉亥　午卯　未午

丑子亥
子癸　亥子　寅卯　丑寅

丑戌未
丑癸　丑丑　卯卯　卯卯

辰巳午
寅癸　卯寅　辰卯　巳辰

申卯　酉卯　戌甲　亥申

寅申　辰酉　午戌　申亥

寅申寅　午丑申　戌午寅　申巳寅

戌辰　亥辰　子辰　丑辰

辰戌　午亥　申子　戌丑

未甲　子甲

子未　戌子

寅未子

酉辰　戌申午　寅辰

寅酉　子寅

午申　丑甲

戌午　子丑

辰戌

申子辰

子申　子亥戌　卯辰

巳甲　寅卯

卯子　貴見未夕丑

合未　官酉　奇午　進神子午

滿神丑未　鬼申　墓未　刑巳

沖申　並現卯　飛伏酉　魯都未

辰戌

六合酉　三合申子　德寅

華蓋辰　納音

辰甲　卯甲　寅甲

申巳　辰午申午辰辰巳午　辰卯　寅巳申寅

申亥寅

未辰　午辰　巳辰　辰辰

戌未　卯午　午巳　辰辰

[illegible]乙巳日 三

酉丑巳
申乙 子申 酉巳 丑酉

未戌丑
未乙 戌未 申巳 亥申

申戌子
午乙 申午 未巳 酉未

未申酉
巳乙 午巳 午巳 未午

寅未子
酉乙 寅酉 戌巳 卯戌

乙干 貴丑申夕子
合申 官申 奇巳 進神子午
退神丑未 鬼酉 墓戌 刑辰
冲戌 羊刃辰 飛刃戌 會都午
巳亥
六合申 三合酉丑 儀丑 鬼亥
華蓋丑 納音

辰酉卯
辰乙 辰辰 酉酉 酉酉

巳亥巳
戌乙 辰戌 亥巳 巳亥

午丑申
亥乙 午亥 子巳 未子

酉巳丑
子乙 申子 丑丑 酉丑

丑戌未
丑乙 戌丑 寅巳 亥寅

卯寅丑
卯乙 寅卯 辰巳 卯辰

丑亥酉
寅乙 子寅 卯巳 丑卯

申丙
亥申
亥寅
酉午
子酉
未丙
申戌子
酉未
申午
戌申
午丙
申酉戌
未午
未午
卯未
巳丙
巳卯寅
巳巳
午午
午午

酉丑巳
寅戌
戌午
五酉
寅戌

丙午　貴丑　夏亥
合戌　官子
退神丑未　鬼亥
冲亥　生午
午支
天合未
華蓋戌
三合寅戌
納音
奇辰　墓辰
飛刃子
儀未　學子
進神子午　刑申
德祿都申

卯寅丑
辰巳
辰丙
卯辰
巳午
辰巳

辰酉寅
辰亥
亥午
卯戌
戌丙

丑亥酉
寅辰
辰午
丑卯
卯丙

午子午
子未寅
戌午寅
子午酉

亥丙
巳亥
子午
午子
子丙
未子
丑午
申丑
丑丙
酉丑
寅午
戌寅
寅丙
亥寅
卯午
子卯

申酉戌
申丁　酉申　申未　酉申

未丑戌
未丁　未未　未未　未未

卯午午
午丁　巳午　午未　巳午

丑巳巳
巳丁　卯巳　巳未　卯巳

酉亥丑
酉子　亥酉　酉未　酉

丁干　貴巳亥多酉
合亥　官亥　奇卯　進神子午
退神丑未　鬼子　墓丑　刑丑
冲丑　羊刃未　飛刃丑　德都亥
未支
大合午　三合亥卯　儀申　鬼卯
悲盜未　納音

亥辰辰
辰丁　丑辰　辰未　丑辰

亥戌戌
戌丁　丑戌　戌未　丑戌

卯亥未
卯丁　亥卯　卯未　亥卯

亥卯未
亥丁　卯亥　亥未　卯亥

巳戌卯
子丁　巳子　子未　巳子

巳丑丑
丑丁　未丑　丑未　未丑

酉辰亥
寅丁　酉寅　寅未　酉寅

申戌　酉戌　戌戌
寅巳申亥寅亥申　辰申子　子申卯引酉　申丑丑申卯戌　寅申寅申
寅亥　辰子　午丑
未戌
子寅辰　戌申酉未
子戌　戌未　貴丑丞未　寅退神卒
合丑　官卯　亥
退神丑未鬼寅墓　戌刑申
冲亥　羊刃午　納音寅
子未寅
午戌
申亥
三合子辰六合巳儀　酉申午
戊酉午　酉申未午
戌酉
巳戌　辰戌　卯戌
巳申寅申巳巳　卯寅丑　卯辰未申　丑亥酉　丑卯午申　寅亥申
申申　午未　辰午
子申辰
斯非辰　納音

亥戌　巳寅申　申寅　子戌　未申　卯戌　卯戌　丑丑　酉卯　辰辰　子戌　寅亥　亥申　巳申　寅巳

亥子丑
申巳
酉申
戌酉
亥戌
丑卯巳
酉巳
亥酉
亥酉卯
丑亥
午酉
戌巳
孫戌
子酉
卯子
亥卯未
亥巳
卯酉
丑酉
巳丑
子巳

酉未丑
未巳
未未
酉酉
酉酉
未子巳
巳子
宅酉
未寅

巳午 背斤子午中
合寅 官寅 奇丁
退神辰戌 鬼卯 螣蛇
冲丑 羊刃未 飛刃丑
進神卯酉
刑亡
飛都未
酉亥
三合巳丑 六合辰儀 戌鬼巳
華蓋丑 納音

戌酉巳
午巳
巳午
申酉
未申
卯酉卯
丑巳
未丑
卯酉

卯丑亥未酉午卯子午酉巳酉丑巳酉亥午丑辰
巳巳
卯巳
辰巳
丑辰
卯巳
亥卯
巳未
卯午
丑巳
寅巳
酉卯
酉寅
辰酉
戌辰

申寅巳　申庚　申申　戌戌　戌戌
亥子丑　酉庚　戌酉　亥戌　子亥
子寅辰　戌庚　子戌　子戌　寅子
寅巳申　亥庚　寅亥　丑戌　辰丑

午辰巳　未庚　午未　酉戌　申酉

戊干　貴旦丑夕未
倉辰　官午　衍未　進神卯酉
退神辰戌　鬼巳　墓丑　刑寅
沖寅　羊刃酉　飛卯　會都干
戌支
六合卯　三合寅午　傷亥　鬼寅
華蓋戌　納音

辰申子　子庚　辰子　寅戌　午寅

午辰寅　午庚　辰午　申戌　午申
申丑午　丑庚　午丑　卯戌　申卯

巳寅亥　巳庚　寅巳　未戌　辰未
子申辰　辰庚　子辰　午戌　寅午
戌巳子　卯庚　戌卯　巳戌　子巳
寅申寅　寅庚　申寅　辰戌　戌辰

午辰寅酉午申辛
戌酉申申酉
戌亥亥戌未
戌辛 亥亥戌戌
丑寅卯子子亥辛
子了亥亥
丑了
未酉 酉戌 亥亥

未辛 辰未
巳寅亥申亥
辛干 貴合寅夕午
官巳 官巳 奇申
退神辰戌 鬼午 墓辰
進神卯酉 刑未
冲辰 羊刃戌 飛刃辰
魚都申
丑卯巳
寅子 子辛 丑亥 卯丑

亥支
午辛 巳申
六合寅 三合卯未
華蓋未 絕
鬼丑未
巳申亥
寅午 未亥
未卯亥
寅亥 辰丑 丑辛

卯未 巳辛 子巳
午丑申 午未
巳辰寅 辰辛 戌辰
巳亥卯申丑辰亥未亥卯
卯辛 酉卯
丑午 亥巳 酉辰
寅辛 巳寅
午寅 卯亥 未卯

大六壬集應 壬子日

申王 酉王 戌王 亥王

午卯子 酉子 巳申 戌申午 戌子 未酉戌 酉申 亥子 酉戌 亥子卯 亥子

午酉 未壬 申戌 戌亥 子王 子子

未卯亥 卯未 申子 辰申 寅鼎 進福卯酉 寅卯辰 丑子

晝貴鼎夕巳 官來吾奇 畏辰刑亥 兇午魚都亥 丑子

余來 退福辰戌 鬼戌 冲巳 羊刃子 寅子

午丑申 午壬 丑午 未子 寅未 子子亥 六合丑 三交申辰 鬼辰戌 辰午申 卯丑 寅子 辰寅

晝夜貴 鎖寄 寅王

午子午 巳王 亥巳 午子 巳戌卯酉辰 未亥卯未 卯玉 午酉子 巳寅 卯子

子午 戌巳 巳子 辰王 申辰 辰子 午卯

卯戌巳
未丑戌
午亥辰
酉丑巳

申癸
卯申
申丑
卯申
未癸
丑未
未丑
丑未
午癸
亥午
午丑
亥午
巳癸
酉巳
巳丑
酉巳

巳丑酉
酉癸
巳酉戌
酉丑
巳酉

辰未戌
辰癸
未辰
辰丑卯
未辰

癸午 貴其巳卯
合巳 宜辰戌
退神辰戌 [illegible]未
冲未 羊刃丑
丑亥
六合子 三合巳酉
華蓋丑 納音

未辰
戌癸
未戌
戌丑
未戌

奇戊 進神卯酉
墓未 刑戌
飛刃未 [illegible]寅
儀巳 鬼卯

巳未卯丑
卯癸
巳卯
巳卯

亥酉未
子亥戌
丑戌未
寅卯辰

亥癸
酉亥
亥丑
酉亥
子癸
亥子
子丑
亥子
丑癸
丑丑
丑丑
丑丑
寅癸
卯寅
寅丑
卯寅

寅申寅
申甲　寅申　申寅　寅申

酉辰亥
酉甲　辰酉　酉寅　辰酉

午寅
戌甲　午戌　戌寅　午戌

丑亥亥
亥甲　申亥　亥寅　申亥

子巳戌
未甲　子未　未寅　子未

甲干　貴旦未夕丑
合未　官酉　吉午　進神午
退神丑　鬼申　墓未　刑巳
冲申　羊刃卯　飛刃酉　會祿未
寅變
六合亥　三合午戌　儀辰　鬼申
華蓋戌　納音

戌申午
子甲　戌子　子寅　戌子

申午午
午甲　戌午　午寅　戌午

子亥戌
丑甲　子丑　丑寅　子丑

申亥寅
巳甲　申巳　巳寅　申巳

辰午申
辰甲　午辰　辰寅　午辰

辰巳午
卯甲　辰卯　卯寅　辰卯

寅巳申
寅甲　寅寅　寅寅　寅寅

未亥卯
申乙 子申 未卯 亥未
寅未子
酉乙 寅酉 申卯 丑申
卯酉卯
戌乙 辰戌 酉卯 卯酉
午丑申
亥乙 午亥 戌卯 巳戌

酉子卯
未乙 戌未 午卯 酉午
乙卞貴中孚 合申 宮申 奇巳 進神子午
退神 未 鬼酉 墓戌 刑辰
沐戌 羊刃辰 飛羽戌 魚鼈午
未卯亥
申乙 亥申 子卯 未亥

申戌子
午乙 申午 巳卯 未巳
卯戌 六合戌 三合亥未 儀卯 鬼酉
華蓋未 絲青
丑戌未
丑乙 戌丑 卯子 酉子

辰午巳
巳乙 午巳 辰卯 巳辰
辰卯子
辰乙 辰辰 卯卯 卯卯
丑子亥
卯乙 寅卯 寅卯 丑寅
丑亥酉
寅乙 子寅 丑卯 亥丑

大六壬尋原　丙辰日

申亥寅　申戌子　亥午午　巳申寅

申酉　亥申　未辰　戌未　未丙　酉未　午辰　申午　午丙　未午　巳辰　午巳　巳丙　巳巳　辰辰　辰辰

酉丙　丑酉　酉丑巳　申辰　子申　寅未子　卯戌　戌丙　酉辰　寅酉　巳亥巳

丙午　貴酉　多亥
命戌　官子　句辰
迎福未　乘未　鬼亥　墓戌
冲亥　羊刃　飛刃子
辰戌
太歲酉　三合申子　儀寅
驛馬辰　會鬱
鬼寅
進神子午　刑申　會都申

午丑巾　子申辰

卯寅丑　寅卯　卯辰　丑亥　辰丙　酉　丑卯　寅辰　卯丙　子寅　亥申巳

亥丙　巳亥　戌辰　辰丙　子子　未子　亥辰　午亥　丑丙　酉丑　子辰　申子　寅丙　亥寅　丑辰　戌丑

亖

申酉戌
巳申寅
卯寅丑
子亥酉

申丁　酉申　午巳　未午　未丁　未未　巳巳　巳巳　午丁　巳午　辰巳　卯辰　巳丁　卯巳　卯巳　卯

酉亥丑未巳申亥寅申巳酉丑巳
亥酉　丑戌
酉未　亥申
巳戌卯
巳亥巳

丁干貴宜亥多陽
食亥　官寅　旅卯　進神子午
退神丑未　鬼學子　墓丑　刑丑
沖丑　羊刃未　飛刃丑　會都亥
巳支
六合申　三合酉丑　儀巳　鬼亥
華蓋丑　納音

酉丁　戌丁
辰丁　卯丁
丑辰　亥卯
亥申巳寅巳亥未卯丑巳酉辰亥
亥寅　酉丑

亥丁　卯亥　酉巳　丑酉　子丁　巳子　戌巳　卯戌　丑丁　未丑　亥巳　巳亥　寅丁　酉寅　子巳　未戌

大六壬尋原 卷 戊午日

酉子卯
申戌 亥申 酉午 子酉

申戌子
未戌 酉未 申午 戌申

寅午午
午戌 未午 未午 申未

巳申寅
巳戌 巳巳 午午 午午

寅午戌
酉戌 丑酉 戌午 寅戌

戊午 貴日丑夕未
金丑 官卯 奇寅
退神未 鬼寅 墓戌
沖亥 羊刃午 飛刃子
午支 六合未 三合寅戌 儀未
蠹戌 納音 鬼學

卯寅丑
辰戌 卯辰 巳午 辰巳

辰酉寅
戊戌 卯戌 亥午 辰亥

進神午午 刑申 魯都寅

丑亥酉
卯戌 丑卯 辰午 寅辰

午子午

子未寅

戌午寅

寅亥申

亥戌 巳亥 子午 午[illegible] 子戌 未午 丑午 申丑 丑戌 酉丑 寅午 戌寅 寅戌 亥寅 卯午 子卯

未申申　未丑戌　卯午午　丑巳巳

申巳　酉申　申未　酉申　未巳　未未　未未　未未　午巳　巳午　午未　巳午　巳巳　巳巳　巳未　卯巳

酉酉酉　亥辰辰

巳午　貴孚条甫
合寅　宫寅　奇丑
進神辰戌　鬼卯　墓丑
冲丑　羊刃未　飛刃丑
未支
六合午　三合亥卯　儀申
華蓋未　納音

酉巳　亥酉　酉未　亥酉　亥酉　辰巳　丑辰　辰未　丑辰

亥戌戌　卯亥未

進神卯酉　刑丑
魯都未
鬼卯

戌巳　丑戌　戌未　丑戌　卯巳　亥卯　卯未　亥卯

亥卯未　巳戌卯　巳丑丑　酉辰亥

亥巳　卯亥　亥未　卯亥　子巳　巳子　子未　巳子　丑巳　未丑　丑未　未丑　寅巳　酉寅　寅未　酉寅

申寅巳

申庚 申申 申申 申申

酉未未

未庚 午未 未申 午未

午辰寅

午庚 辰午 午申 辰午

巳寅亥

巳庚 寅巳 巳申 寅巳

亥酉酉

酉庚 戌酉 酉申 戌酉 子寅

庚辛 貴丑亥未 合辰 官午 奇未 鬼神辰戌 鬼巳 墓丑 冲寅 羊刃酉 飛卯 申支 六合巳 三合亥[illegible] 華蓋辰 納音

巳子申辰

辰庚 子辰 辰申 子辰

戌巳子

辰

戌庚 子戌 戌申 子戌

丑亥亥

進神卯 酉辰申子 刑寅 德神午 [illegible]鬼卯

卯丑丑

卯庚 戌卯 卯申 戌卯

寅申寅

亥庚 寅亥 亥申 寅亥 子庚 辰子 子申 辰子 丑庚 午丑 丑申 午丑 寅庚 申寅 寅申 申寅

午辰寅
申辛　未酉　午申　巳未　未辛　辰未　午酉　卯午　午辛　寅午　巳酉　丑巳　巳辛　子巳　辰酉　亥辰
午卯子
巳丑酉
亥午丑

丑酉酉　申酉　酉辛　申酉酉戌未　酉酉　戌辛　戌戌　亥子　子亥　亥辛
未申　酉酉　亥戌　戌酉

辛干　貴丑寅　少午
合巳　宮巳　病申
進神卯酉　丑卯巳
退神辰戌　鬼午　墓辰　刑未
沖辰　羊刃戌　飛刃辰　魯都申
酉文
六合辰　三合巳丑　鬼巳
華蓋丑　絕胥
卯午酉

辰辛　戌辰　卯辛　申卯
卯酉卯卯酉未子巳寅酉寅午戌
酉卯　未寅

寅子　子辛　亥酉　丑亥　丑辛　辰丑　子酉　卯子　寅辛　午寅　丑酉　巳丑

巳寅亥
未卯亥
午丑申
巳亥巳

申壬
巳申
未戌
辰未
未壬
卯未
午戌
寅午
午壬
丑午
巳戌
子巳
巳壬
亥巳
辰戌
戌辰

午辰寅
酉壬
未酉
申戌
午申

戌酉
申酉
酉戌

辰酉寅
辰壬
酉辰
卯戌
申卯

壬子 貴人卯亥巳
合未 官未丑 前酉
進神辰戌 鬼戌 墓辰
冲巳 羊刃子 飛刃午
戌亥
太合卯 三合寅午 儀亥
華蓋戌 絕酉

寅進神酉卯 刑亥 魯都亥
魁寅

未亥
卯王
未卯
寅戌
午寅

亥丑
子寅辰
辰未戌

亥壬
亥亥
戌戌
子戌
子壬
丑子
亥戌
子亥
丑子
卯丑
子戌
寅子
寅壬
巳寅
丑戌
辰丑

大六壬……

癸亥日

卯戌巳
申癸 卯申 午亥 丑午

巳亥巳
未癸 丑未 巳亥 亥巳

午亥辰
午癸 亥午 辰亥 酉辰

酉丑巳
巳癸 酉巳 卯亥 未卯

未卯亥
酉癸 巳酉 未亥 卯未

癸干貴巳夕卯
合巳 官辰戌 奇戌
退神辰戌 鬼丑未 墓未
冲未 羊刃丑 飛刃未
亥支
大合寅 三合卯未 儀子
禁未 納音

巳寅亥
辰癸 未辰 寅亥 巳寅

辰巳巳
戌癸 未戌 巳亥 巳申

戌酉申
進神卯酉 刑申 魯都寅 鬼丑未

丑戌未

卯巳丑寅卯
卯癸 巳卯 巳亥 卯丑

癸卯 酉亥 未酉 子癸 亥子 戌亥 酉戌 丑酉 丑丑 亥亥 亥亥 寅癸 卯寅 子亥 丑子